伊藤塾
呉明植 基礎本シリーズ
GO AKIO BASIC SERIES

7 Go! Series

債権総論

Civil Law

弁護士
伊藤塾首席講師
呉明植 著
GO AKIO

弘文堂

はじめに

　周知のとおり、2017（平成29）年に民法が——とりわけ債権法が大きく改正された。本書は、かかる改正に完全に対応・準拠した、債権総論のテキストである。

　本書の執筆を開始するにあたり、大きく悩んだのが、改正前の内容を本書に織り込むか否かである。

　改正前の債権総論に習熟している方にとっては、改正前の内容と改正後の内容が併記され、比較されている方が理解を得やすいのは自明である。

　しかし、本書が主として想定している読者——すなわち、はじめて債権総論を学ぶ方や、改正前の債権総論にさほど習熟していない方——にとっては、改正前の内容と改正後の内容が併記されていると、記述の分量が増えて学習時間に無駄が生じるだけでなく、さらに無用な混乱が生じるおそれが高い。そこで、本書では、ごくわずかな例外を除き、改正後の内容のみを記載することとした。学者でも実務家でもない多くの読者にとって、それが最も学びやすいテキストであるとの確信に至ったからである。

　ただし、重要な改正部分については、その冒頭に 改正 というマークを付した。改正前の民法を学んだことのある読者は、このマークが付された箇所を集中的に学習すると効率的であろうと思う。有効に活用してくださると嬉しい。

　本書の執筆に際しては、本シリーズの他のテキストと同様に、試験との関係で必要な情報だけに絞り込んだうえで、できるかぎりかみ砕いた説明を施したつもりである。また、ぶつ切りの知識の羅列とならないように、流れのある読みやすい記述を心掛けた。今後、読者の皆様からのご批判をいただきつつ、より良いものとしていければと思っている。本書が、法律家を目指すすべての誠実な学習者への一助となることを願っている。

　末筆ながら、本書は、株式会社弘文堂の北川陽子取締役からのタイムリーな執筆要請がなければ、刊行され得なかった。また、伊藤塾・呉クラスの出身者であり、現在は東京大学法科大学院に通うY・Kさんには、草稿を通読していただき、学習者の視点から多くの有益な示唆をいただいた。ここに記して心からお礼申し上げる。

　2019年11月

呉　明植

1　本書の特長

(1)　必要な論点を網羅

　本書は、法科大学院入試や司法試験をはじめとした各種資格試験対策として必要となる論点を全て網羅している。

　民法上の論点は無数にあるが、法科大学院入試や司法試験をはじめとした各種資格試験対策としては、本書に掲載されている論点を押さえておけば必要十分である。

　逆にいえば、本書に掲載されていない論点を知識として押さえておく必要は一切ない。万一それらの論点が出題された場合には、現場思考が問われていると考えてよい。

(2)　判例・通説で一貫

　本書は、一貫して判例・通説の立場を採用している。

　実務が判例・通説で動いている以上、また、試験官の全員が共有しているのは判例・通説である以上、各種試験対策として重要なのは、あくまでも判例・通説である。

　もちろん、判例・通説を理解するためには他説の理解が必要となる場合もある。本書でも必要に応じて他説を紹介しているが、それはあくまでも判例・通説を理解・記憶するための手段にすぎない。また、「有効な無駄」として最新の学説を理解していくことも有用であるが、最新の学説を理解するには判例・通説に対する深い理解が不可欠の前提となる。

　何事にも、刻むべきステップがある。まずは、本書を通じて判例・通説をしっかりと理解・記憶してほしい。そして、あえて繰り返せば、試験対策としてはそれで必要十分である。

(3)　コンパクトな解説とつまずきやすいポイントの詳述

　試験対策として1つの科目に割くことのできる時間は限られている。そこで、本書では出来る限りポイントを押さえたコンパクトな解説を心掛けた。

　しかし、その一方で、初学者や中級者がつまずきやすいポイントについては、講義口調で詳細な解説を付した。

　また、試験対策として必要な場合には、一般的な講義では語られることのない踏み込んだ内容も適宜かみ砕いて詳述した。

　本書のメリハリを意識して、限られた時間を有効に活用してほしい。

(4)　書き下ろし論証パターンを添付

　試験は時間との戦いである。その場で一から論証を考えていたのでは、到底時間内にまとまった答案を仕上げることはできない。典型論点の論証を前もって準備しておくことは、試験対策として必要不可欠である。そこで、論述式試験での出題可能性が高い論

点について、「予備校教育の代名詞」ともいわれる「悪名高き」論証パターンを巻末に添付した。

ただし、理解もせず、単に論証を丸暗記するのは、試験対策として全く意味がないばかりか、余事記載を生じさせる点で有害ですらある。ベースとなるのはあくまでも本編の記述の理解であることは忘れないでいてほしい。

また、平成29年改正によって、従来論じられていた多くの論点が立法解決された。そのため、本編の記述の重要性は、従来に増してあがってきている。巻末の論証だけでなく、本編の記述をより重視していただきたい。さらに、学習がある程度すすんだら、条文を素読することも強くお勧めする。

なお、私としては現時点で私に書ける最高の論証を書いたつもりであるが、もとよりこれらの論証だけが唯一絶対の論証であるはずもない。これらを叩き台として、各自でよりいっそうの工夫を試みてほしい。

(5) ランク

本文中の項目や論点のまとめ、巻末の論証には、重要度に応じたランクを付した。時間の短縮に有効活用してほしい。

各ランクの意味は以下のとおりである。

- **A** 試験に超頻出の重要事項。しっかりとした理解と記憶が必要。
- **B+** 試験に超頻出とまではいえないが、Aランクに次ぐ重要事項。理解と記憶が必要。
- **B** 最初は読んで理解できる程度でもよい。学習がある程度進んだら記憶しておくと安心。
- **B−** 記憶は不要だが、一度読んでおくと安心。
- **C** 読まなくてもよいが、余裕があれば読んでおくとよい。

(6) 豊富な図

本文中、イメージをもちづらい事案や重要な事案については、適宜事案をあらわす図を用いた。

問題文を読み、わかりやすい図を描けるようにすることは、試験対策としてもきわめて重要である。本書の図の描き方を参考にして、自ら図を描く訓練も重ねていってほしい。

図中における、主な記号の意味は以下のとおりである。

```
A ─────→ B    ： AからBへの債権

A ──S──→ B    ： AからBへの売買 (sale)

A ──ℓ──→ B    ： AからBへの賃貸借 (lease)

A ●──────●    ： Aが有する物権
```

　　　　：土地 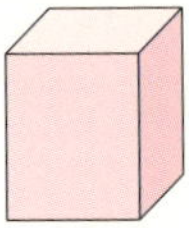　　　　　：建物

　⊕　　：登記

(7) 詳細な項目

　民法を理解・記憶し、自分のものとするには、常に体系を意識して学習していくことがきわめて重要である。そこで本書では、詳細な項目を付した。

　本文を読むときは、まず最初に必ず項目を読み、自分が学習している箇所が民法全体のなかでどの部分に位置するのかをしっかりと確認してほしい。また、復習の際には、項目だけを読み、内容の概略を思い出せるかをチェックすると時間の短縮になるであろう。

(8) 全体が答案

　いくら民法の内容を理解・記憶していても、自分の手で答案を書けなければ試験対策としては何の意味もない。そして、答案を書けるようになるための1つの有効な手段は、合格答案を繰り返し熟読することである。

　この点、本書は「債権総論とは何か」という一行問題に対する私なりの答案でもある。接続詞の使い方や論理の運びなどから、合格答案のイメージを自ずとつかみ取っていただけるはずである。

2　本書の使い方

(1) 論述式試験対策として

　論述式試験は、各種資格試験における天王山であることが多い。たとえば司法試験に

おいて、いかに短答式試験の成績がよくとも、しっかりとした答案を書けなければ合格は絶対にありえない。

本書を繰り返し通読し、理解と記憶のブラッシュアップに努めてほしい。

(2) **短答式試験対策として**

短答式試験対策として、細かい知識をすべて押さえようとして自滅してしまう受験生が多い。しかし、短答式試験の合否は、実は細かい知識で決まるのではない。重要なのは、あくまでも知っていて当然の基礎知識である。勝負は、必要な基礎知識を絞り込んだうえで、それらをいかに堅固な知識とするかにかかっている。本書のメリハリを意識して、基礎知識をしっかりと押さえていってほしい。

(3) **学部試験対策として**

法科大学院入試においては、学部成績が重視されることが多い。

まず、学部の授業の予習として本書を熟読してほしい。そのうえで先生の講義を聞けば、先生の講義を面白く聞くことができ、自ずと学習のモチベーションがあがるはずである。

また、先生が本書の立場と異なる学説を採っておられる場合には、先生とは異なる立場で執筆した答案に対する成績評価を先輩等から聞いておいてほしい。自説以外を認めない先生だった場合には、まさに「有効な無駄」として、先生の学説を学部試験前におさえておけばよい。

先生の学説と本書の判例・通説との違いを意識すれば、よりいっそう判例・通説の理解が進むであろうし、学問としての民法学の深さ・面白さを味わうことができるはずである。

(4) **本書の補足・訂正など**

重要な最新判例や誤植などの情報は、適宜、拙ブログ「伊藤塾講師　呉の語り得ること。」や、弘文堂のウェブページにアップする予定である。時々チェックするようにしていただきたい。

3　今後の学習のために

(1) **演　習**

いくら法律の内容面を理解し記憶したとしても、実際に自ら問題を解くことを怠っていては何の意味もない。

演習問題としては、やはり予備試験・司法試験の過去問が最良である。日本を代表する学者や実務家が議論を重ねて作成したこれらの過去問を解くことは、理解を深め、知

識を血の通ったものとするうえできわめて有用といえる。

予備試験・司法試験の過去問集は、短答式・論述式を通じて複数の出版社から発売されているので、各1冊は入手しておいてほしい。

ただし、短答式試験の過去問については、現在の司法試験が始まった平成18年からの数年間は、難問・奇問の類が目立つ。これらの古い過去問は無視するか、受験生の正答率が特に高いものだけをピックアップして演習しておけば十分である。

また、論述式試験の過去問集に載っている参考答案は、どの過去問集でも玉石混交であるから、批判的な検討も必要である。

(2) 判　例

民法を学習するうえで、判例はきわめて重要である。手頃な判例集として、別冊ジュリスト『民法判例百選』（有斐閣）は必携の書である。

これらの判例集に掲載された判例を本文で引用した際には、たとえば**最判平成24・6・17**というようにゴシック文字で表記し、かつ、巻末の判例索引において各判例集の該当箇所を明示した。ぜひ有効に活用していただきたい。

また、判例のうち重要なものについては、原文を読むと勉強になる。法学部や法科大学院でインターネット上の判例検索サービスを利用することができる場合には、大いに活用してほしい。

判例についての解説としては、『民法判例百選』の解説がとても役に立つ。試験対策のうえで最も有用な参考書でもあるので、ぜひ解説も精読してほしい。

(3) 体系書

2019年10月現在、債権総論について、受験生の通読に適した体系書は少ない。きわめて詳細な体系書として潮見佳男『新債権総論Ⅰ、Ⅱ』（信山社）があるが、司法試験との関係では明らかにオーバースペックである。暫定的には、判例索引がないという難点はあるものの、日評ベーシックシリーズ『債権総論』（日本評論社）をおすすめしておく。

参考文献一覧

　本書を執筆するにあたり多くの文献を参照させていただきました。その全てを記すことはできませんが主なものを下に掲げておきます。なお、本文中にこれらの文献の文章表現を引用させていただいた箇所もありますが、本書はいわゆる学術書ではなく、学習用の教材ですので、その性質上、学習において必要な部分以外は引用した文献名を逐一明記することはしませんでした。

　ここに記して感謝申し上げる次第です。

我妻榮『新訂　債権総論（民法講義Ⅳ）』（岩波書店・1964）
川井健『民法概論3債権総論［第2版補訂版］』（有斐閣・2009）
中田裕康『債権総論［第3版］』（岩波書店・2013）
中田裕康『契約法』（有斐閣・2017）
潮見佳男『民法（債権関係）改正法の概要』（きんざい・2017）
潮見佳男『新債権総論Ⅰ、Ⅱ』（信山社・2017）
筒井健夫・村松秀樹『一問一答　民法（債権関係）改正』（商事法務・2018）
山本敬三監修『有斐閣ストゥディア　民法4債権総論』（有斐閣・2018）
野村豊弘・栗田哲男・池田真朗・永田眞三郎・野澤正弘『有斐閣Sシリーズ　民法Ⅲ　債権総論［第4版］』（有斐閣・2018）
石田剛・荻野奈緒・齋藤由起『債権総論』（日本評論社・2018）
潮見佳男・北居功・高須順一・赫高規・中込一洋・松岡久和『Before/After民法改正』（弘文堂・2017）
内田貴『民法Ⅱ、Ⅲ』（東京大学出版会・2011、2005）
『注釈民法』・『新版注釈民法』・『新注釈民法』（有斐閣）
我妻榮・有泉亨・清水誠・田山輝明『我妻・有泉コンメンタール民法［第6版］』（日本評論社・2019）
窪田充見・森田宏樹編『民法判例百選Ⅱ債権［第8版］』（有斐閣・2018）
『最高裁判所判例解説　民事篇』（法曹会）

はじめに……………………Ⅲ
参考文献一覧………………Ⅸ
目次…………………………Ⅹ
論証カード一覧……………ⅩⅤ

第1章　総論 ──1

1. 債権法の構造…………1
2. 債権とは…………2
   (1)債権・債務の意義　(2)債権の性質　(3)債権の種類
3. 特定物債権と不特定物債権…………5
   (1)意義　(2)特定物債権の特徴　(3)不特定物債権の特徴
   (4)不特定物債権の特定　(5)制限種類債権（限定種類債権）
4. 金銭債権…………12
   (1)意義　(2)金銭債権の特則　(3)弁済の方法
5. 利息債権…………14
   (1)意義　(2)約定利率と法定利率　(3)重利
   (4)利息制限法による制限
6. 選択債権…………16
   (1)意義　(2)選択権者　(3)選択権の移転
   (4)選択権の行使方法と効果　(5)不能による選択債権の特定
7. 債権の効力…………18
   (1)給付保持力、訴求力、執行力　(2)自然債務
   (3)債務と責任

第2章　強制執行 ──21

1. 総論…………21
   (1)強制執行の要件　(2)強制執行が認められない債務
2. 強制執行の種類…………22
   (1)直接強制　(2)代替執行　(3)間接強制

第3章　債務不履行による損害賠償請求 ──24

1. 債務不履行の分類…………24
2. 履行遅滞による損害賠償請求権…………25
   (1)要件　(2)効果──賠償の種類
3. 履行不能による損害賠償請求権…………34

　　　　(1)要件　　(2)効果——塡補賠償
　4 その他の債務不履行による損害賠償請求権………38
　　　　(1)不完全履行による損害賠償請求権
　　　　(2)付随義務違反による損害賠償請求権
　5 債務不履行における因果関係………40
　　　　(1)相当因果関係説　　(2)通常損害と特別損害　　(3)弁護士費用
　6 損害賠償の方法と賠償額の算定等………43
　　　　(1)損害賠償の方法　　(2)賠償額の算定とその基準時　　(3)賠償額の予定
　7 賠償額の減額事由………45
　　　　(1)損益相殺　　(2)中間利息の控除　　(3)過失相殺
　8 損害賠償による代位と代償請求権………47
　　　　(1)損害賠償による代位　　(2)代償請求権

第4章　受領遅滞 ——49

　1 意義………49
　2 法的性質………49
　　　　(1)債務不履行責任説　　(2)法定責任説
　3 要件………51
　4 効果………51
　　　　(1)弁済の提供の効果　　(2)受領遅滞の効果

第5章　責任財産の保全 ——57

　1 債権者代位権………57
　　　　(1)意義　　(2)債権者代位権の要件
　　　　(3)被代位権利となりうる権利の範囲　　(4)債権者代位権の行使
　　　　(5)債権者代位権の行使の効果　　(6)債権者代位権の転用
　2 詐害行為取消権………73
　　　　(1)意義　　(2)条文の構造
　　　　(3)受益者を被告とする場合の一般的要件（424条）
　　　　(4)特殊な詐害行為の特則　　(5)転得者を被告とする場合の要件（424条の5）
　　　　(6)行使の方法　　(7)請求の内容
　　　　(8)請求認容確定判決の効果①——主観的範囲
　　　　(9)請求認容確定判決の効果②——受益者を被告とする場合
　　　　(10)請求認容確定判決の効果③——転得者を被告とする場合

第6章 債権の消滅 ——102

1. 弁済……102
   (1)意義　(2)弁済の提供　(3)第三者による弁済
   (4)他人の物による弁済　(5)預貯金口座に対する払込みによる弁済
   (6)弁済受領権者以外の者への弁済
   (7)差押えを受けた債権の第三債務者による弁済
   (8)特定物の引渡債務の内容　(9)弁済の場所・時間
   (10)弁済の費用　(11)弁済の事実の証明　(12)弁済の充当
2. 弁済による代位……116
   (1)意義　(2)弁済による代位の要件
   (3)弁済による代位の対抗要件　(4)弁済による代位の効果
   (5)一部弁済による代位　(6)代位権者相互の関係
   (7)代位者の地位の保護
3. 代物弁済……126
   (1)意義　(2)代物弁済の要件
4. 供託……128
   (1)意義　(2)供託の要件　(3)供託をなすべき場所
   (4)債権者による供託物還付請求権　(5)供託者による供託物の取戻し
5. 相殺……130
   (1)意義　(2)相殺の機能　(3)相殺の要件①——相殺適状
   (4)相殺の要件②——相殺禁止にあたらないこと
   (5)相殺の要件③——相殺の意思表示　(6)相殺の効果
   (7)預金担保貸付けと相殺　(8)相殺契約
6. 更改・免除・混同……147
   (1)更改　(2)免除　(3)混同

第7章 多数当事者の債権債務（保証を除く） ——150

1. 多数当事者の債権債務総論……150
2. 分割債権・分割債務……151
   (1)分割債権・分割債務の原則
   (2)分割債権・分割債務の効力——相対的効力
3. 連帯債権……152
   (1)連帯債権の意義　(2)連帯債権の効力
4. 連帯債務……154
   (1)連帯債務の意義　(2)債権者と各債務者との関係
   (3)債務者相互の関係①——相対的効力と絶対的効力

　　　　(4)債務者相互の関係②——求償　　(5)不真正連帯債務
　5　不可分債権・不可分債務…………163
　　　　(1)不可分債権・不可分債務の意義　　(2)不可分債権の効力
　　　　(3)不可分債務の効力

第8章　保証債務———167

　1　保証債務総論…………167
　　　　(1)保証債務の意義　　(2)保証の役割　　(3)保証人と物上保証人の違い
　2　保証債務の法的性質…………168
　　　　(1)独立債務性　　(2)付従性　　(3)随伴性　　(4)補充性
　3　保証債務の成立…………170
　　　　(1)保証契約　　(2)制限行為能力を理由として取り消しうる債務の保証
　　　　(3)保証人の資格
　4　債権者と保証人の関係…………173
　　　　(1)保証債務の効力が及ぶ範囲　　(2)保証人の有する抗弁
　　　　(3)債権者の保証人に対する情報提供義務
　5　主債務者と保証人の関係①——絶対的効力と相対的効力…………177
　　　　(1)主債務者に生じた事由　　(2)保証人に生じた事由
　6　主債務者と保証人の関係②——保証人の求償…………178
　　　　(1)意義　　(2)受託保証人の求償権　　(3)無委託保証人の求償権
　　　　(4)求償権の制限——事前・事後の通知
　7　連帯保証と共同保証…………185
　　　　(1)連帯保証　　(2)共同保証
　8　根保証…………188
　　　　(1)意義　　(2)個人根保証契約
　　　　(3)不動産賃借人の賃料債務・損害賠償債務の保証　　(4)身元保証
　9　事業に係る債務についての個人保証人の保護…………193
　　　　(1)保証意思宣明公正証書の作成義務
　　　　(2)主債務者の情報提供義務

第9章　債権譲渡———196

　1　債権譲渡総論…………196
　　　　(1)意義　　(2)債権譲渡の機能　　(3)債権の同一性の保持
　　　　(4)債権譲渡と類似の制度
　2　譲渡自由の原則とその制限…………198
　3　譲渡制限特約…………199
　　　　(1)意義　　(2)譲渡制限特約に反する譲渡の効力①——原則

(3) 譲渡制限特約に反する譲渡の効力②――預貯金債権の例外
  (4) 譲渡制限特約と強制執行の関係
  (5) 譲渡制限特約に反する譲渡の効力③――債務者による供託
 4 債権譲渡の対抗要件……………206
  (1) 債務者に対する対抗要件　(2) 債務者以外の第三者に対する対抗要件
  (3) 債権の二重譲渡の処理
 5 将来債権の譲渡……………215
  (1) 将来債権の意義　(2) 将来債権の譲渡性
  (3) 譲受人の取得時期　(4) 譲渡後の譲渡制限特約
 6 抗弁の承継……………218
  (1) 抗弁の対抗　(2) 抗弁の発生時期
  (3) 468条1項と第三者保護規定との関係
 7 債権譲渡と相殺……………222
  (1) 反対債権の取得→譲受人の対抗要件具備の場合
  (2) 譲受人の対抗要件具備→反対債権の取得の場合
  (3) 逆相殺

第10章　債務引受　――227

 1 債務引受総論……………227
 2 併存的債務引受……………227
  (1) 意義　(2) 要件　(3) 効果
 3 免責的債務引受……………229
  (1) 意義　(2) 要件　(3) 効果
 4 履行引受……………232

第11章　契約上の地位の移転　――233

 1 意義……………233
 2 要件……………234

第12章　有価証券　――235

論証カード……………237
事項索引……………254
判例索引……………258

論証カード 一覧

1. 付随義務違反による損害賠償請求（A） …………………………………… 239
2. 416条の内容（A） ………………………………………………………… 240
3. 受領遅滞の法的性質――受領遅滞を理由とした損害賠償請求・契約の解除の可否（A）
   ……………………………………………………………………………… 241
4. 受領遅滞後の履行不能（A） ……………………………………………… 242
5. 債権者代位権の行使と事実上の優先弁済（A） ………………………… 243
6. 特定物債権と詐害行為取消権（A） ……………………………………… 244
7. 508条の「消滅」の意義（B^+） ………………………………………… 245
8. 連帯債務者が事後の通知を怠った場合（B^+） ………………………… 246
9. 契約の解除による原状回復義務と保証債務の効力（A） ……………… 247
10. 物上保証人の事前求償権（B^+） ………………………………………… 247
11. 不動産賃貸借契約の更新と根保証債務の効力（B） …………………… 248
12. 譲渡制限特約と債務者の事後承諾（B^+） ……………………………… 248
13. 債権の二重譲渡①　両者が第三者対抗要件を備えた場合（A） ……… 249
14. 債権の二重譲渡②　確定日付のある証書による通知の同時到達または
    先後不明の場合（A） …………………………………………………… 250
15. 466条の6第3項の「対抗要件」の意義（B） ………………………… 251
16. 債権譲渡の通知後の債務不履行によって発生した解除権（B^+） …… 252
17. 債権の譲受人と545条1項ただし書の「第三者」（B^+） …………… 253

総論

1. 債権法の構造 A

```
第3編 債権
第1章 総則 ……………… 債権総論(本書)
第2章 契約　　┐
第3章 事務管理 │
第4章 不当利得 ├─ 債権各論
第5章 不法行為 ┘
```

　これから学ぶ債権法は、民法典の「第3編　債権」に定められている。そして、この「第3編　債権」は、総則、契約、事務管理、不当利得、不法行為という5つの「章」からなっている。

　「第1章　総則」は、いかなる発生原因によって生じた債権であるかを問わず、およそ債権に共通する事項を定めたパートである。このパートを、講学上、債権総論という。

　「第2章」以下の4つの章は、契約・事務管理・不当利得・不法行為という4つの債権発生原因（➡総則［第2版］7ページイ）ごとに個別の事項を定めたパートである。これらをまとめて、講学上、債権各論という。

　本書が対象とするのは、「第1章」に定められた債権総論である。

2. 債権とは

1　債権・債務の意義　B

債権とは、ある特定の人（債権者）が、他の特定の人（債務者）に対して、ある特定の行為（給付）をすること（あるいはしないこと）を請求しうる権利をいう。この定義を覚える必要はないが、イメージはもっておこう。

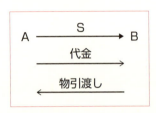

たとえば、AB間で売買契約が締結された場合の、AからBに対する代金債権や、BからAに対する目的物の引渡債権が、債権の典型である。また、Bが代金の支払を遅滞した場合のAからBに対する損害賠償請求権も、やはり債権である。

ところで、債権者Aが債務者Bに対して債権を有するということは、債務者Bが債権者Aに対して義務を負担しているということとイコールである。この債務者Bの義務のことを、債務という。

本書では、債権者から債務者に向かう先端が塗りつぶされていない矢印で、債権＝債務を図示する。

2　債権の性質　A

債権には、物権とは異なり、直接性がなく、排他性もなく、絶対性もない。このことは物権法ですでに学んだが（→物権法・担保物権法 4 ページ **4**）、再度、物権と対比しながら説明しておこう。

ア　直接性なし

物権には、他人を介在させることなく物を支配する、という直接性が認められる。

たとえば、甲建物に対してAが所有権という物権を有している場合、Aは、他人を介在させることなく、ダイレクトに甲建物を支配していると考えていく

わけである。

これに対し、債権には、そのような直接性は認められない。物についての債権を有している債権者は、物を支配しているとはいえるが、その物に対する支配は、債務者の行為を通じた間接的な支配にとどまる。

たとえば、債権発生原因である賃貸借契約（601条 ➡ 総則［第2版］39ページ（イ））にもとづき、AからBが甲建物を賃借している場合、賃借人Bは、甲建物という物を支配しているものの、そのBの支配は、あくまでも賃貸人であるAの行為（Bに甲建物を使用・収益させるというAの債務の履行）を介した間接的な支配にすぎないわけである。

イ　排他性なし

物権には、同一の物に対する同一内容の他の物権を排除する、という排他性が認められる。

たとえば、甲建物に対してAが完全な所有権を有している場合、Bが甲建物に対して所有権を有することはありえない。Aの所有権が、Bの所有権を排除するイメージである。

これに対し、債権には、かかる排他性は認められない。いいかえれば、同一の債務者に対する同一内容の債権が、同時に複数存在しうるのである。

たとえば、伊藤塾で私の講義を受講してくれている受講生の方々は、全員、伊藤塾に対して全く同じ内容の債権（伊藤塾に対して「呉の講義を聞かせろ」と請求する債権）を有している。債権には排他性がないからこそ、こうした事態が生じるわけである。

ウ　絶対性なし

物権には、物権を何人に対しても主張できる、という絶対性が認められる。

たとえば、Aが甲建物の所有権を有する場合、Aは、対抗要件を備えている限り、誰に対してもその所有権を主張できる。また、たとえば甲建物に対するAの直接的・排他的支配が他人によって侵害されている場合、侵害者が何人であっても、Aは所有権にもとづき甲建物の返還等を請求できる。

これに対し、債権には、かかる意味での絶対性は認められない。

たとえば、Bに対する100万円の金銭債権を有するAは、Bに対してのみそ

の支払を請求することができ、無関係のCに対してその支払を請求することは、当然できない。

すなわち、債権は、特定の債務者に対してのみその履行を請求できるという意味で、相対的な権利にすぎないのである。

> ただし、ここでいう債権の相対性は、あくまでも、履行の請求の可否という点についての相対性です。
> これに対して、侵害との関係では、債権は相対的な権利ではありません。債権が第三者によって侵害された場合は、一定の要件をみたせば、債権者はその第三者に対して不法行為にもとづく損害賠償を請求できるのです。この点については、債権各論のテキストで学びます。

3 債権の種類　B

債権＝債務は、その給付の内容などに着目することによって、いくつかのグループに分類することができる。

そのうち、特定物債権・不特定物債権という分類が最も重要だが、それは後にあらためて説明することとし（➡次ページ3.）、ここではそれ以外の分類を説明しよう。

ア　作為債務と不作為債務

積極的に何かをする債務を作為債務といい、何かをしない債務を不作為債務という。

たとえば、売主の目的物引渡債務や買主の代金支払債務、サラリーマンの労働する債務は作為債務であり、夜間にピアノを演奏しないという債務は不作為債務である。

イ　与える債務となす債務

物を引き渡す債務を与える債務といい、物を引き渡す以外の行為をする債務をなす債務という。

たとえば、上記アの作為債務のうち、売主の目的物引渡債務や買主の代金債務は与える債務であり、サラリー

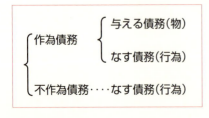

マンの労働する債務はなす債務である。夜間にピアノを演奏しないという不作為債務も、なす債務にあたる。

ウ　結果債務と手段債務

ある結果の実現自体を内容とする債務を結果債務といい、ある結果の実現をめざして一定の注意と努力を尽くすことを内容とする債務を手段債務という。

たとえば、建物の建築を請け負った大工の債務は結果債務であり（632条参照）、訴訟事件を受任した弁護士の債務は手段債務である（644条参照）。

エ　持参債務と取立債務

さらに、債務は、給付の場所に着目して、持参債務と取立債務に分類される。この分類はきわめて重要である。

持参債務とは、給付の目的物を債務者が債権者の住所に持参して引き渡すことを要する債務をいう。

取立債務とは、債権者が債務者の住所まで取立てに行って目的物の引渡しを受ける債務をいう。

たとえば、Aが酒屋のBに電話でビール10本を注文した事案で、ビール10本を酒屋のBがAの住所に配達するという合意があった場合は、Bの負っている引渡債務は持参債務にあたる。他方、AがBの店に取りに行くという合意があった場合は、Bの負っている引渡債務は取立債務にあたる。

なお、債務が持参債務か取立債務かは、484条1項によって決せられる。詳しくは後述するが（➡112ページ **9**）、条文は一読しておこう。

3. 特定物債権と不特定物債権

特定物債権・不特定物債権という分類は、きわめて重要である。

1　意義　A

特定物債権とは、特定物の給付を目的とする債権をいう。ここで特定物とは、当事者が個性に着目した物をいう。

不特定物債権とは、不特定物の給付を目的とする債権をいい、種類物債権ともよばれる。ここで不特定物とは、当事者が個性に着目していない物をいい、種類物ともよばれる。

たとえば、中古の自動車の売買がなされた場合の買主の引渡請求権は、通常は特定物債権であり、新品の自動車の売買がなされた場合の買主の引渡請求権は、不特定物債権（種類物債権）である。

2　特定物債権の特徴　A+

特定物債権には、次の3つの特徴がある。このうち、最初の2つはきわめて重要である。

ア　履行不能になりうる

まず、特定物債権の給付の目的は特定物である以上、その特定物が滅失した場合は、当該特定物債権は**履行不能**となる。

> では、履行不能となった場合は、どのような効果が生じるのでしょうか。
> 第1に、履行不能となった債権の債権者は、もはやその**履行を請求する**ことはできなくなります（412条の2第1項）。当然といえば当然の規定なのですが、とても重要です。今から覚えておきましょう。
> 第2に、一定の要件をみたせば、債権者から債務者に対する**損害賠償請求権**が発生します（415条1項、2項1号）。この点については、本書で後に学びます（➡34ページ3.）。
> 第3に、不能となった債権が契約から生じたものだった場合は、不能となった債権の債権者は、原則として当該契約の**解除権**を取得します（542条1項1号。例外として543条）。また、不能が債務者の責めに帰すべき事由によらない場合には、**危険負担**の問題（536条）が生じることになります。この解除権や危険負担の問題は、債権各論のテキストで学ぶことになります。

イ　債務者に善管注意義務が発生（400条）

次に、400条は、「債権の目的が特定物の引渡しであるときは、債務者は、その引渡しをするまで、契約その他の債権の発生原因及び取引上の社会通念に照らして定まる善良な管理者の注意をもって、その物を保存しなければならな

い」と定めている。

この400条によって、特定物債権の債務者は、特定物の引渡債務に加えて、さらに**善管注意義務**という債務を法律上当然に（すなわち当事者間で善管注意義務を発生させる旨の合意がなかったとしても）負うことになる。

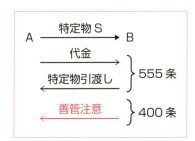

たとえば、AがBに特定物を売った場合、AからBに対して代金債権が発生する一方、BからAに対して特定物の引渡債権が発生する（555条）。この場合、その特定物債権の「債務者」である売主Aは、引渡しをするまでは、「善良な管理者の注意をもって、その物を保存しなければならない」という善管注意義務を自動的に負うことになるわけである。

ウ　品質を定めることができないときの現状引渡し　改正

特定物債権の債務者は、どのような品質の物を引き渡す義務を負っているのだろうか。

まず、契約その他の債権の発生原因や、取引上の社会通念に照らして、引渡しをすべき時の品質を定めることができるときは、その品質の物を引き渡さなければならない。これは当然である。

他方、契約その他の債権の発生原因や、取引上の社会通念に照らしても、引渡しをすべき時の品質を定めることができないときは、引渡しをすべき時の現状でその物を引き渡さなければならない（483条）。

ただし、483条のいう「引渡しをすべき時の品質を定めることができない」という事態はきわめてまれであるから、この483条が適用されるのはごく例外的な場合に限られる。

3　不特定物債権の特徴　A+

以上に対し、不特定物債権には、次の4つの特徴がある。これらのうち、**ア、イ、エ**の3つは特に重要である。

ア 通常は履行不能にならない

不特定物債権は、給付の目的が不特定物である以上、通常は履行不能にならない。

たとえば、Aが、酒屋を営むBとの間で、X社製の瓶ビール10本を買う旨の契約を締結したとする。ところが、その後に大きな地震が発生したため、Bの店内にあるX社製の瓶ビールが全て割れてしまったとしよう。たとえこのような場合であっても、Aの債権（＝Bの債務）は、履行不能にならない。Bは、新たに市場からX社製のビール10本を仕入れてくればいいだけだからである。履行不能となるのは、市場からX社製のビールが全てなくなってしまったという特殊な場合に限られる。

イ 債務者に善管注意義務は発生しない

不特定物債権の債務者は、善管注意義務を負わない（400条対照）。

その理由は、次のように理解すればよい。まず、不特定物債権の債務者は、自身の手元に引き渡すべき物があったとしても、その物自体を引き渡すべき義務はない（新たに調達した同種の物を引き渡してもよい）。したがって、不特定物債権の債務者に対して、自身の手元にある物に対する善管注意義務を課す必要性はない。そのため、400条に対応するような条文はおかれなかったのである。

ただし、その反面、手元にある物が滅失したり損傷したりした場合には、不特定物債権の債務者は、市場から新たに同種の物を調達してこなければならない、ということになる。不特定物債権の債務者が負うこの義務を、調達義務という。

ウ 品質を定めることができないときの中等品の引渡し

法律行為の性質または当事者の意思によって、引き渡すべき物の品質を定めることができるときは、債務者は、その品質を有する物を引き渡さなければならない。これは当然である。

他方、法律行為の性質または当事者の意思によって、引き渡すべき物の品質を定めることができないときは、債務者は、中等の品質を有する物を給付しなければならない（401条1項）。

ただし、特定物債権の場合と同じく、「法律行為の性質または当事者の意思

によって、引き渡すべき物の品質を定めることができない」ことはまれであろう。

エ　特定が生じうる

さらに、不特定物債権は、一定の要件をみたせば、その目的物が特定の物に定まることになる。このことを、不特定物債権の特定（または集中）という。

この特定の要件・効果は、きわめて重要である。次の **4** で説明する。

	履行不能	善管注意義務	品質を定めることができないとき	特定
特定物債権	なりうる	あり （400）	現状引渡し （483）	―
不特定物債権	通常はならない	なし （調達義務あり）	中等品の引渡し （401 Ⅰ）	生じうる （401 Ⅱ）

4　不特定物債権の特定　A⁺

ア　特定の要件

不特定物債権の特定が生じる場合として、民法は401条2項で2つの場合を定めている。

（ア）必要な行為を完了したとき

まず、債務者が「物の給付をするのに必要な行為を完了」したときに、特定が生じる（401条2項前段）。これはきわめて重要である。

問題は、具体的にどのような行為をすれば「必要な行為を完了」したといえるのかであるが、その点は不特定物債権が①持参債務か②取立債務か（➡5ページエ）で異なる。

①持参債務の場合は、目的物を債権者の住所に持参してこれを提供するという現実の提供が必要である。

②取立債務の場合は、債務者が目的物を分離し、債権者が受領しようと思えば受領できるよう準備し、それを債権者に通知すれば足りると解されている。

以上の各要件は、しっかりと覚えておいてほしい。なお、不特定物債権は、原則として持参債務だが（フジサン〔富士山〕と覚えるとよい）、特約があれば取立債務となる（484条1項➡112ページ**9**）。

(イ) 債権者の同意を得て債務者が指定したとき

次に、債務者が「債権者の同意を得てその給付すべき物を指定した」ときにも、特定が生じる（401条2項後段）。

(ウ) 瑕疵ある物の場合

以上のように、401条2項前段・後段のいずれかにあたれば特定が生じるのが原則だが、これにはきわめて重要な例外がある。

すなわち、瑕疵ある物については、いくらこれを現実に提供したり、分離・準備・通知をしたり、はたまた債権者の同意を得て債務者が指定したりしても、およそ特定は生じないと解されているのである。この点もしっかりと覚えておこう。

特定の要件	①必要な行為の完了 （401Ⅱ前）	持参債務	現実の提供	瑕疵ある物では不可
		取立債務	分離・準備・通知	
	②債権者の同意＋債務者の指定（401Ⅱ後）			

イ　特定の効果

特定が生じると、債権の目的物が当該特定の物に定まることになる。

したがって、①たとえばその物が滅失した場合は、その物の引渡債務は履行不能になる。

また、②その物の引渡債務者は、善管注意義務を負うことになる（400条）。

さらに、③物権法のレベルでは、特定によって、当該物についての物権変動が生じることになる（➡物権法・担保物権法21ページイ）。

以上のように、特定が生じると、以後はほぼ特定物債権と同じく扱われることになるわけである（➡6ページ**2**参照）。

ただし、特定が生じても、なお特定物債権とは異なる点が1点だけある。

すなわち、④特定が生じた後でも、債務者は、他の物と取りかえる権利である変更権を有すると解されているのである（大判昭和12・7・7）。

なぜ債務者に変更権を認めるのかというと、同じ種類の物であれば、別の物を給付しても債権者は特に害されないからである。

> たとえば、酒屋のBがX社製のビール10本をA宅に持参して引き渡す債務を負っているとします。Bは、約束の時間にA宅にX社製のビール10本（もちろん瑕疵のないビー

ルです）を持参したのですが、Aが不在だったため、Bはやむなくビール 10 本を持ち帰ったとしましょう。

　この場合、現実の提供によって、BがA宅に持参した当該ビール 10 本に特定が生じています。したがって、A宅からの帰り道、Bがうっかり転んでしまい、当該ビール 10 本を割ってしまったら、理論上はBの引渡債務は履行不能になります。そのため、債権者であるAは、一定の要件のもとBに対して損害賠償を請求したり（415条2項1号）、契約を解除したりすることはできる（542条1項1号）ものの、Bに対してX社製のビール 10 本の引渡しを請求することはできない（412条の2第1項）ということに理論上はなってしまうのです。

　しかし、Aとしては、X社製のビール 10 本がほしいわけですから、新たにX社製のビール 10 本を届けてもらえさえすれば、Aは満足するはずです。そこで、判例は、特定後も債務者に変更権を認め、Bが別のX社製ビール 10 本を引き渡すことによって債務を免れる、ということを認めたのです。

特定の効果	①履行不能になりうる
	②善管注意義務の発生（400）
	③物権変動
	④債務者に変更権あり ← 特定物債権との差異

5　制限種類債権（限定種類債権） B+

　制限種類債権とは、不特定物債権（種類債権）のうち、種類の範囲が制限された債権をいう。限定種類債権ともよばれる。

　たとえば、「Aの倉庫にあるX社製ビールのうち 10 本を引き渡す」ことを内容とする債権が、制限種類債権の典型である。

　この制限種類債権は、不特定物債権の1種でありながら、履行不能になりうるという特徴がある。上記の例で、「Aの倉庫にあるX社製ビール」が全て割れてしまったら、「Aの倉庫にあるX社製ビールのうち 10 本を引き渡す」ことを内容とする債権は履行不能になるわけである。

4. 金銭債権

1　意義　B+

金銭債権とは、一定額の金銭の給付を目的とする債権をいう。

この金銭債権は、履行遅滞となることはもちろんありうるが、履行不能となることはありえないという特徴がある。なぜなら、世の中から金銭がなくなることは、社会通念上ありえないからである。

もちろん、「今お金がないので払えない」という事態はありうるが、それはあくまでも履行遅滞であって、履行不能ではない。

2　金銭債権の特則　A

金銭債権の債務不履行（すなわち履行遅滞）による損害賠償請求（415条1項）に関しては、次の3つの特則が定められている。

①債権者は、損害の証明を要しない（419条2項）。

②請求できる損害賠償額は、原則として債務者が遅滞の責任を負った最初の時点における法定利率（404条 ➡ 14ページ2）による。ただし、約定利率が定められている場合で、その約定利率が法定利率を超えるときは、約定利率による（419条1項）。

③金銭債務の債務不履行による損害賠償請求において、債務者は、不可抗力をもって抗弁とすることができない（419条3項）。

> 　以上の3つの特則は重要です。その前提となる415条1項の原則も含めて、具体例で補足しておきましょう。
> 　たとえば、AがBに対し、利息は年10パーセント、弁済期は元本・利息ともに貸付けから1年後という約束で、2020年4月1日に100万円を貸し付けたとします。この場合、Aは、1年後の2021年4月1日に、元本100万円の返還と、利息10万円の支払を請求することができます。ところが、2021年4月1日になっても、Bは利息の10万円を支払っただけで、元本は支払わなかったとしましょう。
> 　この場合、AはBに対して、100万円の元本債権の履行遅滞による損害賠償を請求することができます（415条1項本文）。
> 　この点、損害賠償を請求するためには、原則として債権者が損害の発生を証明すること

が必要なのですが（415条1項本文）、金銭債務の履行遅滞による損害賠償請求においては、かかる損害の証明は不要です（419条2項）。Aは、Bに対して、Bが元本を支払うまで、実際に損害があろうとなかろうと、損害賠償として、約定利率である年10パーセント分（それよりも最初に遅滞となった時の法定利率の方が高ければ法定利率分）の金員の支払を請求することができるのです（419条1項）。

　また、損害賠償請求は、その理由となった債務不履行が債務者の「責めに帰することができない事由」による場合には認められないのが原則なのですが（415条1項ただし書）、金銭債務の履行遅滞による損害賠償請求においては、履行遅滞がたとえ不可抗力による場合であっても、債務者は損害賠償債務を負うことになります（419条3項）。415条1項ただし書は適用されないわけです。

　415条を学んだ後に、ぜひもう1度確認してみてください。

　なお、細かい点であるが、利息債権の遅滞の場合には419条は適用されない（大判大正6・3・5）。仮に419条の適用を肯定すると、利息が利息（遅延利息）を生むという重利を当然に認めることになり、法定重利の要件を定めた405条（➡ 15ページ**ウ**）が無意味になるからである。

3　弁済の方法　C

　金銭債権の債務者は、原則として、その選択に従い、各種の通貨で弁済することができる（402条1項本文）。

　ただし、政府が発行する貨幣（コイン）については、額面価格の20倍までに限り、法貨として通用する（通貨の単位及び貨幣の発行等に関する法律7条）。したがって、債権者の同意がない場合には、たとえば1円貨で支払えるのは20円まで、10円貨で支払えるのは200円まで、500円貨で支払えるのは1万円までである。

　外国の通貨で債権額を指定したときも、債務者は、履行地における為替相場により、日本の通貨で弁済することができる（403条）。

5. 利息債権

1 意義　B+

利息債権とは、利息の給付を目的とする債権をいう。
この利息債権は、利息契約によって発生するのが通常である。

> 利息契約にもとづき支払われる金銭を**利息**といいます。
> これに対し、履行遅滞による損害賠償として支払われる金銭は、**遅延利息**とか**遅延損害金**といいます。
> 用語が似ていることや、利息の利率が遅延利息の算定に流用されることなどから（419条1項）、利息と遅延利息は混同されがちなのですが、両者は全く別の概念です。たとえば、利息債権は利息契約にもとづいて発生する債権であるのに対し、遅延利息債権は415条にもとづいて発生する法定債権であり、それぞれの発生原因は全く異なります。しっかりと区別して理解しておきましょう。

2 約定利率と法定利率　B　改正

利息の利率は、原則として利息契約によって定められる。この利率を約定利率という。
これに対し、利息契約は締結したものの利率についての定めがない場合は、利息が生じた最初の時点における法定利率による（404条1項）。
法定利率は、2020（令和2）年4月の時点では年3パーセントであるが（404条2項）、法務省令により、3年に1回変動することとなっている（404条3項）。
なお、法定利率を変動する際のルールが、404条4項と5項に定められている。

3 重利　B

ア　意義

重利とは、支払が遅滞した利息を元本に組み入れることにより、利息がさらに利息を生むことをいう。複利ともよばれる。
たとえば、AがBに対して、利息は年10パーセント、弁済期は元本・利息

ともに貸付けから1年後の約定で100万円貸し付けた場合、貸付けから1年後の弁済期には、AからBに対し、元本債権100万円と利息債権10万円が生じる。そして、この利息債権を元本債権に組み入れると、元本が110万円となり、その1年後には11万円の利息債権が発生する。これを重利というわけである。

イ 約定重利

かかる重利は、当事者の合意によって生じうる。これを約定重利という。

ウ 法定重利

また、当事者の合意がない場合であっても、法律の規定によって重利が生じうる。

すなわち、債務者が利息の支払を**1年分以上延滞**（遅延）した場合に、債権者が**催告**をしても債務者が利息を**支払わないとき**は、債権者は利息を元本に組み入れることができる（405条）。これを、法定重利という。

エ 405条の「利息」と遅延利息

以上の405条の「利息」に、遅延利息（415条1項）が含まれるかという問題がある。

たとえば、100万円の貸金債務について履行遅滞が生じたため、415条1項にもとづき10万円の遅延利息が発生している場合、405条の要件をみたせば、以後は110万円に対して遅延利息が発生することになるのだろうか。

仮に405条の「利息」に遅延利息が含まれないとすると、利息（遅延利息ではなく）を支払わない場合は405条が適用され重利が生じうるのに対し、遅延利息（利息ではなく）を支払わない場合には405条は適用されず重利が生じないということになり、不均衡である。

そこで、405条の「利息」には遅延利息が含まれると解するのが妥当であろう。

判例も、遅延利息について405条の適用を肯定している（大判昭和17・2・4）。

4 利息制限法による制限　B

利息に関しては、いわゆる高利貸しから債務者を保護するべく、利息制限法という特別法が定められている。試験との関係で必要な事項は、次の2点である。

ア　利息の制限

まず、金銭を目的とする消費貸借における利息契約は、その利息が次の利率により計算した金額を超えるときは、その超過部分は無効である（利息制限法1条1項）。つまり、次の利率が、利息契約において有効に定めることのできる利率の上限である。

①元本が10万円未満の場合　　　　　　　　年2割
②元本が10万円以上100万円未満の場合　　年1割8分
③元本が100万円以上の場合　　　　　　　年1割5分

イ　賠償額の予定の制限

次に、金銭を目的とする消費貸借上の債務の不履行による賠償額の予定（民法420条 ➡ 44ページ **3**）は、その賠償額の元本に対する割合が上記アの率の1.46倍を超えるときは、その超過部分は無効である（利息制限法4条1項）。

したがって、たとえば100万円の貸金債務（元本）の遅滞が生じた場合について賠償額の予定を定める場合、その上限は2割1分9厘（1割5分×1.46）である。

6. 選択債権　B

1　意義

選択債権とは、債権の内容が数個の給付の中から選択によって定まる債権を

いう。

　たとえば、2匹の犬のうち、どちらか1匹をもらえるというのが、選択債権の例である。

　選択債権は、選択が行われるまでは債権の目的が不確定であり、したがって履行も強制執行も不可能という特徴を有する。

2　選択権者

　選択債権における選択権者は、原則として債務者である（406条）。

　ただし、特約があればそれによる。すなわち、特約によって、債権者を選択権者とすることもできるし、第三者を選択権者とすることもできる。

3　選択権の移転

　債権が弁済期にある場合において、相手方から相当の期間を定めて催告をしても、選択権を有する当事者がその期間内に選択をしないときは、その選択権は、相手方に移転する（408条）。

　また、第三者が選択権者である場合に、第三者が選択をすることができず、または選択をする意思を有しないときは、選択権は債務者に移転する（409条2項）。

4　選択権の行使方法と効果

　債務者または債権者が選択権者である場合、選択権は、相手方に対する意思表示によって行使する（407条1項）。この意思表示は、相手方の承諾を得なければ、撤回することができない（同2項）。

　第三者が選択権者である場合、選択権は、債権者または債務者に対する意思表示によって行使する（409条1項）。

　選択は、債権の発生の時にさかのぼってその効力を生ずる。ただし、第三者の権利を害することはできない（411条）。

5　不能による選択債権の特定　改正

　債権の目的である給付の中に不能のものがある場合において、その不能が選択権を有する者の過失によるものであるときは、債権は、その残存するものに

ついて存在する（410条）。

たとえば、甲乙いずれかの犬をもらえるという選択債権があり、債務者が選択権を有する場合において、債務者の過失により甲が死亡したときは、債権者は乙をもらえるということになるわけである。

これに対し、不能が選択権を有する者の過失によらない場合は、選択の対象は当然には限定されない。

上の例で、選択権を有しない債権者の過失により甲が死亡した場合、債務者は、甲を選択することも可能である。その場合、債権は履行不能として処理されることになる。

7. 債権の効力

1 給付保持力、訴求力、執行力

一般に、債権は、給付保持力、訴求力、執行力を有する。

給付保持力とは、債務者が任意に履行するときは、債権者はその給付を受領してこれを保持できる（不当利得にならない）という効力をいう。これは、債権の最小限度の効力といえる。

訴求力とは、債務者が任意に履行しないときに、債権者は債務者に対してその履行を裁判で請求することができるという効力をいう。

執行力とは、債務者が任意に履行しないときに、債権者は強制執行をすることができるという効力をいう。

> たとえば、AがBに対して100万円の金銭債権を有する場合において、Bが任意に100万円をAに弁済したときは、Aはその100万円をBに返還する必要はありません。これが債権の給付保持力です。
> 他方、Bが任意に100万円を弁済してくれないときは、Aは、100万円の支払請求訴訟を提起して、請求認容判決（Aの勝訴判決）を得ることができます。このように、履行を裁判で請求できる（履行を求める訴訟を提起できる）という効力が、債権の訴求力です。

しかし、いくらAが請求認容判決を得てその判決が確定したとしても、債務者であるBが任意に履行してくれない場合には、Aのもとに100万円は入ってきません。誤解している方が多いところなのですが、訴訟で勝ったからといって、自動的に手元に金銭が入ってくるわけではないのです。
　そこで、敗訴したBが任意に履行してくれない場合には（実務的にはそれが普通です）、Aは、さらに強制執行という手続をとる必要があります。たとえば、裁判所にBの銀行口座を差し押さえてもらい、そこから100万円を回収することになるのです。このように、強制執行をすることができるという効力が、債権の執行力です。

2　自然債務　B⁻

　ところが、債権の中には、**給付保持力があるだけで、訴求力や執行力がない**債権も存在すると解されている。つまり、債務者が任意に履行してきたならば、債権者はその給付を保持できるけれども、債務者が任意に履行しないときに、裁判で履行を請求したり強制執行したりすることはできないという債権があると解されているのである。
　そのような特殊な債権を、**自然債務**という。
　判例も、カフェー（現在のクラブに相当）の客Aが、女給（現在のホステスに相当）であるBの歓心を買うために、Bの独立資金として400円を与える旨を書面で約束したところ、Aが400円を支払わなかったため、BがAに対して400円の支払を求めて訴訟を提起した事件（カフェー丸玉事件）において、「一時ノ興ニ乗シ被上告人〔女給〕ノ歓心ヲ買ハンカ為メ判示ノ如キ相当多額ナル金員ノ供与ヲ諾約スルコトアルモ之ヲ以テ被上告人ニ裁判上ノ請求権ヲ付与スル趣旨ニ出テタルモノト速断スルハ相当ナラス」とし、「寧ロ斯ル事情ノ下ニ於ケル諾約ハ諾約者カ自ラ進テ之ヲ履行スルトキハ債務ノ弁済タルコトヲ失ハサルモ要約者ニ於テ之カ履行ヲ強要スルコトヲ得サル特殊ノ債務関係ヲ生スル」としている（大判昭和10・4・25）。

3　債務と責任　A

ア　意義

　責任という概念は多義的だが、ここでは、自己の財産が債務の履行の拠りどころ（引当て）になるということを**責任**という。自己の財産から債務の履行をしなければならないという地位・状態を指して、責任というわけである。

また、強制執行の対象となる財産を、責任財産という。

イ　責任なき債務

債務には、上記の意味における責任がともなうのが通常である。

しかし、例外的に、責任なき債務もある。

たとえば、限定承認をした相続人の負う債務（922条参照）や、強制執行をしないという特約付きの債務などが、責任なき債務の例である。

ウ　債務なき責任

また、逆に、債務は負わないのに責任だけ負うという場合もある。

たとえば、物上保証人は、被担保債権の債務者ではないが、担保物権の目的となっている自己の財産が債務の履行の引当てとされる地位にある。すなわち、物上保証人は、債務は負わないのに、責任だけ負っているわけである。このことは覚えておこう（➡ 168ページ **3** の表参照）。

第2章 強制執行

1. 総論

1　強制執行の要件　B+

　債権は、執行力を有するのが通常である。すなわち、債務者が任意に履行しない場合には、債権者は、最終的には民事執行法が定める手続により強制執行を行い、債権の満足を図ることになる。

　かかる強制執行を行うためには、**債務名義**が必要である（民事執行法22条）。この要件は覚えておこう。

　債務名義とは、強制執行によって実現されるべき請求権の存在および内容を公証する文書をいう。**確定判決**（民事執行法22条1号）や**執行証書**（同5号）がその典型である。

> ちなみに、いくら強制執行をしたとしても、債務者に責任財産（➡19ページア）がなければ、その強制執行は空振りに終わります。責任財産がないところからは、何も回収することはできません。そこで、債権者が債務者の責任財産を保全するための手段として、民法は債権者代位権や詐害行為取消権を定めています（➡57ページ以下）。

2　強制執行が認められない債務　B

　債権は、執行力を有するのが通常である。

　しかし、**夫婦の同居義務**（752条）は、その性質上、強制執行は認められない（大決昭和5・9・30）。

　また、**法律行為（意思表示）をすることを目的とする債務**（たとえば登記の申請

をする債務）は、強制執行は不要であり、認められない。なぜなら、「意思表示をすべきことを債務者に命ずる判決その他の裁判が確定し、又は和解、認諾、調停若しくは労働審判に係る債務名義が成立したときは、債務者は、その確定又は成立の時に意思表示をしたものとみな」されるからである（民事執行法177条1項本文）。

2. 強制執行の種類

強制執行には、①**直接強制**、②**代替執行**、③**間接強制**、④その他の方法がありうるが（414条1項本文）、現行法で認められているのは①から③までである。

1 直接強制　B

直接強制は、債務の内容をそのまま実現させる強制執行である。

たとえば、AがBに金銭を貸したところ、弁済期になってもBが貸金を返済しない場合に、Aは、裁判所に申し立てて、Bの所有する財産を差し押さえて競売に付してもらい、その売却代金の中から代金の弁済を受けることができる。

また、XがYに甲建物を売ったところ、引渡しの期日になってもXが甲建物に居座りつづけてYに甲建物を引き渡さない場合、Yは、執行官に申し立てて、強制的にXを甲建物から排除してもらう（引きずり出してもらう）ことができる。

この直接強制は、与える債務（➡4ページイ）について行われる。なす債務については、代替執行や間接強制が行われることになる。

2 代替執行　B+

代替執行は、債務が作為を目的とするときに、債務者の費用で第三者にこれをさせる強制執行である。

この代替執行は、なす債務（➡4ページイ）のうち、誰が行っても特に問題のない代替的な作為債務（➡4ページア）について行われる。これは覚えておこ

う。

たとえば、家屋を取り壊す債務について、解体業者にこれを行わせ、その費用を債務者に負担させるのが、代替執行の典型である。

なす債務のうち、履行する者の個性が問題となる非代替的な作為義務については、間接強制が行われることになる。

3　間接強制　B

間接強制は、一定の期間内に債務者が履行しないときは一定の金額を支払わせるという強制執行である。

この間接強制は、**金銭債務以外の債務**について行われる（その例外として子の扶養義務などは可。民事執行法167条の15、16）。子の引渡義務なども、間接強制の対象となる。

直接強制や代替執行の対象となる債務であっても、間接強制を選択することができる。

【強制執行の対象】

直接強制	代替執行	間接強制
与える債務	なす債務のうち 代替的な作為債務	金銭債務以外の債務

注1：夫婦の同居義務は強制執行不可
注2：法律行為（意思表示）をすることを目的とする債務は、強制執行は不要かつ不可（民事執行法177条1項本文参照）

第3章
債務不履行による損害賠償請求

1. 債務不履行の分類 A

　「債務者がその債務の本旨に従った履行をしない」場合（415条1項本文）を、債務不履行という。

　かかる債務不履行が生じた場合は、一定の要件のもと、債権者から債務者に対する損害賠償請求権が発生する（415条1項本文）。

　また、不履行に陥った債務が契約によって生じたものである場合は、一定の要件のもと、債権者は契約の解除権を取得する（541条から543条）。

　このように、損害賠償請求権や解除権の発生原因となる債務不履行について、伝統的通説は、履行遅滞、履行不能、不完全履行という3つの類型があると考えてきた。また、近時では、債務不履行を類型化せず、これを一元的に理解する見解も有力である。

　しかし、本書では、実務との親和性を重視し、債務不履行を①**履行遅滞**、②**履行不能**、③**その他の債務不履行**の3つに分類する見解を採用することとする。

　以下、それぞれの類型における損害賠償請求権について説明しよう。

2. 履行遅滞による損害賠償請求権

　たとえば、AがBに住居用の家屋を売る旨の売買契約が締結されたところ、Aが約束の期日になっても家屋をBに引き渡さなかったため、Bはホテル住まいを余儀なくされ、宿泊費がかかってしまったとする。
　この場合、Bは支出を余儀なくされた宿泊費をAに請求することを望むはずである。このBの請求の根拠となるのが、履行遅滞による損害賠償請求権である。

1　要件　A+

　履行遅滞による損害賠償請求権が発生するためには、まず、①履行期に履行が可能であること、②履行期を経過したこと、③損害の発生、④履行遅滞と損害との間の因果関係が必要である（415条1項本文）。
　ただし、これらの要件をみたした場合であっても、⑤履行遅滞が違法でない場合は、損害賠償請求権は発生しない（従来の通説）。
　また、⑥履行遅滞が債務者の「責めに帰することができない事由」によるものである場合（＝債務者に免責事由が認められる場合）も、やはり損害賠償請求権は発生しない（415条1項ただし書）。
　すなわち、履行遅滞が⑤違法であることや、⑥債務者の「責めに帰することができない事由」によるのでないことも、履行遅滞による損害賠償請求権が発生するための要件なのである。
　以下、これら6つの要件を個別に説明する。

ア　履行期に履行が可能であること
　履行期に履行が可能であることという要件は、履行不能（➡34ページ **3.**）と区別するための要件である。仮に履行が不能であれば、履行不能として処理される。

イ　履行期を経過したこと　改正

　履行期を経過したことという要件は、上記**ア**の要件とあわせて、「履行遅滞」といえるための要件である。

　履行期を経過したか否か、すなわち履行遅滞となるか否かの判断基準は、**412条**で次のように定められている。

　①確定期限のある債務は、その**期限が到来した時**から履行遅滞となる（412条1項）。

　②不確定期限のある債務は、債務者が**期限の到来の後に履行の請求を受けた時**、または債務者が**期限の到来を知った時**の、いずれか早い時から履行遅滞となる（412条2項）。

　確定期限と異なり、不確定期限については、その到来を債務者が知っているとは限らないから、というのがその趣旨である。

　③期限の定めのない債務は、債務者が**履行の請求を受けた時**から履行遅滞となる（412条3項）。ただし、この③には、次の2つの例外がある。

　第1に、期限の定めのない消費貸借上の債務は、債務者が履行の請求を受けた時から**相当の期間が経過した時**にはじめて履行遅滞となると解されている。なぜなら、消費貸借契約の目的物は当然に消費されているはずであるところ、返還請求を受けて直ちに同種・同量・同等の物を返還することは困難だからである（591条1項参照）。

　第2に、不法行為による損害賠償債務（709条）は、被害者の救済という不法行為制度の趣旨に照らし、**不法行為の時**から当然に履行遅滞となると解されている。判例も同様の結論である（最判昭和37・9・4）。

　以上の内容は、しっかりと覚えておこう。

> 　412条1項は、確定期限が**「到来」**した時から遅滞の責任を負うと定めています。しかし、たとえば4月1日という確定期限が到来したまさにその日（4月1日）に債務を履行したのであれば、履行遅滞といわれる筋合いは通常はありません。したがって、412条1項の「到来」という文言は、厳密には到来ではなく**経過**という意味であると解されています。確定期限である4月1日が経過した（つまり4月2日以降になった）時点で、はじめて履行遅滞になると解していくわけです。
> 　同様に、412条2項や3項についても、請求などがあった「時」が属する日が**経過**した（つまり請求などがあった日の翌日になった）時点で、はじめて履行遅滞になると解することになります。

確定期限のある債務 （412Ⅰ）	期限到来時
不確定期限のある債務 （412Ⅱ）	債務者が期限の到来した後に履行の請求を受けた時または期限の到来を知った時のいずれか早い時
期限の定めのない債務 （412Ⅲ）	原　則：債務者が履行の請求を受けた時 例外1：期限の定めのない消費貸借上の債務は、債務者が履行の請求を受けた時から相当の期間が経過した時 例外2：不法行為による損害賠償債務（709）は、不法行為の時

ウ　損害の発生

さらに、損害賠償請求権が発生するためには、債権者に損害が発生したことが必要である。

（ア）損害の発生の主張・立証

債権者たる原告は、原則として、損害の発生を主張・立証しなければならない。

ただし、その例外として、**金銭債務の遅滞**の場合は損害の発生の主張・立証は不要であり（419条2項）、当然に法定利率または約定利率による賠償を請求できる（419条1項 ➡ 12ページ**2**）。

（イ）損害の意義

この損害という要件をめぐっては、そもそも「損害」とは何を指すのかという点について、見解の対立がある。

判例・通説は、債務不履行がなければ債権者が有していたであろう財産の額と、債務不履行があった結果として債権者が有している財産の額の**差額（金銭）**が「損害」であると解している。この見解は、**差額説**とよばれている。

これに対し、「損害」とは、個々の不利益な**事実**であるとする見解もある。この見解は、**損害事実説**とよばれている。

本書では、判例・通説である差額説を採用する。

> たとえば、医師Ａと患者Ｂが医療契約を締結し、ＡがＢを手術したところ、Ａの手術ミス（これは医療契約上のＡの債務の不履行にあたります）によって、Ｂに重大な後遺症が発生したとします。Ｂは、この後遺症のため、しばらく働くことができなくなってしまい、また、後遺症の治療のために追加の治療費の支出を余儀なくされたとしましょう。
> この場合、判例・通説である差額説からは、たとえば働くことができればもらえるはずだった給与の額や、支出を余儀なくされた治療費などのような金銭が、Ｂに生じた「損害」ということになります。

これに対し、損害事実説からは、Bが重大な傷害を被り働けなくなったという事実や、追加の治療が必要となったという事実が、それぞれ「損害」ということになります。

ただし、損害の賠償は金銭の支払によって行うのが原則です（417条）。したがって、損害事実説に立ったとしても、結局は「損害」を金銭的に評価（金額に換算）する作業が必要となります。

そうすると、両説は実質的には異ならないのではないか、この論点は単なる抽象的な対立にすぎないのではないか、という疑問が生じるかもしれません。しかし、たとえば原告が「損害」として何を主張・立証することになるのかという点は、差額説と損害事実説のどちらに立つかによって変わってきます。差額説からは、原告は「損害」たる差額（具体的な金額）を主張・立証する必要があることになるのに対し、損害事実説からは、事実としての損害（後遺症が発生し働けなくなったことなど）を主張・立証すれば足り、その金銭的な評価（具体的な金額への換算）は裁判官の裁量にゆだねられる（つまり原告が具体的な金額まで主張・立証する必要はない）ということになりえます。

このように、両説の対立は具体的な結論に差異を生じさせる対立であり、実益のある対立なのです。

（ウ）損害の種類

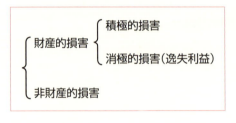

損害には様々な分類があるが、ここでは、①財産的損害と非財産的損害、②積極的損害と消極的損害という分類を説明する。

なお、通常損害と特別損害という分類については42ページ**2**、遅延賠償と塡補賠償という分類については33ページ**ア・イ**で説明する。

① 財産的損害と非財産的損害

まず、財産的損害と非財産的損害の分類についてである。

たとえば、家屋の引渡しが遅れたせいで支出を余儀なくされたホテルの宿泊費や、手術ミスのせいで支出を余儀なくされた追加の治療費が、財産的損害の典型である。

他方、たとえば手術ミスで患者が負った精神的苦痛を金銭に換算したもの（慰謝料）が、非財産的損害の典型である。

非財産的損害は、不法行為による損害賠償請求の場合は認められやすいが（710条参照）、今学んでいる債務不履行による損害賠償請求の場合は認められないことが多い。ただし、債務不履行と不法行為が競合する事案（医療過誤がその典型）では、債務不履行による損害賠償請求の場合でも非財産的損害が認

められうる。

ありがちな誤解として、①財産に対して加えられた損害が財産的損害、②財産以外（身体や自由、名誉など）に対して加えられた損害が非財産的損害、という誤解があります。

しかし、たとえばAに頼まれて、Aが大切にしている思い出のつまった陶器の壺を預かっていたBが、この壺を故意に破壊した場合、加害の対象はAの壺という財産ですが、Aには、財産的損害に加えて非財産的損害（精神的苦痛ないし慰謝料）が生じることがあります（図の左上から右下への矢印）。

また、たとえば医師Xの手術ミスによって患者Yが重大な後遺症を負った場合、加害の対象は患者Yの身体という非財産なのですが、非財産的損害のみならず、財産的損害（たとえば追加の治療費）が生じることがあります（図の左下から右上への矢印）。

つまり、財産的損害と非財産的損害という分類は、加害の対象による分類なのではなく、生じた損害の内容による分類なのです。

② 積極的損害と消極的損害

以上の損害のうち、財産的損害は、さらに積極的損害と消極的損害に分類される。

積極的損害とは、既存の利益の滅失または減少をいい、**消極的損害**とは、将来の利益の獲得を妨げられたことによる損失をいう。消極的損害は、**逸失利益**ともよばれる。

つまり、債権者のもとから出て行った金銭等を積極的損害といい、債権者のもとに入ってこなくなった金銭等を消極的損害や逸失利益というわけである。

たとえば、家屋の引渡しが遅滞したために支出を余儀なくされたホテルの宿泊代は積極的損害であり、家屋の引渡しが遅滞したために得られなくなった転売利益は消極的損害（逸失利益）である。

エ　因果関係

以上の各要件に加えて、履行遅滞と損害の発生との間に、因果関係が認められることも必要である（「これによって」415条1項本文）。

因果関係については、学習効率上、他の類型の債務不履行とあわせて後でまとめて説明する（➡ 40ページ **5.**）。

オ 違法であること

　以上の各要件をみたしても、履行遅滞が違法でない場合には、履行遅滞による損害賠償請求権は発生しないと解されている（従来の通説）。

　すなわち、履行遅滞の違法性を阻却する事由（違法性阻却事由・正当化事由）がある場合には、履行遅滞による損害賠償請求権は発生しないわけである。

　違法性阻却事由の典型は、①同時履行の抗弁権（533条）と②留置権（295条1項）である。債務者が、これらのうち1つでも有している場合は、それだけで（すなわちそれらの権利が行使されなくても）履行遅滞の違法性が阻却される。

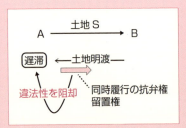

　たとえば、AB間で土地の売買契約が締結されたところ、約束の期日になっても売主Aが買主Bにその土地を明け渡さなかったとします。Aの土地明渡債務に履行遅滞が生じたわけです。
　ところが、この履行遅滞は、常に違法とは限りません。AがBに対して有している代金債権の弁済期が到来している場合は、Aは、土地明渡債務について同時履行の抗弁権（533条）を有しています。また、代金債権を被担保債権とする留置権（295条1項）も有しています。そして、これらの権利（いずれか1個だけでもかまいません）を有していることの効果として、Aの土地明渡債務の履行遅滞の違法性は阻却され、Aは履行遅滞責任を負わないことになるのです。
　このように、通説は、Aが実際に同時履行の抗弁権や留置権を行使する必要はなく、それらの権利がAのもとに存在するだけで、Aの債務の履行遅滞の違法性が阻却されると解しています。こうした同時履行の抗弁権や留置権の効果は、**存在効果**とよばれています。

　また、③取立債務（➡ 5ページエ）において債権者が取立てに来ないまま履行期を経過した場合も、履行遅滞の違法性が阻却されるとする見解が有力であるが（川井など）、かかる場合はそもそも履行期を経過したことにならないとする見解もある。

　試験ではどちらの見解でもいいが、取立債務において債権者が取立てに来ないまま履行期を経過した場合には履行遅滞による損害賠償請求権は否定される、という結論は押さえておこう（➡ 104ページイのコラムも参照）。

カ 債務者の責めに帰することができない事由によるのでないこと　改正

　また、履行遅滞が債務者の「責めに帰することができない事由」による場合は、損害賠償請求権は発生しない（415条1項ただし書）。

履行遅滞について債務者に免責事由が認められる場合には、損害賠償請求権は発生しないわけである。

（ア）判断基準

債務者の「責めに帰することができない事由」によるか否かの判断は、「契約その他の債務の発生原因及び取引上の社会通念に照らして」行われる（415条1項ただし書）。

たとえば、契約によって発生した債務であれば、契約の内容、契約の性質（有償か無償かなど）、契約の目的、契約の締結に至る経緯などといった契約をめぐる一切の事情を考慮し、さらに取引上の社会通念をも考慮して、債務者の「責めに帰することができない事由」によるか否かを判断することになるわけである。

> 債務者の「責めに帰することができない事由」によるか否かの判断を、具体例で練習してみましょう。
> 　たとえば、Aが、東京都で自動車販売店を営むBから300万円で自動車を買い、代金300万円を支払ったところ、約束の納車日に自動車の引渡しがなかったとします。その原因は、納車日の前日に、横浜市にある倉庫で自動車を積み、販売店に向けて出発したトラックが、都内で同時に多発した事故を原因とする大渋滞に巻き込まれてしまい、丸1日以上動けなかったからだとしましょう。
> 　この引渡しの遅滞は、はたして債務者Bの「責めに帰することができない事由」によるということになるのでしょうか。
> 　仮に、Bが前々日に横浜を出発していたのであれば、納車日には間に合ったはずです。また、たとえば大型ヘリをチャーターして運搬していれば、納車日に自動車を届けることは可能だったはずです。とすると、引渡しの遅滞はそうした対策をとらなかったBのせいだということになり、Bの「責めに帰することができない事由」によるのではない、ということにもなりそうです。
> 　しかし、問題は、そこまでする義務がBにあったといえるのか否かです。
> 　確かに、自動車の売買契約は有償契約であり、かつ、動産としては高額の契約です。しかし、売主Bも買主Aも、前々日までに横浜を出発しておくという合意はしておらず、また、300万円の自動車の売買という性質上、自動車の運搬手段としてはトラックを用いるというのが暗黙の合意になっていたといえるのが通常です（大型ヘリをチャーターしたら、Bは大赤字になりかねません）。取引上の社会通念からも、同じことがいえます。
> 　したがって、上記の例では、引渡しの遅滞はBの「責めに帰することができない事由」によるものというべきであり、Bは履行遅滞による損害賠償責任は負わないということになるのです。

（イ）履行補助者の行為に起因する場合

債務者の「責めに帰することができない事由」によるか否かの判断に関してしばしば問題となるのが、履行遅滞が履行補助者の行為に起因する場合である。

履行補助者とは、債務者が自らの債務の履行のために第三者を使用した場合

の当該第三者をいう。たとえば、酒屋のAが買主Bへのビールの配達をアルバイト学生のCに任せた場合のCが、履行補助者の典型である。

そうした履行補助者の行為のせいで履行遅滞が生じた場合、その履行遅滞は債務者の「責めに帰することができない事由」によるということになるのだろうか。

平成29年改正前の民法では、この問題は重要な論点となっていたが、改正後の現在の民法では、この問題についても、一般的な場合と同じく「契約その他の債務の発生原因及び取引上の社会通念に照らして」（415条1項ただし書）判断することになる。

> たとえば、売主Aが、買主Bへのビールの配達をアルバイト学生のCに任せたところ、Cが配達中にわき見運転をして交通事故を起こしたため、配達が遅れたとします。この場合、かかる遅滞はAの「責めに帰することができない事由」によることになるのでしょうか。
>
> この点について、配達が遅れたのがCのせいであるというだけでは、遅滞がAの「責めに帰することができない事由」によるとはいえません。履行補助者であるCの行為がAの「責めに帰することができない事由」にあたるか否かを、AB間の契約の趣旨などに照らして判断することになります。遅滞の原因がCのわき見運転による交通事故の場合は、通常はAの「責めに帰することができない事由」によるとはいえないことになり、Aは損害賠償責任を負うことになるはずです。

（ウ）証明責任

債務者の「責めに帰することができない事由」（免責事由）の証明責任は、民事訴訟法の原則どおり、**債務者**が負う。

なお、金銭債務の履行遅滞については、債務者の帰責事由の有無（免責事由の有無）を問わず、損害賠償請求権が発生するとされていたことも思い出しておこう（419条3項 ➡ 12ページ**2**）。

要件	ポイント
履行期に履行が可能	・履行不能との区別のための要件
履行期を経過	・412条で判断 ・期限の定めのない消費貸借と不法行為は412条3項の例外
損害の発生	・金銭債務では不問 ・「損害」とは差額＝金銭（判例・通説） ・財産的損害と非財産的損害 ・積極的損害と消極的損害（逸失利益）
因果関係	➡ 40ページ 5.
違法でないなら× （従来の通説）	・同時履行の抗弁権や留置権が債務者に存在すれば違法性阻却 ・取立債務で債権者が取立てに来ない場合も違法性阻却（または not 履行期を経過）

債務者の責めに帰することができない事由によるなら×	・「契約その他の債務の発生原因及び取引上の社会通念に照らして」判断（415 I 但） ・履行補助者の行為に起因する場合も同様 ・証明責任は債務者が負う ・金銭債務では不問（419 Ⅲ）

2 効果──賠償の種類　A

　以上の要件をみたすと、債権者のもとに、履行遅滞による損害賠償請求権が発生する（415条1項）。いいかえれば、債務者は損害の賠償責任を負うわけである。

　債務者が責任を負う損害の賠償には、**遅延賠償**と**塡補賠償**とがある。

ア　遅延賠償

　遅延賠償とは、履行遅滞によって生じた損害の賠償をいう。

　たとえば、住居用の家屋の引渡しが遅滞したせいで支出を余儀なくされたホテルの宿泊代の賠償が、遅延賠償の例である。

　履行遅滞による損害賠償の場合は、債権者はこの**遅延賠償を請求できるにとどまるのが原則**である。

イ　塡補賠償　改正

　塡補賠償とは、「**債務の履行に代わる損害賠償**」（415条2項柱書）をいう。

　たとえば、家屋の引渡債務に不履行があった場合に、家屋を引き渡す代わりに当該家屋の価格相当額を支払うのが、この塡補賠償の典型である。

　履行遅滞による損害賠償の場合は、塡補賠償は請求することができないのが原則である。ただし、次の3つの場合は、塡補賠償を請求することができる。

①債務者がその債務の**履行を拒絶する意思を明確に表示**したとき（415条2項2号）

②債務が契約によって生じたものである場合において、その契約が**解除されたとき**（同3号前段）

③債務が契約によって生じたものである場合において、債務の不履行による契約の**解除権が発生**したとき（同3号後段）

> たとえば、家屋の買主Bが、売主Aに対して家屋の引渡しを催告したにもかかわらず、それから相当期間が経過してもなおAが家屋をBに引き渡さない場合、原則として、Bのもとに債務不履行（Aの履行遅滞）による契約の解除権が発生します（541条本文）。そして、契約の解除権が発生した結果、415条2項3号後段により、BはAに対して塡補賠償を請求することができることになります。「家屋はもういいから、家屋の価格相当額の金銭を支払え」と請求することができることになるわけです。

　なお、債務不履行による解除権が発生したのであれば、実際に契約が解除されなくても塡補賠償の請求ができるのであるから（上記③）、上記②の「契約が解除され」たときというのは、債務不履行による解除権の行使ではない解除の場合（たとえば合意解除の場合）を指しているものと解される。

3. 履行不能による損害賠償請求権

　たとえば、AがBに家屋を売却したところ、Bへの引渡しの前に、その家屋がAの煙草の不始末を原因とする火災によって焼失してしまったとする。
　この場合、BはAに対して損害の賠償を請求したいはずである。このBの請求の根拠となるのが、履行不能による損害賠償請求権である。

1 要件　A

　履行不能による損害賠償請求権が発生するためには、まず、①履行が不能であること、②損害の発生、③履行不能と損害との間の因果関係が必要である（415条1項本文）。
　また、これらの要件をみたした場合にも、④履行不能が違法でない場合は、損害賠償請求権は発生しない（従来の通説）。
　さらに、⑤履行不能が債務者の「責めに帰することができない事由」によるものである場合も、損害賠償請求権は発生しない（415条1項ただし書）。
　すなわち、履行不能が④違法であることや、⑤債務者の「責めに帰することができない事由」によるのでないことも、損害賠償請求権が発生するための要件なのである。

以下、これらの要件を個別に説明する。

ア　履行が不能であること　改正

履行が不能であるか否かは、「契約その他の債務の発生原因及び取引上の社会通念」に照らして判断される（412条の2第1項）。

> たとえば、Xが所有する自動車の売買契約がXY間で締結されたところ、Xが名残を惜しんで行った最後のドライブの際に事故を起こし、自動車が大破して単なる鉄クズになってしまったような場合、Xの引渡債務は履行不能となります。いくら鉄クズが残っているからといって、その鉄クズは、売買の目的となった自動車とは社会通念上別物だからです。
> また、AがBとCに土地を二重譲渡し、善意のCが登記を備えた場合も、AのBに対する債務は履行不能となります。
> では、指輪の売買契約で、売主がその指輪を船から太平洋の真ん中に落としてしまった場合はどうでしょうか。確かに、莫大な費用と時間をかければ、指輪を探し出して買主に引き渡すことも抽象的には可能です。しかし、もし海に落としたら莫大な費用と時間をかけてでも絶対に探し出す、という合意を当事者がしていたとは通常いえませんし、また、取引上の社会通念からも、そこまですることは通常要求されません。したがって、海に落とした時点で、指輪の引渡義務は履行不能になるのが通常です。

債務のうち、金銭債務は履行不能になりえない（➡12ページ**1**）。

また、履行が不能となった時期は問わない。すなわち、契約にもとづく債権について、それが契約締結後に不能となった場合（後発的不能）はもとより、契約締結の時点ですでに不能だった場合（原始的不能）も、この要件はみたされる（412条の2第2項）。

> たとえば、すでに火事で焼失している建物の売買契約が、原始的不能の典型例です。この場合も、買主は売主に対して、履行不能による損害賠償を請求しえます。
> ただし、原始的不能の場合は、基礎事情の錯誤（95条1項2号）として契約が取り消される可能性があります。そして、もし契約が取り消された場合は、遡及的に契約による債務自体が存在しなかったということになりますから、債務不履行もなかったということになり、履行不能による損害賠償請求は認められないということになります。

なお、履行が不能となった債権の債権者は、もはやその履行を請求することはできない（412条の2第1項）。当然のことではあるが、答案にもよく書くのでしっかりと覚えておこう。

イ　損害の発生

債権者は、損害の発生を主張・立証しなければならない。

損害の意義や種類については、履行遅滞の箇所を参照してほしい（➡27ペー

ジ**ウ**)。

ウ 因果関係

また、履行不能と損害との間に因果関係があることも必要である。

因果関係は、後にまとめて説明する（➡ 40 ページ **5.**）。

エ 違法であること

履行遅滞の場合と同様に、履行不能が違法であることも、履行不能による損害賠償請求権の発生の要件と解されている（従来の通説）。

ただし、履行不能の場合における違法性阻却は、引渡債務の目的物を緊急避難として壊した場合などの、きわめて例外的な場合にのみ認められる。したがって、履行遅滞とは異なり、履行不能においてはこの要件は重要でない。試験との関係では無視してかまわない。

オ 債務者の責めに帰することができない事由によるのでないこと　改正

履行遅滞の場合と同様に、履行不能が債務者の「責めに帰することができない事由」による場合は、損害賠償請求権は発生しない（415 条 1 項ただし書）。

その判断方法などについては、履行遅滞の箇所を参照してほしい（➡ 30 ページ**カ**)。ここでは、不能に固有の問題である「履行遅滞中の不能」の処理を説明する。

413 条の 2 第 1 項は、「債務者がその債務について遅滞の責任を負っている間に当事者双方の責めに帰することができない事由によってその債務の履行が不能となったときは、その履行の不能は、債務者の責めに帰すべき事由によるものとみなす」と定めている。

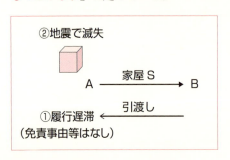

たとえば、家屋の売主 A が、買主 B への家屋の引渡しを遅滞しており、かつ A に違法性阻却事由や免責事由が認められない事案において、その後に当該家屋が地震によって滅失してしまったとする。この場合、当該家屋の引渡しの履行不能

は、地震という AB 双方の責めに帰することができない事由によるものであるにもかかわらず、債務者 A の責めに帰すべき事由によるものとみなされる（413条の2第1項）。したがって、415条1項ただし書は適用されず、B のもとに履行不能による損害賠償請求権が発生するわけである。

履行遅滞についての債務者の帰責性が、その後の履行不能に伝染していくというイメージである。この規定はしっかりと覚えておこう。

要件	ポイント
履行が不能	・「契約その他の債務の発生原因及び取引上の社会通念に照らして」判断（412の2Ⅰ） ・不能となった時期は問わない（412の2Ⅱ） ・履行請求不可（412の2Ⅰ） ・金銭債務は不能にならない
損害の発生	・差額説が判例・通説 ・財産的損害と非財産的損害 ・積極的損害と消極的損害（逸失利益）
因果関係	➡ 40 ページ 5.
違法でないなら×	・通常は問題とならない
債務者の責めに帰することができない事由によるなら×	・「契約その他の債務の発生原因及び取引上の社会通念に照らして」判断（415Ⅰ但） ・履行補助者の行為に起因する場合も同様 ・証明責任は債務者が負う ・履行遅滞責任が発生中の双方の帰責事由によらない不能は、債務者の帰責事由によると擬制（413の2Ⅰ）→ 415Ⅰ但は不適用

2　効果──塡補賠償　A

以上の各要件をみたすと、履行不能による損害賠償請求権が発生する（415条1項）。

履行不能による場合の損害の賠償は、「債務の履行に代わる損害賠償」、すなわち塡補賠償（➡ 33 ページイ）である（415条2項1号）

4. その他の債務不履行による損害賠償請求権

その他の債務不履行には様々なものがあるが、試験との関係では、不完全履行と付随義務違反が重要である。

1 不完全履行による損害賠償請求権　B

不完全履行とは、債務者が履行をしたが、その履行が不完全であったため債務の本旨に従った履行とはいえない場合をいう。

この不完全履行には、一般に次の3つの類型があると解されている。

①給付された**目的物**（債務者の行為を目的とする場合は**給付の内容**）が**契約の内容に適合しない**場合。たとえば、実験用のマウスの売主が病気のマウスを給付した場合である。

②**履行の方法が不完全**な場合。たとえば、物の運送方法が乱暴だった場合である。

③**給付する際に必要な注意を怠った**ために、給付が不完全となった場合。たとえば、家具商が、商品の搬入の際に、不注意で買主宅のフローリングの床にキズをつけた場合である。

> 　上記の①は、多くの場合、履行遅滞にもあたります。たとえば、病気のマウスの給付が履行期に行われた場合は、不完全履行ともいえますし、健康なマウスを引き渡す債務の履行遅滞ともいえます。履行期後に病気のマウスの給付が行われた場合も、不完全履行ともいえますし、もちろん履行遅滞ともいえます。不完全履行にのみあたるのは、履行期前に病気のマウスが給付された場合くらいでしょう。
> 　また、そもそも不完全履行についての①から③の分類は、相対的なものにすぎません。たとえば、医師が治療に際して不注意で誤った処置をしたという事例は、②や③にあたるともいえますが、正当な診察・治療をすることが医師の債務の内容であると理解すれば、①にあたることになります。
> 　つまり、およそ債務不履行のうちどの類型にあたるのかとか、不完全履行のうちどの類型にあたるのかという点を、厳格に考える実益はありません。そのようなカテゴリカルな思考をするのではなく、**契約内容や取引通念などに照らして「債務の本旨に従った履行」があったのか否か**を個別具体的に判断することが重要なのです。債務不履行や不完全履行の類型は、そのための道具にすぎません。

不完全履行があった場合は、それが債務者の「責めに帰することができない

事由」による場合を除き、債務者は、不完全履行によって債権者に生じた損害を賠償する責任を負う（415条1項）。

2 付随義務違反による損害賠償請求権　B+　→論証1

付随義務は多義的な概念だが、ここでは、契約から生じる本来的な債務の実現を準備・配慮・補助する義務を付随義務という。

この付随義務の不履行があった場合は、それが債務者の「責めに帰することができない事由」による場合を除き、付随義務の債務者は、その付随義務の不履行によって債権者に生じた損害を賠償する責任を負う（415条1項）。

では、付随義務には、具体的にどのようなものがあるのだろうか。判例が認めた2つの付随義務を紹介しよう。

ア　説明義務

まず、マンションの売主が買主に対し防火戸の電源スイッチの位置や操作方法などを説明する義務（最判平成17・9・16）がある。

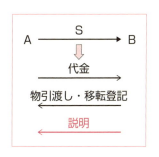

すなわち、マンションの売主が買主に対して負う本来的な債務は、マンションの引渡債務（555条）や所有権移転登記の手続を行う義務（560条）であるが、そのマンションの防火戸という重要な設備について、位置や操作方法などを売主が買主にきちんと説明するべきであることは、信義則上当然といえる。そのため、売買契約の付随義務として、信義則上、売主はそうした説明を買主にする義務を負うと考えていくわけである。

イ　安全配慮義務

また、国は、公務員に対し、「国が公務遂行のために設置すべき場所、施設もしくは器具等の設置管理又は公務員が国もしくは上司の指示のもとに遂行する公務の管理にあたって、公務員の生命及び健康等を危険から保護するよう配慮すべき義務」である「安全配慮義務」を負っており、かかる安全配慮義務は、「ある法律関係に基づいて特別な社会的接触の関係に入った当事者間にお

いて、当該法律関係の**付随義務**として当事者の一方又は双方が相手方に対して**信義則上**負う義務として一般的に認められる」べきものであるとした判例がある（**最判昭和50・2・25**）。

5. 債務不履行における因果関係

　どの類型にあたるかを問わず、およそ債務不履行による損害賠償請求が認められるためには、債務不履行と損害との間に因果関係が認められることが必要である。このことは、415条1項本文の「これによって」という文言から明らかである。
　では、いかなる場合に因果関係が認められるのだろうか。

1　相当因果関係説　A　→論証2

　その点について定めた規定として、416条がある。
　416条は、1項で「債務の不履行に対する損害賠償の請求は、これによって**通常生ずべき損害の賠償をさせることをその目的とする**」と定め、2項で「**特別の事情によって生じた損害であっても、当事者がその事情を予見すべきであったときは、債権者は、その賠償を請求することができる**」と定めている。
　この416条の意義については争いがあるが、伝統的通説である相当因果関係説は、おおむね次のように解している。判例も、この相当因果関係説に立つ（**大判大正4・2・8**など）。

① 416条1項は、**相当因果関係の原則**を定めている。すなわち、債務不履行と相当因果関係を有する損害（その債務不履行から生じるのが相当と認められる関係にある損害）のみ賠償の対象となることを定めている。
② 416条2項は、相当因果関係の有無を判断する際に**基礎とすることのできる特別の事情の範囲**を定めている。すなわち、通常の事情に加えて、「特別の事情」のうち「当事者が……予見すべきであった」事情だけを取り入れて、相当性の有無を判断することになる。

③416条2項の「当事者」とは**債務者**のことであり、また、履行期ないし債務不履行時において予見すべきであった事情が基礎事情となる（大判大正7・8・27）。

④以上の内容を定めた416条は、**不法行為にも準用**される（大連判大正15・5・22、最判昭和48・6・7）。

> ①と②について、具体例で考えてみましょう。
> 　たとえば、AがBに鉄を売ったところ、その後に大規模な戦争が勃発し、契約から1か月後の履行期には鉄の市場価格が契約時の10倍に暴騰したとします。そのため、Aは鉄を仕入れることができず、Bへの引渡しが遅滞した結果、Bは10倍の値段で鉄を転売するチャンスを失い、損害（逸失利益）を被ったとしましょう。
> 　この場合に、「戦争の勃発」という特別の事情を基礎として相当性の有無を判断すれば、Bの逸失利益の発生は相当といえ、その賠償請求が認められることになります。他方、「戦争の勃発」という特別の事情を基礎としないで（すなわち無視して）相当性の有無を判断すれば、1か月の間に市場価格が10倍になるのは異常事態ですから、Bの逸失利益の発生は相当とはいえず、その賠償請求は認められないということになります。これが、416条1項の帰結です。
> 　そして、「戦争の勃発」という特別の事情を債務者であるAが「予見すべきであった」といえる場合は、相当因果関係の判断において「戦争の勃発」を基礎事情にすることができる一方、「予見すべきであった」とはいえない場合は、「戦争の勃発」を基礎事情にすることができません。これが、416条2項の帰結です。
> 　残された問題は、「その事情を予見すべきであった」といえるか否かの判断方法ですが、契約の場合であれば、その契約の趣旨に照らして判断することになります。たとえば、上記のAB間の売買契約で、鉄の代金が通常よりもだいぶ高額だったような場合は、その後の「戦争の勃発」というリスクも含めた契約だったといえ、債務者Aは「戦争の勃発」という事情を「予見すべきであった」と判断されることになるでしょう。

　この相当因果関係説は、学説からの強い批判にさらされている。しかし、判例は近時でも「相当因果関係」という用語を用いており（たとえば最判平成24・2・24 ➡ 42ページ**3**）、今なお相当因果関係説に立脚しているものと思われる。そのため、本書でも相当因果関係説を採用する。

Q 416条の規定内容　**A**

A説 相当因果関係説（判例・従来の通説）

結論：416条1項は、賠償範囲が債務不履行と相当因果関係のある損害に限られることを規定し、同2項は相当因果関係の判断の基礎となる事情を明らかにするものである。

理由：債務不履行と因果関係があるすべての損害は賠償されるべきであるが（完全賠償主義）、因果関係の概念に法的観点から限定をかけることによって、賠償範囲の無限定な拡大を防ぎ、妥当な結論を導く必要がある。

批判：相当因果関係説が提唱されたドイツとは異なり、日本ではそもそも完全賠償主

義は採用されておらず、416条は当事者の予見可能性によって賠償範囲を画するという考え方（制限賠償主義）を前提としているのだから、日本民法の解釈に「相当因果関係」の概念をもち込むのはおかしい。

B説 保護範囲説（近時の有力説）
結論：従来「相当因果関係」の概念で扱われてきた問題には、①債務不履行の事実と損害の事実との間に「あれなければこれなし」の関係があるかという事実的因果関係の問題、②事実的因果関係のある損害のうちどの範囲のものを債務者に賠償させるべきかという保護範囲の問題、③賠償範囲に含まれる損害をどのように金銭に見積もるかという損害の金銭的評価の問題という3つの異なる問題が含まれているが、416条は②の保護範囲を画する基準を定めたものである。

2 通常損害と特別損害 B

以上の416条との関係で、債務不履行による損害は、通常損害と特別損害に分類される。

通常損害とは、債務不履行によって「通常生ずべき損害」（416条1項）のことである。

特別損害とは、一般に「特別の事情によって生じた損害」（416条2項）と定義されている。

> もっとも、相当因果関係説を前提とする限り、特別損害は厳密には「特別の事情によって通常生ずべき損害」と定義するのが正確です。
> すなわち、相当因果関係説を前提とする限り、損害賠償の対象となるのは、債務不履行によって「通常生ずべき損害」すなわち通常損害だけです（416条1項）。そして、その通常損害の中に、①通常の事情によって生じた損害（通常事情による通常損害）と、②債務者が予見すべきだった特別の事情（416条2項）によって生じた通常損害（特別事情による通常損害）とがある、と解していくことになるのですが、このうちの②を指して特別損害というわけです。

3 弁護士費用 B

因果関係の有無に関する論点として、債務不履行による損害賠償請求を実際に行うために要した弁護士費用が、債務不履行と相当因果関係に立つ損害といえるのか、という問題がある。

判例は、債務不履行による損害賠償においては、①その請求のための弁護士費用は原則として損害に含まれないとしつつ（大判大正4・5・19）、②安全配慮義務違反（→39ページイ）を理由とする損害賠償の場合は、その請求のための

弁護士費用も「相当因果関係に立つ損害」に含まれうるとしている（最判平成24・2・24）。

　これに対し、学説では、不法行為と債務不履行が競合する場合（医療過誤がその典型）には、債務不履行による損害賠償においても弁護士費用の一部を相当因果関係に立つ損害として認める見解が有力である。不法行為による損害賠償においては弁護士費用の一部も相当因果関係に立つ損害として認められるのが通常であることを考えれば、この学説が妥当であろう。

6. 損害賠償の方法と賠償額の算定等

1　損害賠償の方法　B

　損害賠償は、別段の意思表示がないときは、金銭をもってその額を定める（417条）。これを、金銭賠償の原則という。

2　賠償額の算定とその基準時　B

　賠償額の算定に関して問題となるのが、物を引き渡す債務について債務不履行があり、債務者が塡補賠償（➡33ページイ、37ページ2）をすべき事案（415条2項）において、その物の市場価格が変動している場合の処理である。この場合、はたしてどの時点の価格を基準として賠償額を算定するべきなのだろうか。

　以下、3つの場合に分けて概説する。

ア　履行不能の場合

　まず、履行不能による塡補賠償請求の場合について、判例は、416条（➡40ページ1）を用いて、次の5つの基準を示している（大連判大正15・5・22、最判昭和37・11・16）。

　①原則は、履行不能時の時価による（416条1項）。

②例外として、目的物の価格が騰貴しつつあるという特別の事情があり、債務者が履行不能時においてその事情について予見すべきであった場合には、債権者は騰貴した現在の時価で請求できる（416条2項）。

③ただし、債権者が騰貴前に目的物を他に処分したであろうと予想された場合は、予想された処分時の時価で請求できるにとどまる。

④価格がいったん騰貴した後に下落した場合、その騰貴した価格（中間最高価格）による損害賠償を請求するためには、債権者が転売などにより騰貴した価格（中間最高価格）による利益を確実に取得したと予想されたことが必要である。

⑤しかし、価格が現在なお騰貴している場合は、債権者が現在においてこれを他に処分するであろうと予想されたことは必要でない。

イ　履行遅滞で契約が解除された場合

次に、履行遅滞を理由として契約が解除された場合の塡補賠償請求についてである。

この場合に関する判例の立場は必ずしも明確でないが、解除時の時価が基準になるとするものが主流である（最判昭和28・12・18など）。

ウ　代償請求の場合

最後に、代償請求（本来の給付の履行不能や執行不能に備えてあらかじめする、履行に代わる損害賠償請求）の場合は、事実審の口頭弁論終結時が基準となる（最判昭和30・1・21）。

3　賠償額の予定　B+

当事者は、債務の不履行について損害賠償の額を予定することができる（420条1項）。この予定を、賠償額の予定という。

この賠償額の予定がある場合、債権者は、債務不履行の事実を証明すれば、実際の損害の有無やその額の多少を問わず、予定した賠償額を請求することができる（大判明治40・2・2、大判大正11・7・26）。

ただし、公序良俗違反（90条）などの理由によって、予定された損害賠償額が裁判所によって増減されることはありうる。

また、いくら賠償額の予定がある場合であっても、損害賠償を請求するためには、損害以外の415条の要件を充足していることは当然必要である。
　賠償額の予定は、履行の請求または解除権の行使を妨げない（420条2項）。違約金は、賠償額の予定と推定する（同3項）。
　貸金債務の遅滞にかかる賠償額の予定については、利息制限法による制限がある（➡16ページ イ）。

7. 賠償額の減額事由

1　損益相殺

　債務不履行があった場合に、債権者が、損害を被ると同時に利益を得ることがある。
　たとえば、トラックの売主Aが約束の期日にトラックを買主Bに引き渡さなかったため、そのトラックを利用して得られるはずだった運送事業による利益を得られなかったという逸失利益の損害がBに生じたとする。しかし、その反面、Bは、Aの債務不履行によって、トラックの引渡しを受け運送事業をしていたならば生じていたはずのガソリン代や人件費の支出を免れたという利益（消極的ではあるが、これも立派な利益である）を得ている。
　この場合、Bは、生じた損害から、得られた利益を控除した額のみをAに対して請求することができると解するのが公平である。そこで、明文はないものの、解釈上かかる控除が認められている。
　このように、損害賠償の発生原因が生じたことにより、債権者が損害を受けたのと同時に利益も受けた場合、その利益分を損害賠償額から控除することを、損益相殺という。

2　中間利息の控除　B　

　損益相殺の一類型として、中間利息の控除がある。

たとえば、使用者Aの安全配慮義務違反により重大な傷害を負い労働能力を喪失した被用者Bが、Aに対して、推定就労可能期間である30年分の給与取得にかかる逸失利益の賠償を請求したとする。この場合、本来は30年間にわたって月ごとに分割して得られるはずだった給与の全額を、現時点でまとめて得られるということになると、Bは本来得られなかったはずの利益（現時点で全額を手にするという利益。これは、本来給与を得られるはずだった時期までの利息相当額とイコールである）を得ることになってしまい、妥当でない。そこで、公平の見地から、かかるBの利益（利息相当額）を控除するべき場合がある。これが、中間利息の控除である。

　この中間利息の控除をする場合には、損害賠償請求権が生じた時点における法定利率によって控除を行うものと定められている。

　すなわち、将来において取得すべき利益（たとえば人身侵害における逸失利益）についての損害賠償の額を定める場合において、その利益を取得すべき時までの利息相当額を控除するときは、その損害賠償の請求権が生じた時点における法定利率によって控除を行う（417条の2第1項）。

　また、将来において負担すべき費用（たとえば介護費用）についての損害賠償の額を定める場合において、その費用を負担すべき時までの利息相当額を控除するときも、その損害賠償の請求権が生じた時点における法定利率によって控除を行う（417条の2第2項）。

3　過失相殺　A

　債務の不履行や損害の発生または拡大に関して、債権者に過失があったときは、裁判所は、これを考慮して、損害賠償の責任と額を定める（418条）。これを、過失相殺という。

　この過失相殺の趣旨は、損害の公平な分担を図ることにある。

　不法行為においても過失相殺の制度があるが（722条2項）、不法行為においては被害者の救済が重視されることから、次の図の点で債務不履行の場合とは異なっている。短答式試験用に覚えておこう。

	債務不履行（418）	不法行為（722Ⅱ）
債権者の過失の考慮	必要的 ∵「考慮して…定める」	任意的 ∵「考慮して…定めることができる」
責任の考慮	可 ∵「責任及びその額を」 →請求額をゼロにすることもできる	不可 ∵「額を」 →請求額をゼロにすることはできない

8. 損害賠償による代位と代償請求権

1 損害賠償による代位　B-

　債権者が、損害賠償として、その債権の目的である物または権利の価額の全部の支払を受けたときは、債務者は、その物または権利について当然に債権者に代位する（422条）。
　この422条のいう「代位」とは、物または権利についての債権者の地位に、債務者（賠償者）が代わって入るという意味である。
　たとえば、AがBに絵画を寄託していたところ、その絵画が盗まれたため、AがBから寄託物返還債務の債務不履行による損害賠償として、その絵画の価額の支払を受けたときは、Aに代わってBがその絵画の所有権を取得することになるわけである。

2 代償請求権　B-　改正

　債務者が、その債務の履行が不能となったのと同一の原因により債務の目的物の代償である権利または利益を取得したときは、債権者は、債権者が受けた損害の額の限度において、債務者に対し、その権利の移転またはその利益の償還を請求することができる（422条の2）。この請求権を、代償請求権という。
　たとえば、AがBに家屋を売却した後、引渡しの前に、その家屋が滅失したため、Aが保険会社からその家屋の火災保険金の支払を受けた場合、BはAに対して、その火災保険金の償還（支払）を請求することができるわけである。

この代償請求権は、債務不履行による損害賠償請求権とは別の権利である。
　通説は、債務不履行について債務者に免責事由（415条1項ただし書）がない場合には、債権者は損害賠償請求権と代償請求権を併有すると解している。そして、債権者が代償請求権の方を行使して利益を得た場合は、その分、損害賠償請求権が縮減すると解している。
　なお、422条の2のいう代償請求権と、本来の債務の履行不能や執行不能に備えてあらかじめなす損害賠償請求である代償請求とは、全く別ものである（後者は民事訴訟法で重要となる）。混同しないよう注意してほしい。

第4章 受領遅滞

1. 意義

受領遅滞とは、債務者が債務の本旨に従った履行の提供（**弁済の提供**）をしたにもかかわらず、債権者が債務の**履行を受けることを拒み**、または債務の**履行を受けることができない**場合をいう（413条）。

たとえば、冷蔵庫の売主Aが冷蔵庫を約束の日に買主宅まで配達したが、買主Bが「キッチンの片付けが終わっていないので、今日は持って帰ってくれ」といって冷蔵庫を受領しなかった場合や、買主Bが不在だった場合が、その典型である。

2. 法的性質 ➡論証3

この受領遅滞の法的性質をいかに解するべきかについては、争いがある。この問題は、主として、**受領遅滞を理由とする損害賠償請求や契約の解除**の可否との関係で論じられる。

1 債務不履行責任説 A

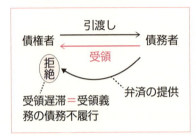

第1の見解は、債務不履行責任説である。

この見解は、債権者には常に受領義務があると解したうえで、受領遅滞をかかる受領義務の債務不履行（履行遅滞）として理解する。

この見解からは、債務者による、債権者の受領遅滞を理由とした損害賠償請求（415条1項）や契約の解除（541条、542条）が認められうる。

2 法定責任説 A

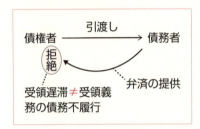

しかし、債権者が権利を行使するかしないかは本来自由のはずである。にもかかわらず、常に債権者に受領義務を認めるのは妥当でない。

そこで、通説は、受領遅滞の責任は、債務不履行責任ではなく、公平の観念から法が認めた法定責任であると解している。本書も、この見解に立つ。

この見解からは、受領遅滞があったとしても、それは原則として債権者の債務不履行ではない。したがって、債権者の受領遅滞を理由とした損害賠償請求や契約の解除は認められないのが原則である。

ただし、例外的に、信義則（1条2項）または明示・黙示の引取特約による引取義務が、債権者に認められる場合はありうる。その場合には、かかる引取義務の債務不履行（履行遅滞）を理由とした損害賠償請求や契約の解除が認められうる。

たとえば、①目的物が長期の保存に耐えられない物である場合や、②目的物の保管費用が過大な場合には、債権者に信義則上の引取義務（または黙示の引取契約による引取義務）を認定しうる。③継続的契約において、債務者が継続的

な給付をするために必要な人的物的投資をすでに行っており、債権者が継続的に履行を受領しなければ債務者が投資を回収できないという場合も、同様である。

これらの場合に、債権者が受領遅滞に陥った場合は、債務者は、かかる引取義務の債務不履行を理由とした損害賠償請求や契約の解除が認められうるわけである。

判例も、同様の見解と思われる（最判昭和40・12・3、**最判昭和46・12・16**）。

3. 要件 A

受領遅滞の要件は、①履行の提供があったこと、および②債権者がその受領を拒み、または受領することができないことである（413条）。

①の履行の提供は、弁済の提供（➡102ページ **2**）と同義である。

瑕疵ある物を提供したために債権者が受領を拒んだ場合は、債務の本旨に従った提供があったとはいえないため、①の履行の提供（弁済の提供）が認められず（493条）、したがって受領遅滞にはあたらない。

4. 効果

受領遅滞の効果には、その前提である弁済の提供の効果とされているものと、受領遅滞の効果とされているものとに大別される。

1 弁済の提供の効果 A

弁済の提供の効果とされているものは、次の3つである。これらは確実に記憶する必要がある。

第1に、債務者は、弁済の提供の時以後の債務不履行責任を免れる（492条）。

具体的には、債務者は、①履行遅滞を理由として契約を解除されること（541条、542条）がなくなり、②以後の履行遅滞を理由として損害賠償を請求されること（415条）もなくなる。また、③違約金（420条3項）も請求されない。さらに、④担保権は実行されず、⑤抵当権の効力が抵当不動産の果実に及ぶこと（371条）もない。

第2に、債権者は、反対債務に付着する同時履行の抗弁権や留置権の存在効果（➡30ページオ）を奪われる。したがって、以後は、反対債務の不履行が違法となる。

第3に、約定利息が定められていたとしても、弁済の提供後は約定利息が発生しない。

この弁済の提供の効果は、基礎的な事項でありながらも意外とややこしいところです。具体例で補足しておきます。

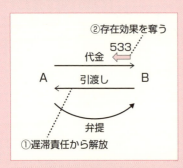

たとえば、AがBに自動車を売ったとします。この場合、Aは自動車の引渡債務を、Bは代金債務を、それぞれ負担します。

そして、Aが自動車の引渡債務について弁済の提供をすれば、以後、Aは自動車の引渡債務の債務不履行責任を負わなくて済むことになります。たとえば、以後の履行遅滞を理由とする損害賠償や違約金を請求されたり、契約を解除されたりすることはなくなるわけです。これが本文で述べた第1の効果です（図の①）。

また、引渡債務について行われたAの弁済の提供によって、Bが代金債務について有している同時履行の抗弁権や留置権の存在効果、すなわち代金債務の履行遅滞の違法性阻却の効果が、認められなくなります。Aの引渡債務について弁済の提供がなされた後は、Bの代金債務の履行遅滞が違法になるのです。これが本文で述べた第2の効果です（図の②）。

次に、事案をかえて、XがYに対して、弁済期は1年後、利息は年12%、弁済期前の繰り上げ返済を認める、という約定で、100万円を貸し付けたとします。そして、Yは借りてから1か月後に、Xのところに元本100万円と1か月分の利息1万円を持参して弁済の提供をしたとしましょう。この場合、それ以降の約定利息は発生しなくなります。仮に、Xが貸付から1年後にようやく弁済を受領したとしても、Yは101万円しか支払う必要がないのです。これが本文で述べた第3の効果です。

しっかりと理解したうえで、3つの効果を覚えておきましょう。

2 受領遅滞の効果　A+　改正

受領遅滞の効果とされているものは、次の4つである。これらもきわめて重

要である。

ア　善管注意義務の軽減（413条1項）

本来、特定物の引渡しを目的とする債務の債務者は、善管注意義務を負っている（400条）。

しかし、受領遅滞があった場合には、債務者が負っている善管注意義務は軽減され、「自己の財産に対するのと同一の注意をもって、その物を保存すれば足りる」ことになる（413条1項）。

イ　増加費用の債権者負担（413条2項）

本来、履行の費用は債務者が負担するのが原則である（485条本文）。

しかし、受領遅滞によって履行の費用が増加したときは、その増加費用は債権者の負担となる（413条2項）。

たとえば、受領遅滞によって目的物の再度の運搬費用が必要となった場合は、債務者は債権者に対してその償還を請求することができるわけである。

ウ　双方の責めに帰することができない事由による履行不能についての危険の移転（413条の2第2項）

(ア) 前提知識

受領遅滞の3つ目の効果を学ぶ前提として、まずは『双務契約から生じる一方の債務の履行が当事者双方の責めに帰することができない事由によって履行不能となった』場合の原則的処理について説明する。

かかる場合、当該債権の債権者は、履行を請求することができず（412条の2第1項）、履行不能による損害賠償を請求することもできない（415条1項ただし書）。

もっとも、債権者は、契約を解除することができるし（542条1項1号）、解除せずとも反対給付の履行を拒むことができる（536条1項）。

以上の内容を、具体例でも確認しておこう。

たとえば、Aが住居に使用していた甲建物について、AB間で売買契約が成立したが、甲建物の引渡しの前に大きな地震が起き、甲建物が倒壊してしまったとする。売買契約という双務契約から生じた一方の債務である甲建物の引渡

債務の履行が、AB双方の責めに帰することができない事由によって履行不能となったわけである。

この場合、不能となった債権の債権者であるBは、Aに対して甲建物の引渡しを請求することはできず（412条の2第1項）、履行不能による損害賠償を請求することもできない（415条1項ただし書）。

もっとも、Bは、売買契約を解除することができ（542条1項1号）、解除せずとも反対債務である代金債務の履行を拒むことができる（536条1項）。

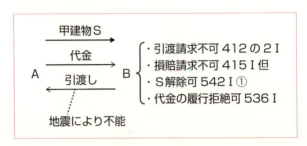

（イ）受領遅滞後の履行不能の場合──危険の移転 ➡論証 4

以上の原則的な処理に対し、『双務契約から生じる一方の債務の履行が当事者双方の責めに帰することができない事由によって履行不能となった』のが受領遅滞の後である場合は、大きく話が変わってくる。

この場合であっても、債権者は履行を請求することができず（412条の2第1項）、履行不能による損害賠償を請求することもできない（415条1項ただし書）。これらについては変わりはない。

しかし、この場合──あえて繰り返せば、双務契約から生じる一方の債務の履行が当事者双方の責めに帰することができない事由によって履行不能となったのが受領遅滞後である場合──には、履行不能が債権者の責めに帰すべき事由によるものと擬制される（413条の2第2項）。

そして、その結果、債権者は、履行不能を理由として契約を解除することはできないことになり（543条）、反対給付の履行を拒むこともできないことになる（536条2項）。これを、危険の移転という。

上記の例で、AがBに甲建物について履行の提供をしたのに、Bが受領を拒絶して受領遅滞となった後に、大地震が起きて甲建物が滅失した場合は、引渡債務の不能は債権者Bの責めに帰すべき事由による＝債務者Aの責めに帰す

ることができない事由によるものと擬制される。その結果、Bは、売買契約を解除することができず、代金債務の履行を拒絶することもできない。

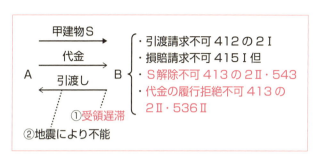

エ　有償契約において特定された物の双方の責めに帰することができない事由による滅失・損傷についての危険の移転（567条2項）

さらに、有償契約において、特定された物（もともとの特定物に加え、不特定物が特定した場合を含む。567条1項参照）の受領遅滞の後に、当事者双方の責めに帰することができない事由によって滅失・損傷が生じた場合、債権者は、その滅失・損傷を理由として、追完請求、代金減額請求、損害賠償請求および契約の解除をすることはできない（567条2項前段・559条）。また、反対債務の履行を拒むこともできない（567条2項後段・559条）。

　エで述べた567条2項の効果は、債権各論で学ぶ担保責任の知識が前提となります。このコラムも含めて今は読み飛ばしてしまい、債権各論を学んだあとに戻ってきて読んでいただければ十分です。
　それを前提として補足すると、567条2項の効果は、契約の解除や反対債務の履行拒絶を否定するという点で、おおむね413条の2第2項の効果（➡53ページウ）と同じです。そのため、567条2項の存在意義に関しては、413条の2第2項の適用範囲をいかに解するかとも関連して争いがあります。細かい議論ですが、頭の体操をかねて、簡単に紹介しておきます。
　まず、①**413条の2第2項**は、文字どおり「履行が不能」の場合、すなわち目的物の修補や代替物の引渡しなどによる**追完ができない場合にのみ適用**されるとする見解があります。この見解からは、履行の追完が可能であるがゆえに「履行が不能」とはいえず、したがって413条の2第2項を適用できない場合において、なお413条の2第2項と同様の効果を導くための規定が567条2項なのだ、ということになります。したがって、追完ができない場合については、567条2項は413条の2第2項の注意規定にすぎないけれども、**追完が可能な場合には567条2項は独自の存在意義を有する**、ということになるはずです。
　これに対し、②**413条の2第2項**は、目的物の**追完が可能な場合にも適用**されるとする見解があります。追完が可能であっても、「履行が不能」にあたると解していくのです。

この見解からは、567条2項は、ほぼ**413条の2第2項の注意規定にすぎず**、せいぜい562条2項や563条3項が直接の規律対象としていない**「引渡し前の段階」での追完請求権と代金減額請求権を否定**するという点に独自の存在意義があるにすぎないということになるはずです。
　以上の議論は、平成29年改正後に新たに始まったばかりであり、通説は未だ定まっていません。試験では、どちらの見解に立ってもかまわないでしょう。

オ　受領遅滞を理由とする損害賠償請求・契約の解除（原則否定）

　なお、法定責任説に立つ限り、原則として、受領遅滞を理由とする損害賠償請求や契約の解除は認められない（➡ 50ページ **2**）。

弁済の提供の効果	履行遅滞責任からの解放（492）
	反対債務の不履行が違法になる
	約定利息の不発生
受領遅滞の効果	特定物に対する注意義務が自己の財産に対するのと同一の注意義務に軽減（413 Ⅰ）
	増加費用の債権者負担（413 Ⅱ）
	受領遅滞後の双方の責めに帰することができない事由による履行不能について、債権者の責めに帰すべき事由によるものと擬制（413の2 Ⅱ） →履行不能による解除不可（543）、反対債務の履行拒絶不可（536 Ⅱ）
	有償契約の場合の特定された物の受領遅滞後の双方の責めに帰することができない事由による滅失・損傷について、それを理由とする追完請求、代金減額請求、損害賠償請求、契約解除は不可（567 Ⅱ前・559）、反対債務の履行拒絶も不可（567 Ⅱ後・559）
	受領遅滞を理由とした損害賠償請求・契約解除は原則不可（法定責任説）

第5章 責任財産の保全

いくら債権者が債務者に対して強制執行をしても、債務者に責任財産（➡20ページア）がなければ強制執行は空振りに終わる。そのため、債務者の責任財産の保全は、債権者にとってきわめて重要である。

民法は、主として責任財産を保全して強制執行を準備するための手段として、債権者代位権と詐害行為取消権を定めている。以下、それぞれについて説明する。

1. 債権者代位権

1 意義　A

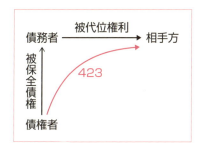

債権者は、自己の債権を保全するため必要があるときは、債務者に属する権利を、債務者に代わって行使（代位行使）することができる（423条1項本文）。債権者のこの権利を、債権者代位権という。

そして、この場合の債権者から債務者への債権を被保全債権、債権者によって代位行使される債務者の権利を被代位権利、被代位権利の義務者を相手方（または第三債務者）という。これらの用語はしっかりと覚えておこう。

たとえば、無資力のBが、Cに対して土地の所有権移転登記請求権を有して

いるにもかかわらず、BがCに遠慮してこれを行使しない場合に、Bに対して貸金債権を有するAは、かかる貸金債権を被保全債権として、Bに代わって、BのCに対する土地の所有権移転登記請求権を被代位権利として行使（代位行使）することができる。そして、その行使の結果B名義の所有権移転登記がなされた後は、Aはその土地に対して強制執行を行い、貸金債権の回収を図ることになるわけである。

2 債権者代位権の要件　A

　債権者代位権は、債権者が債務者に代わって債務者の財産権を行使する権利であり、債務者の財産管理権に介入する権利である。そのため、債権者代位権には、比較的厳格な要件が要求されている。

　具体的には、被保全債権に関して次の①から③が、債権の保全の必要性に関して④が、被代位権利に関して⑤から⑦が、それぞれ必要である。

①被保全債権が存在すること
②被保全債権が原則として弁済期にあること（423条2項本文）
③被保全債権が執行力を有すること（423条3項）
④債権を保全する必要があること＝債務者の無資力（423条1項本文）
⑤被代位権利が存在すること
⑥被代位権利を債務者が自ら行使しないこと
⑦被代位権利が債務者の一身専属権や差押禁止債権でないこと（423条1項ただし書）

　このうち、②④⑦が特に重要である。以下、個別に説明する。

ア　被保全債権が存在すること

　まず、被保全債権が存在していることが必要である。

（ア）金銭債権の原則

　被保全債権は、原則として金銭債権である。

　物的担保付きの金銭債権でもよいが、その物的担保により確保される額の残額が被保全債権となる（通説）。

　金銭債権以外の債権を被保全債権とする場合は、債権者代位権の転用の問題となる（➡68ページ**6**）。

> 債権者代位権の本来の趣旨は、責任財産を保全して強制執行を準備することにあります。
> 　そして、たとえばAのBに対する被保全債権が金銭債権の場合は、かかる趣旨がストレートに妥当します。金銭債権の債権者であるAは、債務者Bの責任財産に対する強制執行が可能であり、Bの責任財産を保全することについて強い利害関係を有するからです。
> 　これに対し、AのBに対する被保全債権が金銭債権でない場合——たとえば甲土地の引渡請求権だった場合——は、債務不履行による損害賠償請求権が発生した場合は別として、AはBの有する甲土地以外の財産に対して強制執行をすることはできません。そのため、Aは、債務者Bの責任財産の保全について、何ら利害関係をもっていません。この場合は、債務者の責任財産を保全する、という本来の趣旨が妥当しないのです。
> 　そのため、被保全債権は原則として金銭債権でなければならないと解されているのです。

（イ）具体的内容の形成

　被保全債権は、その具体的内容が形成されていることが必要である。

　たとえば、離婚に伴う財産分与請求権は、協議や審判などによって具体的内容が形成されるまでは、その範囲や内容が不確定・不明確であるから、被保全債権たりえない（最判昭和55・7・11）。

イ　被保全債権が原則として弁済期にあること　**改正**

　被保全債権は、原則として**弁済期**にあることを要する（423条2項本文）。なぜなら、弁済期前であるため自己の債権の履行すら請求できない債権者が、債務者の権利を代位行使するというのは、明らかに時期尚早だからである。

　ただし、その例外として、被代位権利の行使が**保存行為**にあたる場合は、被保全債権は弁済期になくともよい（423条2項ただし書）。

　「保存行為」とは、債務者の財産の現状を維持する行為をいう。たとえば、債務者Bの第三債務者Cに対する権利について消滅時効の完成を阻止する行為や、債務者Bの権利についての保存登記・移転登記などが、保存行為の例である。これらの行為は、債権者Aが債務者Bに代わって行っても債務者Bの不利益になるおそれがなく、また急を要することが多いため、例外として被保全債権が弁済期になくともよいとされているわけである。

　以上の原則と例外はしっかりと覚えておこう。

ウ　被保全債権が執行力を有すること

　被保全債権は、強制執行により実現することのできる（すなわち執行力のある）権利であることを要する（423条3項）。

強制執行により実現することのできない権利（たとえば、自然債務➡19ページ2）は、責任財産を保全して強制執行を準備するという債権者代位権の本来の趣旨が妥当しないため、被保全債権たりえない。

エ　債権を保全する必要があること（債務者の無資力）

債権者代位権を行使するには、債権者にとって「自己の債権を保全するため必要がある」ことが必要である（423条1項本文）。

（ア）債務者の無資力

この文言は、債権者代位権の要件として、債務者の無資力を要求する趣旨と解されている（最判昭和40・10・12）。これはしっかりと覚えておこう。

したがって、債務者が債権者に弁済する資力を有している場合には、原則として債権者代位権の行使は認められない。

> 債務者が十分な資力を有している場合は、債務者の権利を代位行使する権限を金銭債権の債権者に認める必要はありません。債権者としては、債務者の財産に対してそのまま強制執行すれば足りるからです。そのため、債務者の無資力が原則として必要とされているわけです。

（イ）無資力の判断方法

債務者が無資力か否かは、債務者の消極財産（債務の総額）と、債務者の積極財産（プラスの財産）のうち被代位権利を除いたものとを、比較して判断される。

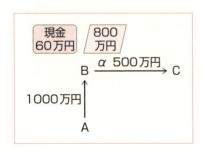

たとえば、AがBに対して1000万円の債権を有しているところ、Bの有する全財産は、現金60万円と800万円相当の土地、およびCに対する500万円のα債権だったとする。Bは、Aに対する上記の1000万円の債務のほかには、一切債務を負っていないとしよう。この事案で、Aがα債権を被代位権利とする場合、Bは無資力にあたる。Bの債務の総額は1000万円であるところ、被代位権利となるべきα債権を除いたBの有する積極財産の額は合計860万円にとどまるからである。

（ウ）転用の場合

　以上のように、債権者代位権の要件として債務者の無資力が必要なのが原則である。

　しかし、この原則には重大な例外がある。債権者代位権の転用とよばれる場面では、無資力要件は不要と解されているのである。

　その理由は債権者代位権の転用の箇所で説明するが（➡ 68 ページ**ア**）、結論は早めに覚えておこう。

オ　被代位権利が存在していること

　当然ではあるが、被代位権利が存在しない限り、債権者は債権者代位権を行使することはできない。

カ　被代位権利を債務者が自ら行使しないこと

　明文はないが、債務者が自ら被代位権利を行使しないことを要する。

　債務者が自ら権利を行使している場合は、たとえ権利の行使の方法が下手であったとしても、債権者代位権の行使は認められない（最判昭和 28・12・14）。

キ　被代位権利が債務者の一身専属権や差押禁止債権でないこと

　最後に、被代位権利が、債務者の一身専属権や差押禁止債権でないことが必要である（423 条 1 項ただし書）。

　この点は、次の **3** で説明する。

3　被代位権利となりうる権利の範囲　B+

ア　原則

　被代位権利となりうる権利の範囲については、原則として制限はない。全ての権利が被代位権利となりうるのが原則である。

　債権はもちろん、物権的請求権も被代位権利となりうる。また、取消権、解除権（大判大正 8・2・8）、相殺権（大判昭和 8・5・30）、消滅時効の援用権（最判昭和 43・9・26）、第三者のためにする契約における第三者の受益の意思表示（大判昭和 16・9・30）、登記請求権なども、被代位権利となりうる。

これらの権利のうち、消滅時効の援用権の代位行使は少しイメージしづらいと思いますので、具体例で補足しておきます。

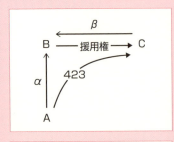

たとえば、Aが無資力のBに対してα債権を有し、CもBに対してβ債権を有しているところ、β債権の消滅時効が完成したとします。ところが、債務者であるBがβ債権の消滅時効を援用しないとしましょう。この場合、Aには、β債権の消滅時効の援用権は認められません。しかし、Aは、423条にもとづき、Bに代わってBの有する消滅時効の援用権を代位行使することができます。この場合の被保全債権はα債権、被代位権利はβ債権についての消滅時効の援用権です。被代位権利はβ債権ではない点に注意してください。

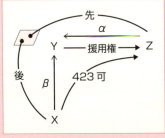

また、Yが所有する土地に対して、ZのYに対するα債権を被担保債権とする先順位抵当権と、XのYに対するβ債権を被担保債権とする後順位抵当権が設定されているところ、α債権の消滅時効が完成したとします。ところが、債務者であるYがα債権の消滅時効を援用しないとしましょう。この場合、Xにはα債権の消滅時効の援用権は認められません（**最判平成 11・10・21**）。しかし、Xは、Yの有するα債権の消滅時効の援用権を、423条にもとづき代位行使することができます。この場合の被保全債権はβ債権、被代位権利はα債権についての消滅時効の援用権です。なお、いわゆる「三つ巴」の問題については、民法総則 [第2版] 294ページ下のコラムを参照してください。

イ 行使上の一身専属権

以上の原則の例外として、「債務者の一身に専属する権利」は、被代位権利とすることができない（423条1項ただし書前段）。

この規定のいう「債務者の一身に専属する権利」とは、その権利を行使するか否かが専ら債務者の意思のみに委ねられる権利という意味である（通説）。これを、行使上の一身専属権という。

たとえば、親族間の扶養請求権（877条）や、夫婦間の契約取消権（754条）は、行使上の一身専属権の典型であり、これらの権利を被代位権利とする（すなわち代位行使する）ことはできない。

これに対し、慰謝料請求権は、具体的な金額が確定しているならば、代位行使することができる（最判昭和58・10・6）。離婚に伴う財産分与請求権（768条）も、具体的な金額が確定しているならば、代位行使することができる（通説）。

ウ　差押禁止債権

「差押えを禁じられた権利」（差押禁止債権。民事執行法 152 条、生活保護法 58 条など）も、被代位権利とすることができない（423 条 1 項ただし書後段）。

　法が一定の債権の差押えを禁じている趣旨は、その債権の債権者への現実の履行を確保するという点にあるところ、かかる債権の代位行使を認めては、そうした法の趣旨が没却されるからである。

4　債権者代位権の行使　A

ア　行使の方法　改正

　債権者は、債権者代位権にもとづき、自己の名において被代位権利を行使する。

　したがって、たとえば債権者 A が、債務者 B の C に対する権利を被代位権利として債権者代位訴訟を提起する場合、行使される権利は B の C に対する権利であるものの、当該訴訟の原告となるのは B ではなく A である。

　債権者代位権は、**裁判上**はもとより、**裁判外**でも行使することができる。裁判上の行使（訴訟）が強制されている詐害行為取消権（424 条）との違いに注意しよう。

> 　詐害行為取消権は、424 条が「裁判所に請求することができる」と定めていることから明らかなように、裁判上の行使（訴訟）が強制されています。詐害行為取消権を行使するには、必ず詐害行為取消訴訟を提起する（または詐害行為取消の反訴を提起する）必要があるのです。
> 　これに対し、民法上の権利の多くは、裁判上でも裁判外でも行使できます。たとえば、A の B に対する金銭債権は、金銭支払請求訴訟を提起して裁判上行使することもできますし、また、裁判所を経由しないで、裁判外で直接行使することもできます。何らかのトラブルがない限り、通常は裁判外で行使することになるでしょう。
> 　そして、債権者代位権も、他の多くの権利と同様に、裁判外の行使が認められています。債権者代位訴訟を通じて行使することもできますし、裁判外で直接行使することもできるわけです。

　ただし、債権者は、**債権者代位訴訟を提起**した場合は、遅滞なく、債務者に対して**訴訟告知**をしなければならない（423 条の 6）。

　民事訴訟法で学ぶとおり、債権者代位訴訟の判決効は債務者に及ぶところ（民事訴訟法 115 条 1 項 2 号）、かかる債務者に対して債権者代位訴訟に関与する機会を保障し、もって債務者の手続保障を図るという趣旨である。

イ　行使の範囲　改正

（ア）被代位権利の目的が可分の場合——被保全債権額上限ルール

債権者が被代位権利を代位行使できる範囲は、被保全債権の額によって制限されうる。

すなわち、被代位権利の目的が可分であるときは、債権者は、自己の債権（被保全債権）の額の限度においてのみ、被代位権利を行使することができる（423条の2）。これを、被保全債権額上限ルールという。

債権者代位権は、債務者の財産的自由に対する干渉・制約であるから、その行使は必要最小限においてのみ認められるべきである、というのがその趣旨である。

たとえば、Aが無資力のBに対して400万円のα債権を有する場合に、これを被保全債権としてBのCに対する1000万円のβ債権（このβ債権は金銭債権であるから、その目的は当然可分である）を代位行使するときには、Aは400万円の限度でのみβ債権を行使することができる。

（イ）被代位権利の目的が不可分の場合

他方、被代位権利の目的が不可分であるときは、債権者は被代位権利の全部を行使することができる（通説）。

たとえば、被代位権利が1台の自動車の引渡請求権である場合、債権者は、たとえ被保全債権の額がその自動車の価額にみたない場合でも、引渡請求権の全部を行使することができる。被代位権利が一筆の土地の引渡請求権である場合も同様である。

ウ　支払・引渡しの相手方　改正

（ア）原則

債権者によって行使される権利（被代位権利）の権利者は、これを行使する債権者ではなく、あくまでも債務者である。

たとえば、AがBのCに対する権利を代位行使する場合、当該権利を行使するのはAだが、当該権利の権利者はあくまでもBである。

したがって、債権者代位権にもとづいて被代位権利を行使する債権者は、本来、相手方（第三債務者）に対して、債務者への履行（債務者への支払や引渡し）を請求できるにとどまるのが原則である。相手方は、債権者にではなく、債務

者（被代位権利の権利者）に対して支払や引渡しをすることになる。これはしっかりと覚えておこう。

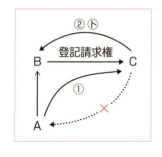

たとえば、被代位権利がBのCに対する所有権移転登記請求権の場合、債権者Aは、Cに対して、B名義への所有権移転登記手続をするよう請求できるにとどまり、A名義への所有権移転登記手続をするよう請求することはできない。もし、何らかの事情でBがB名義の所有権移転登記を望んでいなかったとしても、かかるBの意思に反してでもB名義の所有権移転登記をすることは可能であるから、何ら問題はない。

（イ）金銭支払・動産引渡しの直接請求

では、被代位権利が金銭債権や動産の引渡請求権の場合はどうだろうか。

登記とは異なり、金銭や動産については、債務者の意思に反してでも債務者に受領させるということは不可能である。

そのため、債権者は、被代位権利が金銭の支払または動産の引渡しを目的とするものであるときは、相手方に対し、直接自己に対する支払・引渡しを請求することができるとされている（423条の3前段）。このこともしっかりと覚えておこう。

（ウ）第三債務者による債権者への金銭支払・動産引渡しの効果　➡論証5

そして、金銭や動産について、債権者から直接自己に対する支払・引渡しを請求された相手方（第三債務者）が、債権者に対して直接金銭を支払い、または動産の引渡しをした場合は、被代位権利は消滅する（423条の3後段）。

その反面、金銭の支払や動産の引渡しを受けた債権者は、不当利得にもとづき、金銭や当該動産を債務者に返還する債務を負う。

ただし、金銭の支払を受けた債権者は、金銭を債務者に返還する債務と、自らが有する債権（被保全債権）とを、相殺することができる。そして、その結果、債権者は、被保全債権について事実上の優先弁済を受けることになるのである。

1. 債権者代位権　065

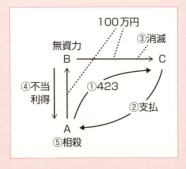

（イ）と（ウ）の内容を、具体例で確認してみましょう。

たとえば、Aが無資力のBに対して100万円の債権を有するところ、BのCに対する100万円の債権を、Aが債権者代位権にもとづいて代位行使したとします（図①）。この場合、被代位権利の目的は金銭の支払ですから、AはCに対して直接100万円の支払を請求することができます（423条の3前段）。この請求を受けたCがAに100万円を支払えば、Cは免責され、BはCに対する権利を失います（同後段、図②③）。

そして、その一方で、Aは本来Bに帰属すべき100万円をCから利得しているわけですから、Bは、Aに対して100万円の不当利得返還請求権を取得します（図④）。ところが、Aは、AのBに対する100万円の債権（被保全債権）を自働債権とし、BのAに対する100万円の不当利得返還請求権を受働債権として、相殺することができます（図⑤）。そして、その相殺の結果、Aは、Bに対する他の債権者を出し抜いて、事実上、AからBへの債権（被保全債権）について優先弁済を受けたのと同じことになるわけです。

この、事実上の優先弁済に至る流れはきわめて重要です。よくわからなかった方は、相殺を学んだあとに（⇒ 130ページ5.）再度確認してみてください。

エ　相手方の抗弁　改正

（ア）抗弁の対抗

債権者が被代位権利を行使したときは、相手方（第三債務者）は、**債務者に対して主張することができる抗弁**をもって、**債権者に対抗**することができる（423条の4）。

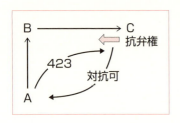

たとえば、債権者Aが、債務者BのCに対する債権を代位行使する場合、Cは、本来Bに対して主張できる**同時履行の抗弁権**（533条）やBへの**弁済による債権の消滅**（473条）などを、Aに対して主張し、支払を拒むことができる。

なぜなら、いくら代位行使の場合だからといって、相手方（第三債務者）としては、本来対抗できるはずの抗弁を失わなければならない理由はないからである。

(イ) 虚偽表示無効の抗弁と 94 条 2 項

同様に、たとえばBの債権者であるAが、CB間の贈与契約にもとづいてBがCに対して有する移転登記請求権を代位行使する場合に、Cは、BC間の贈与契約が虚偽表示により無効（94条1項）であるとの抗弁を、Aに対して主張することができる（423条の4）。

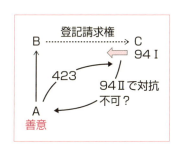

ただし、Aが虚偽表示について善意だった場合には、Aが94条2項の第三者にあたり保護されるのではないかが、別途問題となる。

通説は、①Aの被保全債権が金銭債権である場合は、Aは94条2項の第三者にあたらないが、②Aの被保全債権がCB間の契約の目的物に対してAが取得した権利である場合（たとえばCがBに対して虚偽表示により土地を贈与し、BがAに対してその土地をさらに譲渡したため、AがBに対する所有権移転登記請求権を被保全債権としてBのCに対する所有権移転登記請求権を代位行使する場合）は、94条2項の第三者にあたると解している（→総則［第2版］148ページイ参照）。

5　債権者代位権の行使の効果　B

ア　時効の完成猶予・更新

債権者代位権が行使されると、①被代位権利については、時効の完成猶予や更新が生じうる（150条1項、147条1項1号、2項）。

他方、②被保全債権については、時効の完成猶予や更新は生じない（通説）。行使されているのはあくまでも被代位権利であって、被保全債権ではないからである。

イ　債務者の処分権限　改正

債権者代位権が行使されても、債務者は、被代位権利について、自ら取立てその他の処分をすることを妨げられない（423条の5前段）。相手方も、債務者に対して履行することを妨げられない（同後段）。

たとえば、債権者Aが債務者BのCに対するα債権を代位行使してCに履

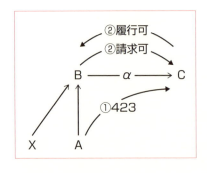

行を請求した場合でも、BはCに対してα債権の履行を請求することができ、CはBに弁済すれば債務を免れる。

このように、債務者に被代位権利についての処分権限が存続するため、債権者代位権が行使されても、債務者に対する他の債権者は、被代位権利を差し押さえたり、代位行使したりすることができる。

上記の例で、Bに対する債権者Xは、α債権を差し押さえたり、α債権を代位行使したりすることができるわけである。

ただし、ある債権者によって債権者代位訴訟がすでに提起されている場合に、他の債権者が重ねて債権者代位訴訟を提起すれば、重複訴訟の禁止（民事訴訟法142条）に抵触することになる。この点は、民事訴訟法で学ぶ。

6　債権者代位権の転用　A

ア　転用の意義

本来、債権者代位権は、債務者の責任財産を保全し、強制執行を準備するための制度である。したがって、①被保全債権は金銭債権でなければならず（➡58ページアのコラム）、また、②債務者の無資力が要件となるのが原則である（➡60ページエ）。

しかし、実は、①′被保全債権が金銭債権でない場合——たとえば被保全債権が登記請求権の場合——についても、債権者代位権の行使を認めるのが判例・通説である。

しかも、かかる場合、②′債務者の無資力は不要と解されている。

なぜなら、かかる場合——すなわち被保全債権が金銭債権でない場合——においては、被保全債権が実現するか否かに関して、債務者の資力は無関係だからである。

以上のように、被保全債権が金銭債権でなく、したがってまた債務者の無資力が不要とされる場合が、債権者代位権の転用の場面の典型である。

> 被保全債権が金銭債権でない場合において無資力要件が不要とされる理由について、もう少し補足しておきます。
> まず、被保全債権が金銭債権の場合、債務者に十分な資力があれば、債権者代位権の行使による責任財産の保全は不要です。したがって、ごく例外的な場合（➡70ページウの④）を除き、債務者が無資力の場合にのみ債権者代位権の行使が認められます。
> これに対し、被保全債権が金銭債権でない場合——たとえばある特定物がA→B→Cと転々譲渡された事案で、CがCのBに対する引渡請求権を被保全債権としてBのAに対する引渡請求権を代位行使する場合——において、Cの権利が実現されるか否かは、債務者Bに資力があるか否かとは関係がありません。Cの権利が実現されるか否かは、Bが当該特定物を占有しているか否かにのみかかっているからです。そのため、被保全債権が金銭債権でない転用の場面では、債務者の無資力要件は不要と解されているのです。

なお、きわめて特殊な事案においてではあるが、被保全債権が金銭債権である場合についてまで、債務者の無資力を不要とした判例も存在する（➡70ページウの④）。この場合も、債権者代位権の転用にあたる。

イ　被保全債権が登記・登録請求権の場合　改正

　債権者代位権の転用のうち、平成29年改正によって明文で定められたものとして、登記請求権または登録請求権を被保全債権とする場合がある。
　すなわち、「登記又は登録をしなければ権利の得喪及び変更を第三者に対抗することができない財産を譲り受けた者は、その譲渡人が第三者に対して有する登記手続又は登録手続をすべきことを請求する権利を行使しないときは、その権利を行使することができる」（423条の7前段）。この条文の文言から明らかなように、債務者の無資力は不要である。

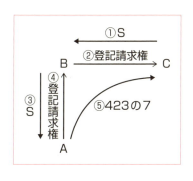

たとえば、CがBに甲土地を売却し、BがAに甲土地を転売した場合に、Aは、Bの資力の有無を問わず、AのBに対する登記請求権を被保全債権として、BのCに対する登記請求権を代位行使することができる。

そして、この場合においては、相手方の抗弁（➡66ページエ）、債務者の処分権限（➡67ページイ）、債務者への訴訟告知（➡63ページア）についての各規定が準用される（423条の7後段、423条の4から6）。

たとえば、上記のCがBから代金を受領していない場合、CはBに対して同時履行の抗弁を主張することができるのであるから、Cは、Aに対してもかかる同時履行の抗弁を主張することができる。

また、Aが債権者代位権を行使しても、Bは被代位権利の処分権を有し、CはBに履行すれば免責される。Aが債権者代位訴訟を提起した場合は、AはBに対して訴訟告知を要する。

他方、被保全債権額上限ルール（423条の2 ➡ 64ページ（ア））および債権者への引渡し（423条の3 ➡ 65ページ（イ）（ウ））の規定は準用されない（423条の7後段対照）。

被保全債権額上限ルールの規定が準用されないのは、転用の場面では債務者の資力は無関係だからである。債権者への引渡しの規定が準用されないのは、債務者の意思に反しても債務者名義で登記等をすることは可能であるし、また、もし準用すれば中間省略登記等を認めることとなり登記法の理念に反することになるからであろう（私見）。

ウ　明文のない転用

明文はないものの、判例が転用を認めた例として、次の場合がある。これらの場合は、いずれも債務者の無資力は不要である。

①不動産賃借権を被保全債権とし、賃貸人の有する所有権にもとづく妨害排除請求権を被代位権利とする場合（大判昭和4・12・16）

②抵当不動産を適切に維持または保存するよう求める請求権（担保価値維持請求権）を被保全債権とし、抵当権設定者の有する所有権にもとづく妨害排除請求権を被代位権利とする場合（最大判平成11・11・24 ➡ 物権法・担保物権法224ページ❶）

③債権がAからB、BからCに転々譲渡された場合の、CのBに対する通知請求権を被保全債権とし、BのAに対する通知請求権を被代位権利とする場合（大判大正8・6・26 ➡ 207ページア）

また、きわめて特殊な事案においてではあるが、④代金債権を被保全債権とし、登記請求権を被代位権利とする場合に、債務者の無資力を不要とした判例がある。

その事案の概要は次のとおりである。まず、AがBに土地を売却したところ

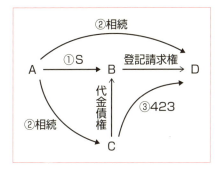

（図①）、Aへの代金の支払が一部未了であり、かつBへの移転登記も未了である間に、Aが死亡し、CとDが相続した（図②）。ところが、DはBへの移転登記を拒否した。そこで、Cが、Bの同時履行の抗弁権を失わせて自己のBに対する代金債権を保全するため、BのDに対する登記請求権を代位行使した（図③）。

この事案で、最高裁は、被保全債権が金銭債権であるにもかかわらず、債務者であるBの資力を問わず、代位行使を認めたのである（**最判昭和50・3・6**）。

この判例は、被保全債権が金銭債権であっても、その保全のために被代位権利を行使することが必要であり、またそれ以外には法的な手段がないという事案の特殊性ゆえに、債務者の無資力要件を不要としたものと解することができる。

> **【特定債権と特定物債権】**
> 　債権者代位権の転用の場面における被保全債権をさして、「特定債権」（または「特定の債権」）とよぶことがあります。この「特定債権」という概念は、厳密には特定物債権（➡6ページ1）とは別の概念です。このことは、上記④の判例のように、「特定債権」に金銭債権（これは特定物債権ではありえません）が含まれることからも明らかです。
> 　ただし、試験対策としては、両者の違いはあまり意識する必要はありません。「転用の場面＝被保全債権が特定債権（≒非金銭債権）の場合」ということだけ押さえておけば十分でしょう。

エ　建物買取請求権

以上に対し、建物の賃借権を被保全債権として、建物の賃借人が建物の賃貸人兼土地の賃借人の有する建物買取請求権を代位行使することはできない（**最判昭和38・4・23**）。

なぜなら、仮に建物買取請求権の代位行使を認めたとしても、建物の賃借人の建物賃借権は保全されないからである。

この点を、前提知識も含めて具体例で説明しておこう。

たとえば、Aが所有する土地をBが賃借し、その土地上に建物を建築して所有していたところ、Bがその建物をAに無断でCに譲渡したとする。この場

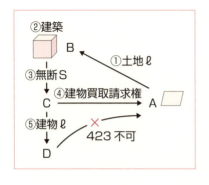

合、Cは建物に加えて土地の賃借権もBから譲り受けたことになるが（87条2項類推）、Cは、この土地の賃借権の譲受けを、賃貸人であるAの承諾（またはAの承諾に代わる裁判所の許可）がない限り、Aに対抗することができない（612条1項）。そのため、Aから所有権にもとづく土地明渡請求を受けた場合、Cは土地をAに明け渡さなければならない。ただし、この場合には、CはAに対して建物を時価で買い取るよう請求することができる（借地借家法14条）。このCの権利を、建物買取請求権という。ここまでが前提知識である。

さて、問題は、その建物をCから賃借しているDが、DのCに対する建物賃借権を被保全債権として、CがAに対して有する建物買取請求権を代位行使することができるか否かである。

この点、仮にDにCの建物買取請求権の代位行使を認めたとしても、その効果は、AからDに建物の代金が支払われるというだけであり、DないしCが建物を利用することができないという点に変わりはない。すなわち、いくら代位行使をしたとしても、被保全債権とされたDのCに対する建物賃借権は保全されないのである。

そのため、かかる代位行使は認められないと解されているわけである。

オ　債権譲渡の対抗要件としての通知

また、債権譲渡の対抗要件としての通知（467条 ➡ 206ページ **4.**）を、債権者が代位して行うことはできない（大判昭和5・10・10）。

これに対し、債権の転得者が譲受人の通知請求権を代位行使することはできる（大判大正8・6・26）。

これらについては、債権譲渡の箇所で再度説明する（➡ 207ページ **ア**）。

2. 詐害行為取消権 改正

詐害行為取消権は、押さえるべき内容が非常に多く、初学者にとって難所の1つである。気合を入れて学んでいこう。

1 意義 A

債権者は、一定の要件のもと、債務者がその債権者を害することを知りながらした行為（詐害行為）の取消しを、裁判所に請求することができる（424条以下）。債権者のこの権利を、詐害行為取消権という。

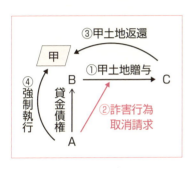

たとえば、Aに対して貸金債務を負っているBが、その唯一の財産である甲土地をCに贈与した場合、一定の要件をみたせば、AはBC間の贈与契約の取消し（詐害行為の取消し）を裁判所に請求することができる。

そして、Aは、Bのもとに戻った甲土地に対して強制執行を行い、Bに対する債権を回収することになるわけである。

このように、詐害行為取消権は、債務者の責任財産を保全して、強制執行を準備するための制度である。しっかりと覚えておこう。

そして、上記のAからBへの債権を被保全債権、BC間の行為を詐害行為、Aを債権者、Bを債務者、Cを受益者という。また、Cから甲土地を譲り受けたDがいる場合、そのDを転得者という。これらの用語もしっかりと覚えておこう。

2 条文の構造 A

詐害行為取消権について定めた条文の構造は、やや複雑である。ここで概観しておく。

まず、424条は、詐害行為取消請求の一般準則を定めた規定である。

条文	内容
424	一般準則
424の2〜424の4	特殊な詐害行為についての特則
424の5	転得者を被告とする場合の要件
424の6〜424の9	行使の方法など
425〜425の4	行使の効果
426	出訴期間の制限

これに対し、424条の2から424条の4は、特殊な詐害行為についての取消請求の特則である。

また、424条の5は、転得者を被告とする場合の詐害行為取消請求の要件を定めた規定である。

> 以上の424条から424条の5までの条文構造から、これらの規定のうち424条の一般準則だけが適用される場合というのは、①**通常の詐害行為**（狭義の詐害行為）の取消し（424条の2から424条の4対照）を、②**受益者を被告**として請求する場合（424条の5対照）ということになります。

その後の424条の6から424条の9は、詐害行為取消権の行使の方法などを定めた規定であり、425条から425条の4は、詐害行為取消権の行使の効果を定めた規定である。

最後の426条は、詐害行為取消訴訟の出訴期間の制限を定めた規定である。

3 受益者を被告とする場合の一般的要件（424条） A

受益者を被告とする場合の詐害行為取消請求の一般的要件は、
①被保全債権が存在していること
②被保全債権を保全する必要があること＝債務者の無資力
③債務者が詐害行為をしたこと（424条1項本文）
④債務者の詐害の意思（424条1項本文）
⑤受益者の悪意（424条1項ただし書）
の5つである（なお、④の要件を③の要件の一要素とする見解もある）。

以下、それぞれの要件を説明する。

ア　被保全債権が存在していること

第1に、詐害行為取消請求が認められるためには、債権者から債務者に対して被保全債権が存在していなければならない。

この被保全債権に関しては押さえるべき内容が多い。概していえば、被保全

債権は必ず金銭債権でなければならず（➡下記（ア）（イ））、詐害行為よりも前の原因にもとづいて生じたものでなければならない（➡下記（ウ）（エ））。また、執行力を有していなければならない（➡下記（オ））。

以下、説明する。

（ア）金銭債権

まず、被保全債権は、<u>必ず金銭債権</u>であることを要する。詐害行為取消権は、債務者の責任財産を保全し、強制執行を準備するための制度だからである（➡58ページの（ア）コラム参照）。

被保全債権が金銭債権であることを要するという点について、<u>例外は一切認められていない</u>。転用が広く認められている債権者代位権とは全く異なる。しっかりと覚えておこう。

（イ）特定物債権と詐害行為取消権 ➡論証6

被保全債権は必ず金銭債権でなければならない、という点に関連する重要論点として、特定物債権の債権者による詐害行為取消請求の可否という論点がある。

① 問題の所在

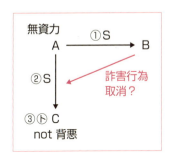

この論点は、<u>二重譲渡で一方の譲受人が対抗要件を備えた場合</u>に問題となることが多い。

たとえば、ある土地がAからBとCに二重譲渡されたところ、背信的悪意者でないCが所有権移転登記を備えたとする。177条によれば、土地の所有権をめぐる争いはCの勝ち、Bの負けということになる。しかし、売主Aが無資力の場合には、さらなる問題が生じる。すなわち、二重譲渡で登記を具備できずに負けたBは、AC間の譲渡を詐害行為としてその取消しを請求することによって、いわば敗者復活を果たすことができるのではないかが問題となるのである。

② 検討

では、Bは、詐害行為取消請求の要件たる被保全債権を有するか。

詐害行為取消請求における被保全債権は、金銭債権でなければならない。ところが、一見すると、この場合にBが有する債権は土地の引渡請求権ないし所

有権移転登記請求権という**特定物債権**であるから、それは被保全債権たりえず、したがってBに詐害行為取消請求は認められないとも思える。

しかし、特定物債権の債権者であっても、**詐害行為取消請求の時点までに特定物債権の内容が損害賠償請求権になっている**のであれば、損害賠償請求権は金銭債権である以上（417条）、その損害賠償請求権を被保全債権として詐害行為取消請求をすることができると解するべきである（**最判昭和36・7・19**参照）。

上記の事例でも、Bの特定物債権の内容は、損害賠償請求権になっている（415条1項、2項1号）。したがって、他の424条所定の要件（もしくは424条の2各号所定の要件）が認められる限り、Bは詐害行為取消請求をすることができる。

ただし、Bは、Cに対して**自己への移転登記を請求することはできず**（424条の9対照）、また、177条の趣旨に照らし、**債務者Aに対して移転登記請求をすることはできない**と解するのが妥当である（**最判昭和53・10・5**参照）。

> Bが自己への移転登記を請求することができないのは、債権者代位権で学んだのと同様に、たとえ債務者の意思に反しても債務者名義の登記にすることができるからです。
> では、Bが債務者Aに対して移転登記請求をすることはできないと解するのはなぜなのでしょうか。
> 確かに、Bによる詐害行為取消請求によって、A名義の登記が復活します。とすると、AがB名義の移転登記をすることも可能となるため、BはAに対して移転登記請求をすることができるとも思えます。
> しかし、BのAに対する移転登記請求を認めてしまっては、177条の帰結（Cの勝ち）とは真逆の結論（Bの勝ち）を認めることになり、177条の趣旨に完全に反してしまいます。
> また、そもそもA名義の登記が復活したのは、詐害行為取消請求のおかげです。そして、Bに詐害行為取消請求が認められたのは、BからAに対する所有権移転登記請求権ないし土地引渡請求権という特定物債権が、Cの登記具備によって履行不能となったため、その内容が損害賠償請求権という金銭債権になったからでした。にもかかわらず、詐害行為取消請求の結果、再度履行可能になったとして、特定物債権の履行請求をするというのは、あまりにも虫が良すぎます。
> そこで、Bは、Aに対して移転登記請求をすることはできないと解していくのです。
> では、最終的にBとCの決着はどうなるかというと、BはAに対する損害賠償請求権という金銭債権を有し、CもAに対する不当利得返還請求権ないし損害賠償請求権という金銭債権を有しますから、BCは、Aのもとに戻った土地に対して強制執行をかけ、現金化してその現金を債権額に応じて分けあうことになります。BもCも土地の所有権は取得できません。Bとしては、敗者復活とまではいかなくとも、詐害行為取消請求の要件を備えている場合はBとCの痛み分けにもちこむことは可能なわけです。

（ウ）被保全債権が詐害行為の前の原因にもとづいて生じたこと　改正

次に、被保全債権は、「行為［詐害行為］の前の原因」にもとづいて生じた

ことが必要である（424条3項）。この点もきわめて重要である。

```
① 原因 → 発生 → 詐害行為 ：○
② 原因 → 詐害行為 → 発生 ：○
③ 詐害行為 → 原因 → 発生 ：×
```

すなわち、①詐害行為よりも前に生じていた債権や、②詐害行為の前の発生原因にもとづいて詐害行為の後に生じた債権は、被保全債権となりうるが、③詐害行為よりも後の発生原因にもとづいて生じた債権は、被保全債権となりえない。

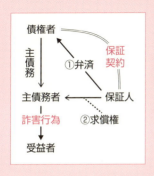

たとえば、主債務者から委託を受けて保証人となった者（受託保証人）が、債権者に保証債務を弁済した場合、その保証人は、主債務者に対する求償権（事後求償権）を取得します（459条 ➡ 179ページア）。「あなたの代わりに支払ったのだから、その分を返せ」と主債務者に請求できるわけです。そして、この求償権は、保証契約という「原因」にもとづき、保証債務の弁済によって「生じ」る権利です。

したがって、主債務者が詐害行為（たとえば唯一の財産を第三者に贈与する行為）をした場合において、受託保証人の求償権が詐害行為取消請求の被保全債権たりうるか否かは、**保証契約という被保全債権の「原因」と、主債務者による「詐害行為」との先後関係によって決まります**。仮に詐害行為が先、保証契約が後であれば、求償権は被保全債権たりえません。他方で、保証契約が先、詐害行為が後であれば、保証人による弁済の時期（被保全債権の発生の時期）を問わず、求償権は被保全債権たりえます。

以上のように、債権が詐害行為の前の原因にもとづいて発生したことを要し、かつそれで足りるとされているのは、①債権の発生原因が詐害行為に先行している場合は、債権者は債権の発生原因の時点における債務者の責任財産を引当てにしていた（そこからの債権回収を期待していた）ものと考えられるため、その後に減少した責任財産を回復することについて保護に値する利益を有しているといえるのに対し、②債権の発生原因が詐害行為に後行している場合は、債権者は詐害行為によって減少した後の責任財産のみを引当てにしていたものと考えられるため、責任財産を回復することについて保護に値する利益を有しないといえるからである。

（エ）被保全債権が譲渡された場合

そして、424条3項が要求する「被保全債権が詐害行為の前の原因にもとづ

いて生じたこと」という要件をみたしているのであれば、その債権が詐害行為の後に譲渡された場合でも、債権の譲受人との関係で被保全債権たりうる（大判大正12・7・10参照）。

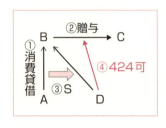

たとえば、①Aを貸主、Bを借主とする金銭消費貸借契約がAB間で締結されたところ、②Bが唯一の財産たる土地をCに贈与した。その後、③AのBに対する貸金債権がDに譲渡されたとする。この場合、Dは、④譲り受けた貸金債権を被保全債権として、BC間の贈与を詐害行為としてその取消しを請求することができる。Bの詐害行為の時点ではDは債権者ではなかったが、Dが取得した貸金債権は、BC間の贈与という詐害行為よりも前に締結された消費貸借契約を原因として生じたものであり、424条3項の要件をみたしているからである。

（オ）執行力

被保全債権は、強制執行が可能な債権でなければならない（424条4項）。

詐害行為取消権は、債務者の責任財産を保全して、強制執行を準備するための制度だからである。

イ 被保全債権を保全する必要があること（債務者の無資力）

第2に、詐害行為取消請求が認められるためには、債権を保全する必要性、すなわち債務者の無資力が必要である。この要件はしっかりと覚えておこう。

（ア）意義

ここで無資力とは、債務超過のことをいう（通説）。すなわち、積極財産から消極財産を差し引いた額がマイナスであることを無資力というわけである。

債務者の行為の時点ですでに債務超過の状態だった場合はもちろん、債務者の行為の結果債務超過になった場合も、債務者の無資力という要件はみたされる。

（イ）無資力の判断基準時

債務者の無資力という要件は、①詐害行為時と②債権者による詐害行為取消請求時（より厳密には詐害行為取消訴訟の事実審における口頭弁論終結時）の、両時点において要求される。

したがって、たとえば債務者が詐害行為の当時は無資力だったものの、詐害行為取消請求時においては資力を回復したような場合は、詐害行為取消請求は認められない（大判昭和 12・2・18）。

ウ　債務者が詐害行為をしたこと

第 3 に、詐害行為取消請求が認められるためには、債務者が「債権者を害する……行為」（424 条 1 項）、すなわち詐害行為をしたことが必要である。

（ア）詐害行為の意義　改正

詐害行為の典型は、①債務者所有の土地の贈与などのような、債務者の責任財産を減少させる行為であるが、②土地の相当価格での売却などのような、相当の対価を得てした財産の処分行為や、③特定の債権者に対する担保提供や弁済なども、広義の詐害行為にあたる。

```
詐害行為（広義）┌①責任財産減少行為（狭義の……424 条
　　　　　　　　│　詐害行為）
　　　　　　　　│②相当の対価を得てした財産……424 条の 2
　　　　　　　　│　の処分行為
　　　　　　　　└③特定の債権者に対する担保……424 条の 3〜4
　　　　　　　　　　提供や弁済等
```

もっとも、②や③については、424 条の 2 以下で特則が定められている。そのため、詐害行為取消請求の一般準則を定める 424 条が適用される詐害行為は、主として①債務者の責任財産を減少させる行為（狭義の詐害行為）ということになる（➡ 73 ページ **2** 参照）。

（イ）法律行為・準法律行為

債務者の責任財産を減少させる行為であれば、贈与などのような法律行為のほか、消滅時効の更新事由としての債務の承認などのような準法律行為も、424 条の詐害行為にあたりうる。

（ウ）財産権を目的としない行為

他方で、「財産権を目的としない行為」は、詐害行為にあたらない（424 条 2 項）。
たとえば、婚姻、離婚、養子縁組といった身分行為は、詐害行為にあたらない。よって、たとえこれらの行為が行われた結果、債務者の財産状態が悪化し

たとしても、債権者がこれらの行為を詐害行為として取り消すことはできない。これらの行為は、他人が干渉するべき行為ではなく、行為者たる債務者の意思が尊重されるべき行為だからである。

　相続の放棄も、詐害行為にあたらない（最判昭和 49・9・20）。

　他方、**遺産分割協議**は、詐害行為にあたりうる（**最判平成 11・6・11**）。相続財産の帰属を確定させるという点で、財産権を目的とする行為ということができるからである。

　離婚に伴う財産分与は、原則として詐害行為にあたらないが、それが民法 768 条 3 項の規定の趣旨に反して**不相当に過大**であり、**財産分与に仮託してされた財産処分**であると認めるに足りるような特段の事情があるときは、不相当に過大な部分は詐害行為にあたり、その限度で債権者は財産分与の取消しを請求することができる（最判昭和 58・12・19、**最判平成 12・3・9**）。

　以上の点は短答式試験で必須の知識なので、しっかりと覚えておこう。

（エ）対抗要件を具備させる行為

　所有権移転登記や債権譲渡の通知のような、**対抗要件を具備させる行為**は、詐害行為にあたらない（最判昭和 55・1・24、**最判平成 10・6・12**）。この点もしっかりと覚えておこう。

　これらの行為が詐害行為にあたらないと解されているのは、これらの行為はそれ単体では対抗要件を具備させる効果を有する行為にすぎず、債務者の財産を減少させる行為とはいえないからである。

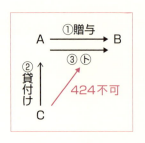

　たとえば、①ＡがＢに唯一の財産たる不動産を贈与した後、②ＣがＡに金銭を貸し付け、③その後、①の贈与を原因としてＡからＢへ所有権移転登記がなされたとする。この場合、贈与自体は、Ｃの債権の発生原因たる貸付けよりも前の行為であるから、Ｃは贈与自体の取消しを請求することはできない（424 条 3 項）。では、Ｃの債権の発生原因たる貸付けの後になされた所有権移転登記だけを取り出して詐害行為として取消しを請求することができるかというと、所有権移転登記は詐害行為にあたらないため、その取消しを請求することはできないわけである。

【詐害行為への該当性】

婚姻、離婚、養子縁組	×
相続の放棄	×
遺産分割協議	○
離婚に伴う財産分与	原則×、例外○
対抗要件を具備させる行為	×

エ 債務者の詐害の意思

　第4に、詐害行為取消請求が認められるためには、詐害行為の時点において、債務者が「債権者を害することを知って」いたことが必要である（424条1項本文）。

　この債務者の主観的要件は、詐害の意思とよばれる。ただし、債務者が債権者を害することを積極的に意欲していたことまでは必要でなく、債権者を害することを認識していれば足りる。「意思」という語感とズレがあるので、注意してほしい。

　また、債務者は、一般の債権者を害することの認識があれば足り、特定の債権者を害することまで認識している必要はない（最判昭和50・12・19）。

　債務者において必要とされる詐害の意思の内容は、本来は、行為の客観的な詐害性の程度によって異なってきます。
　この点について、平成29年改正前の民法では、①行為の客観的な詐害性が強い場合（たとえば唯一の財産を第三者に贈与した場合）には、詐害の意思としては一般の債権者を害することの認識で足りるのに対し、②行為の客観的な詐害性が（ありはするものの）弱い場合（たとえば保有する財産の相当価格での売却行為や、債務の弁済などがなされた場合）には、詐害の意思として強い詐害性が認められること（たとえば受益者との通謀）が必要、と解されていました。また、このような解釈を指して、「詐害行為に当たるか否かは、行為の客観面と主観面の相関関係で判断される」と説明されるのが通例でした。
　しかし、平成29年改正後の現在の民法では、②の客観的な詐害性が弱い場合について、424条の2以下で特則が設けられました。そのため、424条の詐害行為は、①の客観的な詐害性が強い場合を指すことになります（➡84ページ（ア）参照）。したがって、424条の要件としての詐害の意思は、一般の債権者を害することの認識で足りると解することになるわけです。

オ 受益者の悪意

　以上の4つの要件をみたしたとしても、詐害行為がなされた時点で、受益者が債権者を害することを知らなかったときは、詐害行為取消請求は認められな

い（424条1項ただし書）。

つまり、受益者の悪意が、消極的ながらも詐害行為取消請求の第5の要件なのである。

この受益者の悪意という要件の証明責任は、民事訴訟法の原則どおり、詐害行為取消訴訟の被告が負う。

424条の要件	ポイント
①被保全債権が存在	・金銭債権である必要（例外なし） ・特定物債権もその内容が損害賠償請求権になっていればOK ・詐害行為の前の原因が必要（424Ⅲ） ・弁済期になくてもOK cf.423Ⅱ ・詐害行為後の債権の譲受人もOK ・執行力が必要
②被保全債権を保全する必要があること＝債務者の無資力	・詐害行為の時点と詐害行為取消請求の時点の両時点で必要
③債務者が詐害行為をしたこと（Ⅰ本）	・客観的な詐害性の弱い類型は424条の2、424条の3に特則あり ・あたらない行為について81ページ上の図を参照
④債務者の詐害の意思（Ⅰ本）	・一般の債権者を害することの認識があれば足りる
⑤受益者の悪意（Ⅰ但）	・被告が証明責任を負う

4 特殊な詐害行為の特則　A　改正

以上の424条の一般準則に対し、424条の2以下では、特殊な詐害行為についての特則が定められている。

①相当価格処分行為（424の2）
②既存債務の担保供与（424の3）
　債務消滅行為（424の3）
③過大な代物弁済（424の4）←　その1つ

特殊な詐害行為として、424条の2は①相当の対価を得てした財産の処分行為（相当価格処分行為）を定め、424条の3は、②特定の債権者に対する既存の債務についての担保の供与および債務の消滅に関する行為を定めている。

そして、②の債務の消滅に関する行為の一種である③過大な代物弁済について、424条の4がさらなる特則を定めている。

以下、それぞれを説明する。

ア　相当の対価を得てした財産の処分行為（424条の2）

まず、424条の2は、相当の対価を得てした財産の処分行為（相当価格処分行為）についての特則である。

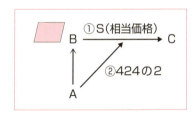

たとえば、債権者Aに対して債務を負っている債務者Bが、その財産である土地をCに相当な価格で売却した場合が、相当価格処分行為の典型である。

相当価格処分行為がなされたとしても、債務者が保有する財産の総額には変動がない。上記の例でいえば、Bは土地は失うものの、その対価として相当な価額の金銭債権を得るため、財産の総額は差引きゼロである。

つまり、424条の2が定める相当価格処分行為は、行為自体が有する客観的な詐害性は弱い。

そこで、相当価格処分行為を詐害行為としてその取消しを請求するためには、次の3つの厳格な要件の充足が必要である（424条の2）。

①その行為が、不動産の金銭への換価その他の当該処分による財産の種類の変更により、債務者において隠匿、無償の供与その他の債権者を害することとなる処分（隠匿等の処分）をするおそれを現に生じさせるものであること

②債務者が、その行為の当時、対価として取得した金銭その他の財産について、隠匿等の処分をする意思を有していたこと

③受益者が、その行為の当時、債務者が隠匿等の処分をする意思を有していたことを知っていたこと

---

①の隠匿等の処分をするおそれが認められるためには、**債務者が無資力であることが必要不可欠**です。つまり、債務者の無資力という最重要の要件は、①の中で当然に要求されているわけです。

また、隠匿等の処分をするおそれは、抽象的な危険では足りず、「現に」すなわち具体的な危険として認められることが必要です。

②は、相当価格処分行為は客観的な詐害性が弱いことから、債務者の主観面において強い詐害性があることを要求する趣旨の要件です（➡81ページのコラム参照）。

③については、民事訴訟法の原則どおり、債権者（原告）に証明責任があることになります。

イ　特定の債権者に対する既存の債務についての担保の供与等（424条の3）

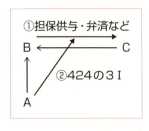

424条の3は、特定の債権者に対する既存の債務についての担保の供与、および債務の消滅に関する行為についての特則である。

たとえば、AとCに対して債務を負っているBが、その財産である土地に対してCの抵当権を設定した場合や、Cに対してだけ弁済した場合が、424条の3の行為の例である。

（ア）原則（424条の3第1項）

かかる行為が行われたとしても、債務者が保有する財産の総額には変動がない。たとえばBがCに弁済した場合、Bは弁済に供した金銭は失うものの、その反面で同額のBの債務が消滅するため、財産の総額は差引きゼロである。

つまり、424条の3が定める行為は、客観的な詐害性が弱い。

そこで、かかる行為の詐害行為取消しを請求するためには、原則として次の2つの厳格な要件の充足が必要である（424条の3第1項）。

① その行為が、債務者が支払不能の時に行われたものであること
② その行為が、債務者と受益者とが通謀して他の債権者を害する意図をもって行われたものであること

①の支払不能とは、「債務者が、支払能力を欠くために、その債務のうち弁済期にあるものにつき、一般的かつ継続的に弁済することができない状態」をいう（424条の3第1項1号かっこ書）。

ここで「支払能力を欠く」とは、財産・信用・労務による収入のいずれをとっても債務を支払う能力がないことをいう。

> したがって、債務者に債務額以上の財産があっても、その財産の換価（現金化）が困難ならば、なおその債務者は「支払不能」ということになる可能性があります。逆に、債務額以上の財産がなくても、信用や労務による収入にもとづく弁済能力があるならば、その債務者は「支払不能」ではありません。これらの点で、単純な計数上の債務超過を意味する無資力（→ 78ページイ）とは異なります。「支払不能」は、債務者の無資力とは異なる独自の概念なのです。

なお、424条の3第1項1号は、行為の時点での支払不能のみ要求している

が、当該行為の後に債務者が支払不能の状態から回復したときは、当該行為を取り消すことはできないと解されている。つまり、詐害行為取消請求の時点でも、支払不能であることが必要である。

（イ）非義務行為の場合（424条の3第2項）

以上のように、特定の債権者に対する既存の債務についての担保の供与や債務の消滅に関する行為は、行為の客観的な詐害性が弱いため、その詐害行為取消請求が認められるためには、424条の3第1項の厳格な要件をみたさなければならないのが原則である。

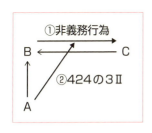

しかし、特定の債権者に対する既存の債務についての担保の供与や債務の消滅に関する行為が債務者の義務に属しない行為である場合や、その時期が債務者の義務に属しない行為の場合（これら2つをあわせて非義務行為という）は、話が変わってくる。

これらの非義務行為は、義務に属しないにもかかわらず行われている点で、行為の客観的な詐害性が比較的高いといえる。

そこで、かかる非義務行為については、詐害行為取消請求の要件がやや緩和されており、次の2つの要件をみたせば、その取消しを請求することができるとされている（424条の3第2項）。

①その行為が、債務者が支払不能になる前30日以内に行われたものであること
②その行為が、債務者と受益者とが通謀して他の債権者を害する意図をもって行われたものであること

> 非義務行為の典型は、**期日前弁済**です。また、代物弁済も、非義務行為にあたるとする見解が有力です。債務者は、期日前弁済や代物弁済を行う義務はありません。にもかかわらず、期日前弁済や代物弁済などの非義務行為を行った場合は、その行為はそこそこ怪しい行為といえます。**義務がないのに特定の債権者のために担保を提供した場合**も同様です。
> そのため、これらの非義務行為が行われた場合は、②の主観的要件については424条の3第1項と同様としつつも、①の支払不能の時期については、行為の時点で支払不能だった必要は必ずしもなく、行為が支払不能になる前30日以内に行われたこと（いいかえれば行為の後30日以内に支払不能となったこと）さえ認められればよい、として、424条の3第1項の要件を緩和しているのです。
> ただし、1項の場合と同様に、詐害行為取消請求の時点でも支払不能であることが必要と

解するのが妥当でしょう（私見）。

####（ウ）新たな借入行為とそのための担保の設定

なお、債務者が新たな借入行為を行い、それと同時的にそのための担保を設定した場合は、「既存の債務」についての担保の供与とはいえず、424条の3は適用されない。

この場合は、新たな借入れという「相当の対価」を得て、担保の設定という「財産の処分行為」をした場合といえることから、424条の2（➡83ページア）が適用されることになる。

ウ　過大な代物弁済等（424条の4）

424条の4は、債務者がした債務の消滅に関する行為であって、受益者の受けた給付の価額がその行為によって消滅した債務の額より過大であるものについての特則である。

この424条の4が適用される行為の典型は、条文の見出しにもなっている過大な代物弁済である。

> 424条の4の見出しが「過大な代物弁済等」となっているのは、債務者がその所有物を債権者の1人に対して不相当な低価格で売却したうえで、債務者が、その売却代金債権と、買主たる債権者に対して自らが負担している債務とを相殺したというような場合を想定しているものと思われます。しかし、試験との関係では、とりあえず過大な代物弁済だけ念頭においておけば十分です。

ここでまず、前提を確認する。過大な代物弁済は、債務の消滅に関する行為である。したがって、424条の3（➡84ページイ）の適用対象たる行為である。よって、仮に424条の3の要件をみたしているならば、債権者は過大な代物弁済の全部の取消しを請求することができる。これは424条の3から当然である。

では、424条の3の要件をみたさない場合はどうか。その場合であっても、部分的に詐害行為取消請求の余地を認めたのが、424条の4である。

すなわち、過大な代物弁済について、424条の3の厳格な要件はみたしていなくとも、424条の一般的要件を満たす場合には、債権者は過大な部分の取消しを請求することができるとされているのである（424条の4）。

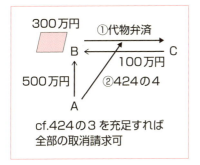

たとえば、AがBに対して500万円の債権を有し、CもBに対して100万円の債権を有しているところ、Bがその唯一の財産である300万円相当の土地をCに対する100万円の債務への代物弁済に供したとする。この場合、424条の3の要件をみたせば、Aはその代物弁済の全部の取消しを請求することができる。しかし、かかる424条の3の要件をみたしていなくとも、424条の一般的要件さえみたせば、424条の4にもとづき、AはBの代物弁済について、過大な200万円の限度でその取消しを請求することができる。

> つまり、424条の4は、424条の特則である424条の3のさらなる特則と位置づけられるわけです。

【424条の特則のまとめ】

行為		要件
相当の対価を得てした財産の処分行為（424の2）		①隠匿等の処分をするおそれを現に生じさせるものであること（債務者の無資力を含む） ②債務者の隠匿等の処分をする意思 ③②についての受益者の悪意
既存の債務についての担保の供与、債務の消滅に関する行為（424の3）	原則（Ⅰ）	①債務者の支払不能時に行われたこと（かつ請求時にも支払不能であること） ②債務者と受益者との通謀・害する意図
	非義務行為（Ⅱ）	①債務者が支払不能になる前30日以内に行われたこと（かつ請求時にも支払不能であること［私見］） ②債務者と受益者との通謀・害する意図
過大な代物弁済等（424の4）		424の一般的要件の充足（過大な部分のみ取消し可。cf. 424の3）

5 転得者を被告とする場合の要件（424条の5） A

以上の3および4では、受益者を被告とする場合の詐害行為取消請求の要件を検討してきた。

これに対し、転得者がいる場合において、その転得者を被告とする場合の詐

害行為取消請求の要件は、424条の5に定められている。

以下、2つの類型に分けて説明する。

ア　被告となる転得者が受益者から転得した者の場合

まず、被告となる転得者が受益者から転得した者（直接の転得者）である場合は、次の2つが詐害行為取消請求の要件となる。

①受益者に対して詐害行為取消請求をすることができること（424条の5柱書）
②被告となる転得者（直接の転得者）が、転得の当時、債務者がした行為が債権者を害することを知っていたこと（424条の5第1号）

①は、受益者との関係で、424条ないし424条の4の要件を充足していることが必要という趣旨である。
②は、被告となる直接の転得者の悪意を要求するものである。

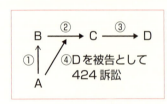

たとえば、Aに対して債務を負っている債務者のBが、その唯一の財産たる土地をCに贈与したところ、その土地がさらにCからDに転売されたとする。この場合に、受益者Cを被告とするのではなく、Cからの転得者（直接の転得者）であるDを被告とするAの詐害行為取消請求が認められるためには、①Cとの関係で424条の要件が満たされていること（したがって主観面についてはBの詐害の意思とCの悪意が必要である）に加えて、②Dの悪意が必要である。

イ　被告となる転得者が他の転得者から転得した者である場合

次に、被告となる転得者が他の転得者から転得した者である場合は、次の2つが詐害行為取消請求の要件となる。

①受益者に対して詐害行為取消請求をすることができること（424条の5柱書）
②被告となる転得者と、その前に転得した全ての転得者（中間転得者）が、それぞれの転得の当時、債務者がした行為が債権者を害することを知っていたこと（424条の5第2号）

たとえば、上記のDがさらにEに土地を転売したところ、Eを被告とするA

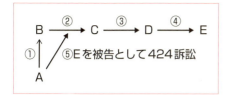

の詐害行為取消請求が認められるためには、①Cとの関係で424条の要件がみたされていること（したがって主観面についてはBの詐害の意思とCの悪意が必要である）に加えて、②被告となるEと、中間転得者であるDの悪意が必要である。

> イの要件②について、「全転得者の悪意が必要」とまとめてしまいたくなりますが、それは厳密には不正確です。たとえば上記のEがさらにFに土地を転売したところ、Aが（Fではなく）Eを被告として詐害行為取消請求をする場合には、被告であるEと、その前の転得者（中間転得者）であるDの悪意が要求されるにとどまり、被告であるEの後の転得者であるFの悪意は不要だからです。424条の5第2号によって必要とされるのは、被告たる転得者と、その前の転得者（中間転得者）の悪意だけなのです。

6　行使の方法　A

ア　裁判上の行使

詐害行為取消権は、424条が「裁判所に請求することができる」と定めていることからも明らかなように、**裁判上の行使（訴訟）が強制**されている。

すなわち、詐害行為取消しを請求するには、必ず詐害行為取消訴訟を提起（または詐害行為取消の反訴を提起）しなければならない。裁判外の行使も許される債権者代位権との違いに注意しよう（➡63ページア）。

イ　被告となる者（424条の7第1項）

詐害行為取消訴訟の被告となるのは、**受益者**または詐害行為取消請求の相手方たる**転得者**である（424条の7第1項1号、2号）。

たとえば、債務者BがCに甲土地を贈与し、それをCがDに転売した事案では、詐害行為取消請求の被告となるのは受益者のC、または転得者のDである。そのどちらを被告とするかは、債権者が選択することになる。

他方で、かかる424条の7第1項の規定から明らかなとおり、**債務者は詐害行為取消訴訟の被告とならない**。このことはしっかりと覚えておこう。

債務者が被告とならないとされているのは、①債務者は、詐害行為取消訴訟に関心をもたない場合や行方が知れない場合などが少なくないため、債務者も

被告としなければならないとすると（すなわち詐害行為取消訴訟を固有必要的共同訴訟とすると）、円滑な訴訟の進行が害されるおそれがあるから、および、②詐害行為取消訴訟の紛争の実態は債権者らによる責任財産の奪い合いであり、債務者は実際上の利害関係ないし関心を失っていることが多いため、債務者に対する手続保障としては訴訟告知（➡下記ウ）で十分だからである。

ウ　債務者への訴訟告知（424条の7第2項）

債権者は、詐害行為取消訴訟を提起したときは、遅滞なく、債務者に対し訴訟告知をしなければならない（424条の7第2項）。

詐害行為取消請求を認容する確定判決の効力は債務者にも及ぶところ（425条➡94ページイ）、そうした債務者に対する手続保障を図る趣旨である。

訴訟告知という制度については、民事訴訟法で学ぶ。

エ　出訴期間の制限

詐害行為取消訴訟には、出訴期間の制限がある。

すなわち、①債務者が債権者を害することを知って行為をしたことを債権者が知った時から2年を経過したとき、または②行為の時から10年を経過したときは、詐害行為取消訴訟を提起することができなくなる（426条）。

7　請求の内容　A

詐害行為取消請求において債権者が請求することのできる具体的な内容は、424条の6で次のように定められている。

ア　受益者を被告とする場合

まず、受益者を被告として詐害行為取消しを請求する場合において、原告たる債権者が請求することができる内容は、①債務者がした行為の取消しと、②その行為によって受益者に移転した財産（現物）の返還である（424条の6第1項前段）。

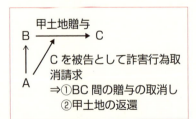

たとえば、BからCに対して行われた

甲土地の贈与について、Bの債権者であるAが、Cを被告として詐害行為取消しを請求する場合、Aは、Cに対して、BC間の贈与の取消しと、甲土地の返還を請求することができる。

また、②の財産の返還が困難な場合は、②′代わりにその**価額の償還**を請求することができる（424条の6第1項後段）。

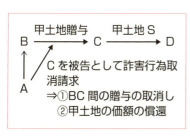

たとえば、BがCに甲土地を贈与し、CがDに甲土地を転売した場合、Cによる甲土地の返還は不可能ないし困難である。そこで、Aは、Cを被告として詐害行為取消を請求する場合は、BC間の贈与の取消しと、甲土地の価額の償還を請求することができるわけである。

イ　転得者を被告とする場合

次に、転得者を被告として詐害行為取消を請求する場合においても、原告たる債権者は、①債務者がした**行為の取消し**と、②転得者が転得した**財産（現物）の返還**を請求することができる（424条の6第2項前段）。

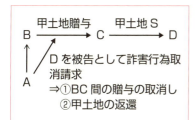

たとえば、BがCに甲土地を贈与し、CがDに甲土地を転売した場合でも、Dによる甲土地の返還は可能である。したがって、Aは、Dを被告とする場合は、BC間の贈与の取消しと、甲土地の返還を請求することができる。

また、②の財産の返還が困難な場合は、②′その価額の償還を請求することができる（424条の6第2項後段）。

ウ　取消しを請求できる範囲

以上の**ア・イ**のいずれの場合であれ、債権者が詐害行為の取消しを請求することのできる範囲は、詐害行為の目的が可分か不可分か、債権者が担保を有しているか否か、によって異なる。

（ア）詐害行為の目的が可分の場合（424条の8）

まず、①債務者がした行為の目的（客体）が可分の場合は、債権者は、被保全債権の額の限度においてのみ、行為の取消しを請求することができる（424条の8第1項）。財産の返還が困難なため、その価額の償還を請求する場合も、同様である（同2項）。

いわゆる被保全債権額上限ルールが、詐害行為取消請求においても採用されているわけである。

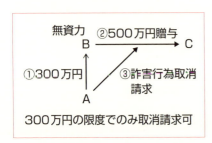

たとえば、AがBに対して300万円の債権を有するところ、Bが全財産である現金500万円をCに贈与した場合、Aは、被保全債権の額である300万円の限度でのみBの贈与行為の取消しを請求することができ、残りの200万円については取消しを請求することができない。

（イ）目的が不可分の場合

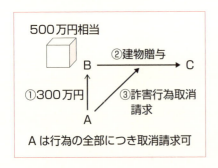

他方、②債務者がした行為の目的（客体）が不可分の場合は、行為の全部の取消しを請求することができると解されている（最判昭和30・10・11参照）。

たとえば、AがBに対して300万円の債権を有するところ、Bが唯一の財産である1個の建物（500万円相当）をCに贈与した場合、Aは、その贈与の全部の取消しを請求することができる。Bが唯一の財産である1筆の土地をCに贈与した場合も同様である。

（ウ）債権者が担保を有する場合

次に、債権者が被保全債権について担保を有する場合には、その担保の内容によって、取消しを請求することのできる範囲が異なってくる。

まず、①債権者が債務者自身の財産に対する物的担保を有する場合は、債権者は当該物的担保によっては回収できない部分についてのみ詐害行為取消請求

をすることができる（大判昭和7・6・3）。これは覚えておこう。

他方、②債権者が債務者以外の者の財産に対する物的担保を有する場合（物上保証の場合）や、③債権者が保証人などの人的担保を有する場合は、債権者は債権全額について詐害行為取消請求をすることができる（②につき大判昭和20・8・30、③につき大判大正7・9・26）。

エ　支払・引渡しの相手方（424条の9）

前述したとおり、詐害行為取消訴訟の原告たる債権者は、詐害行為の取消しに加えて、財産の返還（ないし価額の償還）を請求することができる（424条の6第1項、2項）。

では、財産の返還（ないし価額の償還）を請求するうえで、債権者は、被告に対して債務者への支払・引渡しを請求することができるにとどまるのか。それとも、直接自己（債権者）への支払・引渡しを請求することができるのだろうか。

この点については、次のとおり、債権者代位権とほぼ同様の規律が定められている。

（ア）金銭の支払・動産の引渡し・価額の償還の場合

まず、返還請求の対象となる財産（現物）が金銭または動産の場合は、債権者は、自己への支払・引渡しを請求することができる（424条の9第1項前段）。原告が被告に価額の償還を請求する場合も同様である（424条の9第2項）。

金銭や動産については債務者がその受領を拒む可能性があるから、というのが、債権者の直接請求を認める理由である。

被告が債権者に対して金銭の支払や動産の引渡しをしたときは、その被告は債務者に支払・引渡しをすることを要しない（424条の9第1項後段、2項）。

そして、被告から金銭を受領した債権者は、その返還債務と被保全債権とを相殺することにより、事実上の優先弁済を受けることができる。この点も、債権者代位権で学んだのと同様である（➡65ページ（ウ））。

（イ）それ以外の場合

他方で、返還請求の対象となる財産（現物）が金銭・動産以外の場合で、かつ価額償還請求以外の場合については、債権者は債務者への引渡しを請求できるにとどまる。詐害行為取消権の趣旨は、債務者の責任財産の保全にあるから

である。

> これは非常に細かい点なのですが、頭の体操として1点補足しておきます。財産（現物）の返還を求める場合についての規定である424条の9第1項は、債権者は受益者に対しては「支払」を請求できるとしているのに対し、転得者に対しては「支払」を請求できるとはしていません。このことから、民法が①債務者から受益者に交付された金銭は財産（現物）と位置づけているのに対し、②転得者が取得した金銭は財産（現物）ではなく価額償還の対象として位置づけているということをうかがい知ることができます。
> たとえば、債務者Bが受益者Cに全財産である100万円を贈与したため、Bの債権者Aがかかる贈与について詐害行為取消を請求した場合、Aは、Cに対してBC間の贈与の取消しと100万円の支払を請求することになりますが、この100万円の支払の請求は財産（現物）の返還の請求です。したがって、424条の9第1項の適用場面です。
> これに対し、Cがさらに転得者Dに100万円を贈与した事案で、Bの債権者AがDを被告として詐害行為取消しを請求する場合の、AからDへの100万円の支払の請求は、民法の位置づけによれば、財産（現物）の返還の請求ではなく、価額の償還の請求なのです。そのため、100万円を直接自己に支払えと請求することができる根拠となるのは、424条の9第1項ではなく、第2項ということになります。こうした理由から、1項は、②転得者については「支払」という文言を用いていないのです。

8　請求認容確定判決の効果①──主観的範囲　A

ここからは、詐害行為取消訴訟において、裁判所が原告の請求を認容する判決を出し、それが確定した場合の諸効果について説明する。

まず、かかる請求認容確定判決は、誰に対してその効力が及ぶのだろうか。

ア　原告・被告（民事訴訟法115条1項1号）

民事訴訟法の原則によれば、およそ確定判決の効力は、訴訟の「当事者」、すなわち原告と被告に対して及ぶ（民事訴訟法115条1項1号）。

したがって、詐害行為取消訴訟における請求認容確定判決の効力は、原告たる債権者と、被告たる受益者または転得者に及ぶ。これは当然である。

イ　債務者・債務者のすべての債権者（民法425条）

かかる民事訴訟法の原則に加えて、民法は、詐害行為取消訴訟における請求認容確定判決の効力は、原告でも被告でもない債務者および債務者のすべての債権者に対しても及ぶとしている（425条）。これは覚えておこう。

債務者に対しても請求認容確定判決の効力が及ぶとされているのは、仮に当該判決の効力が債務者に及ばないとすると、被告が債務者に対価として支払っ

ていた金銭等の返還を債務者に対して請求することができなくなってしまい、不合理だからである。

また、債務者の全ての債権者に対しても請求認容確定判決の効力が及ぶとされているのは、仮に当該判決の効力が及ばないとすると、原告以外の債権者が原告たる債権者の行う強制執行に参加することができなくなり、不合理だからある。

> この425条の趣旨は、なかなか理解しづらいのではないかと思います。具体例で補足してみましょう。
>
>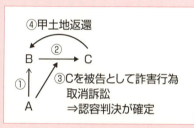
>
> たとえば、BのCに対する甲土地の売却行為を詐害行為とする詐害行為取消訴訟がAによって提起されたところ、Aの請求が認容され確定したため、Cが詐害行為の目的である甲土地を債務者Bに返還したとします。この場合、甲土地を失ったCは、当然、売買代金としてBに支払った金銭の返還をBに対して請求したいはずです。民法は、この請求を認めています（425条の2 ➡ 96ページア）。
>
> しかし、債務者であるBは「当事者」（民事訴訟法115条1項1号）ではないため、判決の効力が及ばないというのが民事訴訟法の原則です。この原則からすると、Bとの関係ではBC間の売買は取り消されておらず有効なまま、ということになってしまい、425条の2の要件が認められないということになってしまいます。Cは、甲土地を失い、かつ、その対価として支払った代金の返還を請求できない、ということになってしまうわけです。これは明らかに不合理です。
>
> また、詐害行為取消しによって債務者のもとに戻った甲土地に対して、原告だったAは強制執行をすることになるのですが、その場合には、他の債権者たちもその強制執行手続に参加し、分け前をもらいたいはずです。しかし、民事訴訟法の原則からは、他の債権者たちには判決の効力は及ばず、他の債権者は強制執行手続に参加できないということになり、やはり不合理です。
>
> そこで、425条は、民事訴訟法115条1項1号によっては判決の効力が及ばない債務者や原告でない債権者に対しても、請求認容確定判決の効力が及ぶものとしているのです。
>
> なお、債務者や全ての債権者に効力が及ぶのは、請求を認容する確定判決だけであり、**請求を棄却する確定判決の効力はこれらの者には及びません**。短答式試験で間違えないように注意してください。

ウ それ以外の者（否定）

他方、それ以外の者、すなわち、受益者が被告となった場合の転得者や、転得者が被告となった場合の受益者や中間転得者には、およそ判決の効力は及ばない。これらの者は「当事者」（民事訴訟法115条1項1号）ではなく、また、「債

務者」や「その全ての債権者」(民法425条) でもないからである。
　したがって、たとえば被告たる転得者が債務者に対して現物返還や価額返還をした場合であっても、被告たる転得者は、受益者や中間転得者に対して、反対給付の返還を請求したり、かつて有していた債権の復活を主張してその履行を求めたりすることはできない。

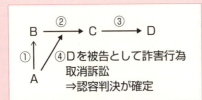

　たとえば、債務者BがCに甲土地を売却し、CがDに甲土地を転売したところ、Bに対する債権者AがDを被告として詐害行為取消訴訟を提起し、請求認容判決が出て確定したとします。この判決の効力は、原告A、被告D、債務者Bには及びますが、受益者Cには及びません。したがって、甲土地をBに返還したDは、Cに対して支払済みの甲土地の代金の返還を請求することはできません。判決の効力が及ばないCとの関係では、BC間の売買は取り消されておらず有効なままであり、したがってまた、CD間の売買も自己物売買のままということになるからです。
　また、CD間の行為が代物弁済だった場合も、甲土地をBに返還したDは、Cに対して有していた債権の復活を主張することはできません。
　これらの場合、Dは、債務者Bに対する権利を取得するにとどまります (425条の4 ➡ 98ページ**10**)。

9　請求認容確定判決の効果②——受益者を被告とする場合　**A**

　受益者を被告とする詐害行為取消訴訟において、請求を認容する判決が確定した場合、当該詐害行為は取り消され、また、原告は被告たる受益者に対して財産の返還ないし価額の償還を請求できることになる (424条の6第1項 ➡ 90ページ**ア**)。
　では、それらに加えて、被告たる受益者において、いかなる効果が生じるのだろうか。取り消された詐害行為の種類ごとに説明しよう。

ア　詐害行為が財産の処分に関する行為だった場合 (425条の2)

　まず、受益者を被告とする詐害行為取消訴訟において、債務者がした財産の処分に関する行為 (債務の消滅に関する行為を除く) が取り消された場合である。
　この場合、受益者は、債務者に対し、その財産を取得するためにした反対給付の返還を請求することができる (425条の2前段)。債務者がその反対給付の

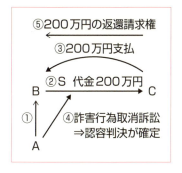

返還をすることが困難であるときは、受益者は、その価額の償還を請求することができる（同後段）。これはしっかりと覚えておこう。

たとえば、Bを売主、Cを買主とする甲土地の売買契約にもとづき、CがBに代金200万円を支払ったところ、Bの債権者AがBC間の売買契約を詐害行為とする詐害行為取消訴訟を提起し、これが認容され確定したとする。この場合、被告となった受益者Cは、債務者Bに対して、支払済みの代金200万円の返還を請求することができる。CからBに対する200万円の返還請求権が発生するわけである。

ただし、他の規定、たとえば425条の3（➡下記イ）などとの一貫性の観点から、かかる反対給付の返還請求については、債務者等への財産の返還（または価額の償還）が先履行となると解されている（通説）。

上記のCは、請求認容判決の確定によって、甲土地をBに返還する義務を負うところ、CがBに甲土地を返還した場合にのみ、Cは代金200万円の返還を請求することができるわけである。

イ 詐害行為が債務の消滅に関する行為だった場合（425条の3）

次に、受益者を被告とする詐害行為取消訴訟において、債務者がした弁済その他の**債務の消滅に関する行為**が取り消された場合である。

この場合、受益者が債務者から受けた給付を返還し、またはその価額を償還したときは、受益者の**債務者に対する債権**は、これによって**原状に復する**（425条の3）。

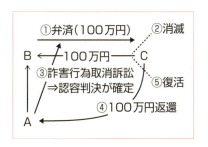

たとえば、CがBに対して100万円の金銭債権を有していたところ、当該債権についてBがCに対してした弁済を詐害行為として、Bの債権者Aが提起した詐害行為取消訴訟が認容された場合において、Cが100万円をB（またはA）に返還したときは、CのBに対する

金銭債権が復活する。

ただし、この効果には例外があり、「424条の4の規定により取り消された場合」は、債権は復活しない（425条の3かっこ書）。

つまり、過大な代物弁済などについて、過大な部分のみが取り消されたときは、いくらその過大な部分の価額を償還したとしても、受益者の債務者に対する債権は復活しないのである。

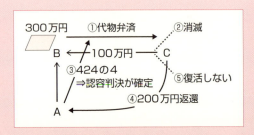

このかっこ書はややこしい規定です。具体例で補足しておきます。

たとえば、CからBに対する100万円の債権について、B所有の300万円相当の土地が代物弁済に供されたとします。そして、この代物弁済が424条の4のいう過大な代物弁済にあたるとしてBの債権者Aが詐害行為取消訴訟を提起したところ、その請求を認容する判決が確定したとしましょう。この場合、Cは、過大な部分の価額である200万円をA（またはB）に償還することになるのですが、200万円を償還したとしても、Cが有していた100万円の債権は満足したままです。そのため、Cの債権は復活しないという、いわば当然のことを定めているのが、このかっこ書なのです。

なお、Bの代物弁済が424条の3第2項（➡85ページ（イ））によって取り消された場合は、Cは全ての利益を吐き出すことになりますから、CのBに対する債権は425条の3によって復活することになります。

10　請求認容確定判決の効果③——転得者を被告とする場合　A

次に、転得者を被告とする詐害行為取消訴訟において、請求を認容する判決が確定した場合である。

この場合、当該詐害行為は取り消され、また、原告は被告たる転得者に対して財産の返還ないし価額の償還を請求できることになる（424条の6第2項➡91ページイ）。

では、それらに加えて、被告たる転得者において、いかなる効果が生じるのだろうか。取り消された詐害行為の種類ごとに説明しよう。

ア　詐害行為が財産の処分に関する行為だった場合（425条の4第1号）

まず、転得者を被告とする詐害行為取消訴訟において、債務者がした財産の

処分に関する行為（債務の消滅に関する行為を除く）が取り消された場合についてである。

（ア）被告たる転得者による受益者の請求権の行使

この場合、その行為が受益者を被告とする詐害行為取消請求によって取り消されたとすれば425条の2の規定により生ずるはずの受益者の債務者に対する反対給付の返還請求権・価額償還請求権を、被告たる転得者は行使することができる（425条の4第1号）。

この規定は少々ややこしいが、要するに、受益者が被告となった場合に請求認容確定判決によって被告たる受益者が取得することになる権利（➡96ページ❾）の行使を、転得者が被告となった場合の当該転得者に認める、というわけである。

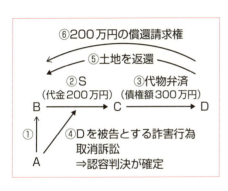

たとえば、BがCに土地を代金200万円で売却し、その土地をCがDに対する代物弁済（DからCへの債権額は300万円）に供したとする。この場合、仮にBの債権者Aが受益者Cを被告として詐害行為取消訴訟を提起し、これが認容され確定した場合、土地の価額である200万円をA（またはB）に支払ったCは、Bに対して200万円の償還請求権を取得する（425条の2 ➡96ページア）。したがって、Bの債権者Aが転得者Dを被告として詐害行為取消訴訟を提起し、これが認容され確定した場合、Bに土地を返還したDは、Bに対して200万円の償還請求権（300万円の償還請求権ではないので注意）を行使することができる（425条の4第1号）。

なお、この場合にDが残金100万円をCに請求できるかについては、条文に定められておらず、今後の議論を待つほかない。

（イ）転得者による権利行使の上限

ただし、被告たる転得者による上記（ア）の権利の行使は、被告たる転得者が、その前者から財産を取得するためにした反対給付の価額またはその前者から財産を取得することによって消滅した債権の価額を限度とする（425条の4柱

書ただし書)。

たとえば、上記の事案では、消滅したDの債権額の方がCからBに対して生ずべき債権額より多額なので、425条の4柱書ただし書の制限は適用されない。これに対し、DからCの債権額が150万円だった場合は、DはBに対して150万円の償還請求権を行使することができるにとどまる。

この制限は、被告たる転得者に必要以上の利益を与えないための当然の制限といえよう。

イ 詐害行為が債務の消滅に関する行為だった場合（425条の4第2号）

次に、転得者を被告とする詐害行為取消訴訟において、債務者がした弁済その他の債務の消滅に関する行為が取り消された場合についてである。

この場合についても、上記アで述べたのと同じ構造が採用されている。

すなわち、①その行為が受益者に対する詐害行為取消請求によって取り消されたとすれば425条の3の規定により回復すべき受益者の債務者に対する債権を、被告たる転得者は行使することができる（425条の4第2号）。

ただし、②上記の権利の行使は、被告たる転得者が、その前者から財産を取得するためにした反対給付またはその前者から財産を取得することによって消滅した債権の価額を限度とする（425条の4柱書ただし書）。

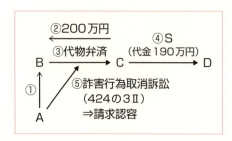

たとえば、Bが、B所有の200万円相当の土地をCへの代物弁済（Cの債権額は200万円）に供したところ、Cがその土地をDに代金190万円で売却したとする。この場合、仮にBの債権者Aが受益者Cを被告として詐害行為取消訴訟（424条の3第2項にもとづくもの）を提起し、これが認容され確定した場合、Cが土地の価額である200万円をAに支払えば、CのBに対する200万円の債権が復活する（425条の3）。したがって、Bの債権者Aが転得者Dを被告として詐害行為取消訴訟を提起し、これが認容され確定した場合、Bに土地を返還したDは、CからBに対して生ずべき債権を行使することができるが、それはDがCに支払った190万円を限度とする。

事案を少し変えて、DがCに支払った代金が300万円の場合は、DはCからBに対して生ずべき200万円の債権全部を行使することができる。この場合に、Dが残金100万円をCに請求できるか否かについては、条文に定められておらず、今後の議論を待つほかない。

【請求認容判決によって取得する権利等のまとめ】

	取り消された詐害行為	取得する権利等	条文
債権者	──	被告への財産返還請求権、価額償還請求権	424の6
被告たる受益者	財産処分行為（債務消滅行為以外）	債務者への反対給付返還請求権、価額償還請求権	425の2
	債務消滅行為	消滅した債権の復活（ただし過大な代物弁済の過大な部分だけが取り消された場合は復活しない）	425の3
被告たる転得者	財産処分行為（債務消滅行為以外）	被告たる受益者が取得するべき上記各権利の行使（ただし反対給付の価額・消滅した債権の価額が上限）	425の4①
	債務消滅行為		425の4②

第6章 債権の消滅

債権の消滅原因には、民法総則で学んだ法律行為の取消しや債権の消滅時効、契約法で学ぶ契約の解除など、様々なものがあるが、債権総則の中にある「第6節　債権の消滅」では、**弁済**、**代物弁済**、**供託**、**相殺**、**更改**、**免除**、**混同**の7つが債権の消滅原因として規定されている。

ここでは、これら7つについて説明する。

1. 弁済

1　意義　A

弁済とは、債務者が債権の内容である給付をすることにより債権を実現させる行為をいう。弁済と同じ意味で、**履行**という用語が用いられることもある。

また、金銭債務の弁済・履行については、特に**支払**という用語が用いられることもある。

債務者が債権者に対して債務を弁済したときは、その債権は消滅する（473条）。すなわち、弁済は債権の消滅原因の1つである。

2　弁済の提供　A

以上の弁済と明確に区別するべき（であるにもかかわらず弁済と混同されがちな）制度として、弁済の提供がある。

およそ弁済は、債務者が弁済を準備し、債権者に提供し、債権者が受領する、という段階を経て行われる。たとえば100万円の金銭債務の弁済であれ

ば、債務者が100万円を調達し（準備）、その100万円を債権者の住所まで持参して差し出し（提供）、債権者がその100万円を受け取る（受領）ことによって完了するのが通常である。

そして、これらの弁済に至る段階のうち、準備と受領の中間段階にあって債務者が最終的にすべき行為を、**弁済の提供**という。いいかえれば、債務者としてなすべきことは全てやり、後は債権者の受領を待つだけの段階を、弁済の提供というわけである。

> この弁済の提供があると、債務者は「弁済の提供の時から、債務を履行しないことによって生ずべき責任を免れる」ことになります（492条）。その他の弁済の提供の効果については51ページ**1**を参照してください。
> ちなみに、弁済の提供があっただけでは債務は消滅しません。弁済の提供の先にある**弁済は債務の消滅原因なのですが、弁済の提供は債務の消滅原因ではありません**。つまり、弁済と弁済の提供は、それぞれ別の制度なのです。まずはこの点をしっかりと押さえておきましょう。

弁済の提供が認められるためには、原則として**現実の提供**が必要である（493条本文）。ただし、例外的に**口頭の提供**で足りる場合もある（同ただし書）。以下、それぞれを説明する。

ア　現実の提供

弁済の提供の原則的方法である現実の提供は、債務の目的物ないし給付内容を、**給付場所へ持参**することによって行う。

現実の提供が認められるためには、「**債務の本旨**」にしたがった行為がなければならない（493条本文）。したがって、**契約に適合しない物**（瑕疵ある物）を提供しても、**現実の提供があったとはいえない**。これはしっかりと覚えておこう。

「債務の本旨」の内容は、契約によって生じた債務であればその契約内容によって決まるが、契約内容を補充するものとして、民法は給付の内容、場所・時間、費用負担についての規定をおいている（401条1項、483条から485条）。

一部だけの提供は、原則として「債務の本旨」にしたがった提供とはいえない。ただし、わずかな不足（たとえば債務総額529円のうち2円の不足）があったにとどまる場合は、弁済の提供があったとされることが多い（大判大正9・12・18、最判昭和35・12・15など）。

債務者が債務の目的物を給付場所である債権者方に持参すれば、債権者が不在だった場合でも、弁済の提供が認められる（大判明治38・3・11）。

　現実の提供は、債務者の代理人によって行われてもよい（大判大正10・3・23）。

イ　口頭の提供

　弁済の提供は、以上の現実の提供によるのが原則である。

　しかし、例外的に、弁済の準備をしたことを通知してその受領の催告をすれば足りる場合がある（493条ただし書）。

　この弁済の提供の方法を、口頭の提供（または言語上の提供）という。

（ア）準備・通知・催告

　この口頭の提供の要件のうち、「準備」は、すぐに弁済できる状態にあれば肯定される。

　たとえば金銭債務の支払であれば、金銭を手元に用意していることは必ずしも要せず、金銭を調達しうる確実な方法を講じておけば「準備」が肯定される（大判大正7・12・4）。

　また、「通知」と「催告」は、同時に行われることが多い。

　通知において、引渡場所の具体的指定が十分でなかったとしても、買主が売主に問い合わせをするなどによって直ちに引渡場所を知りうるときは、通知として認められる（大判大正14・12・3）。

（イ）口頭の提供で足りる場合

　口頭の提供で足りるのは、①債権者があらかじめその受領を拒んだ場合と、②債務の履行について債権者の行為を要する場合である（493条ただし書）。

　②の例としては、取立債務（➡5ページエ）のほか、登記債務や、履行の場所や時期が債権者の指定にかかっている債務などがある。

【取立債務についての口頭の提供の要否】

　本文でも述べたように、多くの教科書では、「債務の履行について債権者の行為を要する」場合の典型例として、取立債務があげられています。

　しかし、多くの方が混乱しているポイントなのですが、**債務不履行責任からの解放（492条）** という点に限れば、**取立債務については口頭の提供は不要**です。なぜなら、「取立債務について債権者が取り立てに来ないこと」は取立債務の履行遅滞の違法性阻却事由

> （または履行期の経過を否定する事由）にあたるからです（→ 30 ページオ）。取立債務について債権者が取り立てにこない事案では、そもそも履行遅滞による損害賠償請求や契約の解除などの要件がみたされていないのです。履行遅滞による損害賠償請求や契約の解除などの要件がみたされていない以上、債務者としては、わざわざ口頭の提供による 492 条の適用（債務不履行責任からの解放）を主張・立証する必要はありません。
> 　もっとも、では取立債務について常に弁済の提供ないし口頭の提供が不要なのか、というと、もちろんそうではありません。**債務不履行責任からの解放という効果以外の弁済の提供の効果**——たとえば相手方の同時履行の抗弁の存在効果を奪うという効果——を生じさせるためには、取立債務といえども弁済の提供が必要です。ただし、その弁済の提供の方法としては、口頭の提供で足りるのです。

（ウ）口頭の提供も不要な場合

　さらに、債権者が契約の存在そのものを否定している場合など、債権者に**受領する意思がないことが明確**な場合は、**口頭の提供すら不要**とするのが判例である（最大判昭和 32・6・5）。債権者に受領する意思がないことが明確であるのに、準備・通知・催告という無意味な行為を債務者に要求するのは不合理だから、というのがその理由である。

　ただし、弁済の準備ができない経済状態にあるため口頭の提供もできない債務者は、債権者が弁済を受領しない意思が明確な場合であっても、弁済の提供をしない限り債務不履行責任を免れないとした判例もある（最判昭和 44・5・1）。

　後者の判例をも含めてまとめれば、債権者に受領する意思がないことが明確な場合は、債務者は、弁済の準備さえすれば、以後の債務不履行責任を問われることはない、ということになろう。

【弁済の提供の要件】

```
原則 ― 現実の提供
例外 ― 口頭の提供：準備＋通知＋催告
      ├①あらかじめの受領拒否
      │ ：受領しない意思が明確な
      │   場合は準備のみで OK
      └②債権者の行為を要する場合
         eg. 取立債務、登記債務
```

ウ　弁済の提供の効果

弁済の提供の効果については、受領遅滞の箇所を参照してほしい（➡ 51 ページ **1**）。

> 以上で学んだ弁済の提供は、不特定物の特定と要件が一部共通しています（➡ 9 ページ **4**）。しかし、弁済の提供と不特定物の特定は全く別の制度です。たとえば、特定物債権においても、弁済の提供は問題となりますが、特定は問題となりません。また、弁済の提供と特定の効果は全く異なります。両者を混同しないよう、注意してください。

3　第三者による弁済　B+

ここからは、再び弁済（弁済の提供ではなく）の話に戻ろう。

まず説明するのは、第三者による弁済（第三者弁済、第三者の弁済ともいう）についてである。

ア　原則

弁済は、通常は債務者（またはその代理人や履行補助者）によって行われるのが通常である。

しかし、債務者以外の第三者も、原則として債務を弁済することができる（474 条 1 項）。つまり、第三者による弁済も、**原則として有効**である。

したがって、債権者は、第三者による弁済の受領を拒絶することはできず、仮に拒絶した場合は受領遅滞（➡ 49 ページ）となる。

イ　例外　改正

ただし、この原則には大別して 3 つの例外がある。少々ややこしい箇所だが、短答式試験では重要である。説明していこう。

（ア）正当な利益を有しない第三者による債務者の意思に反する弁済

まず、<u>正当な利益を有しない</u>第三者は、<u>債務者の意思に反して</u>弁済をすることが<u>できない</u>（474 条 2 項本文）。かかる第三者による弁済は無効であり、したがって、債権者は、弁済の受領を拒絶することができる。

その趣旨は、①他人の給付により恩義を受けることを潔しとしない債務者の意思の尊重（いわゆる「武士気質」の尊重）と、②弁済をした第三者による過酷な求償から債務者を保護するという点にある（ただし、立法論としては疑問が多い）。

474条2項本文のいう「正当な利益」とは、法律上の利害関係をいう（最判昭和39・4・21参照）。単なる事実上の利害関係は、「正当な利益」にあたらない。これは覚えておこう。

　たとえば物上保証人は、被担保債権の弁済について法律上の利害関係を有するから、「正当な利益」が認められる。したがって、物上保証人による弁済は、債務者の意思に反する場合であっても有効である。

　他方、債務者の親族・友人・恋人などであるというだけでは、債務の弁済について事実上の利害関係を有するにとどまるため、「正当な利益」が認められない。したがって、これらの者による弁済は、債務者の意思に反する場合は無効である。

　ただし、以上の例外にはさらなる例外がある。すなわち、債務者の意思に反することを債権者が知らなかったときは、善意の債権者を保護するべく、「正当な利益」を有しない第三者による債務者の意思に反する弁済も有効とされている（474条2項ただし書）。

　たとえば、債務者Aの恋人であるにすぎないBが、「Aから弁済を頼まれた」と債権者Cに対して嘘をついたため、債権者Cがその嘘を信じて弁済を受領した場合は、その弁済が債務者Aの意思に反していたとしても、なお有効である。

（イ）正当な利益を有しない第三者による債権者の意思に反する弁済

　次に、正当な利益を有しない第三者は、債権者の意思に反して弁済をすることができない（474条3項本文）。第三者による弁済は無効であり、債権者は弁済の受領を拒絶することができる。

　債権者は第三者による弁済が債務者の意思に反するかどうかを当然に知りうる立場にないため、かかる債権者に対して、正当な利益を有しない第三者による弁済の受領を拒絶する権限を与えるのが妥当だから、というのがその趣旨である。

> 　たとえば、債務者Aの父親であるにとどまり、「正当な利益」を有しないBが、Aを不憫に思って、債権者Cに対してAの債務を弁済したとします。このBの弁済は、Aの意思に反していなければ有効ですが、Aの意思に反していれば無効となる可能性があります（474条2項本文）。Cは受領した給付を不当利得としてBに返還しなければならないことになりかねないというリスクが発生するわけです。Aの意思に反していても474条2項ただし書が適用されれば弁済は有効ですが、その要件である債権者の善意については債権者が証明責任を負いますから、債権者にリスクが発生することに変わりはありません。

1. 弁済

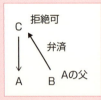

ところが、債務者Aがどのような意思を有しているのかについて、債権者Cは当然には知ることができません。
そこで、債務者Aの意思はさておき、債権者Cが自らの判断で「正当な利益」のない第三者Bによる弁済の受領を拒絶できるようにし、**無用なリスクを回避**できるようにしたのが、この474条3項本文なのです。
ちなみに、債権者が第三者による弁済の受領を拒絶できるのは、第三者に「正当な利益」がない場合だけです。第三者に「正当な利益」があれば、第三者による弁済は有効ですから(474条1項)、債権者は弁済の受領を拒むことはできません。債権者がその受領を拒めば、受領遅滞(➡49ページ)に陥ることになります。

もっとも、この例外にもさらなる例外があり、第三者が債務者の委託を受けて弁済をする場合において、そのことを債権者が知っていたときは、弁済は有効であり、債権者は弁済の受領を拒絶することはできない(474条3項ただし書)。

たとえば、債務者Aと履行引受契約(➡232ページ **4.**)を締結したBが債権者Cに弁済をしようとする場合に、CがAB間の履行引受契約を知っていたときは、Bの弁済は有効であり、Cはその受領を拒絶することができない。

(ウ) 債務の性質に反する弁済など

最後に、①債務の性質が第三者による弁済を許さないとき、または②当事者が第三者による弁済を禁止し、もしくは制限する旨の意思表示をしたときは、474条1項から3項は適用されない(474条4項)。したがって、弁済は無効であり、債権者は弁済の受領を拒むことができる。

たとえば、有名な役者がドラマに出演する債務が①の例である。

【第三者による弁済のまとめ】

原　則(474Ⅰ)：○
例外①(474Ⅱ)
　：正当な利益なし＋債務者の意思に反する
　⇒×(本文)。ただし債務者の意思に反することにつき
　　債権者が善意なら○(ただし書)
例外②(474Ⅲ)
　：正当な利益なし＋債務者の意思に反する
　⇒×(本文)。ただし債権者の委託につき
　　債権者が悪意なら○(ただし書)
例外③(474Ⅳ)
　⇒債務の性質または特約に反するなら×

ウ 第三者による弁済の効果

（ア）弁済が有効な場合

第三者による弁済が有効な場合、弁済をした第三者は、債務者に対する求償権（償還請求権）を取得する（求償権の根拠条文については ➡ 117 ページ **2** を参照してほしい）。

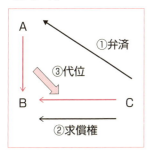

そして、かかる求償権を確実なものとするべく、第三者による弁済の対象となった債権について、弁済による代位が生じる（499 条 ➡ 116 ページ **2.**）。当該債権が第三者のもとに移転するわけである。

そのため、第三者による弁済は、債権の絶対的な消滅原因ではなく、債権者・債務者間での相対的な消滅原因であるにとどまる。

（イ）弁済が無効な場合

第三者による弁済が無効な場合は、債権は消滅しない。

弁済をした第三者は、不当利得の規定にしたがい、債権者に対して不当利得返還請求をすることができる。

4 他人の物による弁済　B-

債務者が弁済として他人の物を債権者に引き渡した場合については、次の2つの規定がある。

まず、債務者は、さらに有効な弁済をしなければ、その物を取り戻すことができない（475 条）。債務者に他人の物の返還請求権を認める一方で、その要件として「更に有効な弁済」をしたことを要求し、もって債権者を保護する趣旨である。

また、債権者がその物を善意で消費したり、譲り渡したりした場合は、弁済は有効となる。この場合において、債権者が第三者から不法行為を理由とする損害賠償の請求等を受けたときは、債権者は、債務者に対して求償することができる（476 条）。

5 預貯金口座に対する払込みによる弁済 B 改正

　金銭債務について、当事者間の合意がある場合は、債権者の指定する預貯金口座に対する振込みによって弁済することができる（逆にいえば、当事者間の合意がない限り、預貯金口座への払込みによって弁済することはできない）。

　かかる合意がある場合において、債権者の預貯金口座に対する払込みによってする弁済は、債権者がその預貯金に係る債権の債務者（たとえば銀行）に対して、その払込みに係る金額の払戻しを請求する権利を取得した時に、その効力を生ずる（477条）。

　通常の預貯金契約では、預貯金者の口座に入金が記録されたときに預貯金債権が発生し、預貯金者が払戻しを請求する権利を取得する。したがって、入金が記録された時点で債権が消滅するわけである。

6 弁済受領権者以外の者への弁済 A

　弁済が受領権者（債権者自身や債権者の代理人など）以外の者に対してなされた場合、その弁済は原則として無効である。

　たとえば、A名義のX銀行の預金通帳やAの印鑑などをAから盗取したBが、Aを装ってX銀行に行って預金の払戻しを請求したため、X銀行がBに預金を払い戻したとしても、X銀行による弁済（銀行は消費寄託契約上の返還債務の債務者であり、預金の払戻しはかかる債務の弁済にあたる）は無効であり、AはX銀行に対する預金債権を失わないのが原則である。この原則は当然といえよう。

　ただし、この原則には、次の2つの例外が定められている。

ア　受領権者としての外観を有する者への弁済 改正

　まず、弁済受領権者以外の者への弁済が、取引上の社会通念に照らして受領権者としての外観を有する者に対してなされた場合は、弁済をした者が善意無過失であれば、その弁済は例外的に有効となる（478条）。この例外は重要なので、しっかりと覚えておこう。

　たとえば、上記のBは、Aの預金通帳や印鑑などを所持していることから、「受領権者としての外観を有するもの」にあたる。したがって、X銀行が善意

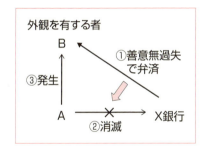

無過失だった場合は、X銀行による弁済は有効となり、AのX銀行に対する預金債権は消滅する。

「受領権者としての外観を有するもの」には、債権者を装った者のほか、文理上、債権者の代理人を装った者（詐称代理人）も含まれる。

なお、478条の「善意」とは、真正の受領権者であると信じたことをいう（通説）。

また、この478条によって債権を失った債権者は、弁済の受領者に対して、不当利得返還請求ないし不法行為による損害賠償請求をすることができる（703条以下、709条）。上記のAは、X銀行に対して預金の払戻しを請求することはできないが、Bに対して金員の支払を請求することはできるわけである。当然といえば当然であるが、しっかりと理解しておこう。

イ 債権者が利益を受けた場合

次に、478条が適用されない場合であっても、債権者が利益を受けた限度においては、受領権者以外の者に対してなされた弁済も例外的に有効となる（479条）。

たとえば、債権者の無権代理人が、有過失の債務者から弁済として金銭を受け取ったところ、当該無権代理人がその金銭をきちんと債権者に引き渡した場合が、その典型である。

7 差押えを受けた債権の第三債務者による弁済　B

債権が差し押さえられた場合、第三債務者は、自己の債権者に弁済することを禁じられる（民事執行法145条1項後段）。仮に第三債務者が自己の債権者に弁済をしたとしても、その弁済は無効である。

したがって、第三債務者が自己の債権者に弁済したとしても、差押債権者は、その受けた損害の限度においてさらに弁済をすべき旨を第三債務者に請求することができる（481条1項）。

たとえば、AのBに対する100万円の債権がAの債権者Cによって差し押

1. 弁済　111

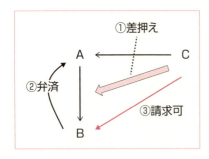

さえられた後に、BがAに100万円弁済したとしても、その弁済は無効であり、Cは、さらにBに対して100万円の弁済を請求することができる。

ただし、弁済した第三債務者は、債権者に対して求償することができる（481条2項）。上記のBは、Aに対して弁済として支払った100万円の返還を請求することができるわけである。

8　特定物の引渡債務の内容　B−　改正

債権の目的が特定物の引渡しである場合において、契約その他の債権の発生原因および取引上の社会通念に照らしてその引渡しをすべき時の品質を定めることができないときは、弁済をする者は、その引渡しをすべき時の現状でその物を引き渡さなければならない（483条）。

ただし、特定物の引渡債務が契約によって発生したものである場合は、「契約……及び取引上の社会通念」によって品質を定めることができる（よって483条は適用されない）のが通常である。483条が適用されるのは、実際には契約によらない法定債権の場合（たとえば特定物についての不当利得返還請求権の場合）に限定されることとなろう。

9　弁済の場所・時間　B+

弁済をすべき場所は、当事者の合意がある場合はその合意によって定められる。

かかる合意がない場合には、弁済をすべき場所は債務の種類によって異なる。

まず、①特定物の引渡債務は、債権発生の時にその物が存在した場所が弁済の場所となる（484条1項前段）。

そして、当該特定物は債権発生時には債務者の住所に存在しているのが通常であるから、特定物の引渡債務は、特段の合意がない場合には取立債務となることが多い。

他方、②その他の債務、たとえば不特定物の引渡債務は、債権者の現在の住所が弁済の場所となる（484条1項後段）。すなわち、持参債務となるわけで

ある。フジサン（富士山）という語呂合わせで覚えておこう。

弁済や弁済の請求は、法令または慣習により取引時間の定めがあるときは、その取引時間内に限りすることができる（484条2項）。

10 弁済の費用　B

弁済の費用（たとえば目的物の運送費）は、別段の意思表示がないときは、原則として**債務者**が負担する（485条本文）。

ただし、**債権者**が住所の移転その他の行為によって弁済の費用を**増加させた**ときは、その増加額は、**債権者**が負担することになる（485条ただし書。受領遅滞の場合については413条2項）。

11 弁済の事実の証明　B

ア　受取証書の交付請求権

弁済をする者は、弁済と引換えに、弁済を受領する者に対して受取証書の交付を請求することができる（486条）。

「受取証書」とは、弁済受領の事実を証明する書面をいう。**領収書**がその典型である。

受取証書の交付の請求は、「弁済と引換えに」することができる。すなわち、弁済と受取証書の交付は、**同時履行**の関係に立つ。

イ　債権証書の返還請求権

債権に関する証書がある場合において、弁済をした者が全部の弁済をしたときは、その証書の返還を請求することができる（487条）。

「債権に関する証書」（債権証書）とは、債権の成立を証明する文書をいう。**借用証書**がその典型である。

かかる債権証書の交付の請求は、「全部の弁済をしたとき」にすることができる。すなわち、**弁済が先履行**、債権証書の交付が後履行の関係に立つ。

受取証書とは異なり、弁済と債権証書の交付が同時履行とされていないのは、弁済の証拠としては受取証書の交付を受けることで十分といえる一方、債権者が債権証書を紛失した場合や手元に置いていない場合に債務者がそのことを理由に支払を拒むことができるのは不当だからである。

12 弁済の充当　B

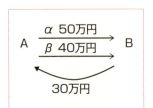

たとえば、AがBに対して50万円のα債権と40万円のβ債権を有しているところ、BがAに30万円だけ弁済したとする。この場合、かかる30万円の弁済は、α債権の弁済に充てられるのか、それともβ債権の弁済に充てられるのか、という問題が生じる。

また、XがYに対して100万円の元本債権と10万円の利息債権を有するところ、YがXに20万円だけ弁済した場合も、やはりその20万円が元本債権と利息債権のどちらに充てられるのか（たとえば、全てを元本債権に充てれば残債務は元本80万円、利息10万円となる。他方、まずは利息債権に充てれば残債務は元本90万円、利息0円となる）、という問題が生じる。

このように、弁済として提供された給付が全ての債務を消滅させるに足りないときには、その給付をもってどの債務の弁済に充てるべきかが問題となる。これが、弁済の充当とよばれる問題である。

では、弁済の充当の仕方は、どのように決まるのだろうか。

ア　合意がある場合

まず、弁済者と弁済受領者との間で弁済の充当についての合意がある場合は、その合意が優先される（490条）。これを合意充当という。

イ　合意がない場合

他方、かかる合意がない場合は、次のように充当先が決まる。

（ア）同種の給付を目的とする数個の債務がある場合

まず、合意がない場合であって、かつ同種の給付を目的とする数個の債務がある場合については、①弁済者が給付の時に弁済を充当すべき債務を指定することができる（488条1項）。

②弁済者がかかる指定をしなかったときは、受領者が受領の時に指定するこ

とができる（488条2項本文）。ただし、弁済者が直ちに異議を述べれば、受領者による指定の効力はなくなる（同ただし書）。

以上の①②の指定による充当を、指定充当という。

そして、③弁済者も受領者も指定しなかったときは、次の順序によって充当される（488条4項）。これを法定充当という。

i 弁済期にある債務から
ii いずれも弁済期にある場合またはいずれも弁済期にない場合は、債務者のために弁済の利益が多い債務から（たとえば、無利息債務と利息付債務がある場合は、通常は利息付債務の方が債務者のために弁済の利益が多い）
iii いずれも弁済の利益が等しい場合は、弁済期が先に来た債務から
iv いずれも弁済期が等しい場合は、各債務の額に応じて

（イ）元本のほか利息および費用を支払うべき場合

次に、合意がない場合であって、かつ、債務者が元本のほか利息および費用を支払うべき場合については、①費用、②利息、③元本の順番で充当される（489条1項）。

①の「費用」とは、債務者の負担すべき弁済の費用（485条。目的物の運送費など）や契約費用（558条。契約書に貼付する収入印紙代など）、弁済を得るために債権者が支出した訴訟費用などのことである。

たとえば、元本が100万円、利息が20万円、費用が1万円の場合に、債務者が21万円を支払ったときは、費用と利息に充当され、元本100万円はそのまま残る（したがって、その後も元本100万円に対する利息が発生し続ける）ことになるわけである。

なお、同種の給付を目的とする数個の債務について費用・利息・元本を支払うべき場合についても、①費用、②利息、③元本の順に充当される（489条1項）。そして、費用・利息・元本というグループの内部では、上記アないしイ（ア）と同様に、合意→指定充当→法定充当による（490条、489条2項・488条1項ないし4項）。

たとえば、α債権とβ債権があり、それぞれ費用と利息が生じている場合、①α債権とβ債権の各費用、②α債権とβ債権の各利息、③α債権とβ債権（元本）の順に充当される。このうち、たとえば弁済された額が①の各費用の

全額に足りない場合において、α債権とβ債権の各費用のうちどちらの費用に充当すべきかは、合意があればそれにより、合意がなければ指定権者の指定により、指定がなければ法定の順序により、充当先が決まるわけである。

(ウ) 数個の給付をすべき場合

最後に、合意がない場合であって、かつ、1個の債務の弁済として数個の給付をすべき場合（たとえば、1個の代金債務を分割して支払う合意がある場合）についても、以上の488条から490条までの規定が準用される（491条）。

2. 弁済による代位

1 意義 B+

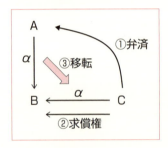

弁済に関連する制度として、弁済による代位がある。

たとえば、AからBに対するα債権を被担保債権とする抵当権を負担している物上保証人Cが、抵当権の実行を回避するために、債務者Bに代わって被担保債権を弁済したとする。

この場合、物上保証人Cから債務者Bに対して求償権が発生するが（372条・351条）、かかる求償権の実現を確保するために、α債権がCのもとに移ってくるとされている（499条、501条1項）。このことを、弁済による代位（または代位弁済）という。

> 上記のCは、求償権に加えて、弁済による代位によって、α債権という債権も取得します。とはいっても、もちろんCは、Bから求償権の弁済を受けた場合には、重ねてα債権の弁済を受けることはできません。また、α債権の弁済を受けた場合には、重ねて求償権の弁済を受けることはできません。当然ですが、二重取りは認められないのです。
> ならば弁済による代位には意味がないのではないか、と思うかもしれません。しかし、α債権に担保が設定されていた場合——たとえば債務者B所有の不動産に対する抵当権が設定されていた場合には、その抵当権も、弁済による代位によってCのもとに移ってくるこ

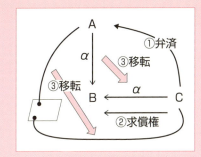

とになります（抵当権の随伴性ないし501条）。この点に、弁済による代位の大きなメリットがあるのです。

なお、移転してきた抵当権の**被担保債権**は、Cが取得する求償権ではなく、AからCに移転してきた**α債権（原債権）**です（**最判昭和59・5・29**）。当然のことではあるのですが、誤解のないよう注意しましょう。

2　弁済による代位の要件　B+　改正

　弁済による代位が生じるためには、①「弁済」（499条）と、②求償権の存在が必要である。

　①の「弁済」には、弁済そのもの（第三者による弁済を含む）のほか、代物弁済、供託、共同債務者による相殺、債権の混同、さらには物上保証人に対する担保権の実行なども含まれる（通説）。

　②の求償権が発生する根拠は、様々である。

　たとえば、第三者が債務者からの依頼がないのに弁済した場合の求償権は、事務管理にもとづく費用償還請求権（702条）であり、第三者が債務者からの依頼にもとづき弁済した場合の求償権は、委任契約上の費用償還請求権（650条1項）である。

　また、たとえば保証人が弁済した場合の求償権は、459条以下をその根拠とする（➡178ページ**6.**）。抵当権の物上保証人が弁済した場合の求償権は、372条・351条をその根拠とする。

3　弁済による代位の対抗要件　B+　改正

　弁済による代位について、対抗要件の具備を要するか否かは、弁済者が弁済をするについて正当な利益を有するか否かによって異なる。

　まず、①弁済をするについて正当な利益を有しない場合は、債権譲渡の場合と同様の対抗要件の具備が必要である（500条）。

　すなわち、弁済による代位を債務者に対抗するには、債務者への通知または

債務者の承諾が必要であり（500条・467条1項）、弁済による代位を第三者に対抗するには、確定日付のある証書による債務者への通知または確定日付のある証書による債務者の承諾が必要である（500条・467条2項）。

他方、②弁済をするについて正当な利益を有する場合は、対抗要件の具備は不要である（500条かっこ書）。

なお、「弁済をするについて正当な利益」の意義については、106ページ（ア）を参照してほしい。

4 弁済による代位の効果　B+

弁済による代位によって債権者に代位した者（代位者）は、債権の効力および担保としてその債権者が有していた一切の権利を行使することができる（501条1項）。すなわち、弁済の対象となった債権や、債権者が有していた担保が、代位者のもとに当然に移転してくるわけである。

ただし、債権者に代位した者がそれらの権利を行使することができるのは、求償権の範囲内に限られる（501条2項）。弁済による代位は、あくまでも求償権の実現を確保するための制度だからである。

5 一部弁済による代位　B　改正

債権の一部についてだけ弁済があった場合にも、その部分について弁済による代位が生じうる。ただし、かかる一部弁済による代位を受けた者は、債権者の同意を得て、その弁済した価額に応じて、債権者とともに、代位による権利を行使することができるにとどまる（502条1項）。

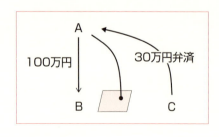

たとえば、AからBに対する100万円の債権があり、その担保としてB所有の土地にAの抵当権が設定されているとする。この事案で、Cが有効に30万円だけ弁済した場合、Cは、残額70万円の債権者であるAの同意を得たうえで、かつAとともに行う場合に限り、抵当権を実行することができる。Cは、Aの同意なくして抵当権を実行することはできず、また、単独で抵当権を実行することもできない。

他方、債権者は、単独でその権利を行使することができる（502条2項）。上記のAは、単独で抵当権を実行することができるわけである。

また、債権者は、その債権の担保の目的となっている財産の売却代金その他の当該権利の行使によって得られる金銭について、代位者が行使する権利に優先する（502条3項）。上記の例で、抵当権が実行された結果、土地が60万円で買い受けられた場合、買受金の60万円は全てAの取り分となるわけである。

一部代位の対象となった債権に債務不履行があり、解除権が発生した場合、その債務不履行による解除権は債権者だけが行使することができる（502条4項）。これは、解除権は契約当事者たる地位に付随するものである以上、解除権は代位者には移転しないという趣旨と解される。なお、同様の観点から、全部の弁済がなされた場合（全部代位の場合）も、代位者が解除権を行使することはできないと解されている。

6 代位権者相互の関係　B+　改正

ア 問題の所在

弁済をするについて正当な利益を有する者（代位権者）が複数いる事案では、これらの者の間で代位が生じるか否か、また、生じるとしていかなる割合で代位できるのかという問題が生じる。

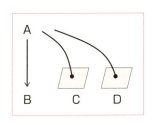

たとえば、AがBに対して債権を有するところ、その担保として、C所有の土地に対する抵当権と、D所有の土地に対する抵当権が設定されているとする。この事案で、CがAに弁済した場合、Cは、他の代位権者であるDの土地に対する抵当権について、Aに代位することができるのだろうか。また、仮に代位するとして、いかなる割合で代位できるのだろうか。

イ 501条3項における「第三取得者」の意義

かかる点について定めた条文として501条3項があるが、その内容を学ぶ前提として、同項が「第三取得者」という用語を独特の意味で用いている点を説明しておく。

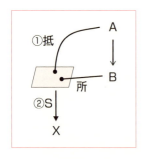

　501条3項における「第三取得者」とは、担保の目的となっている財産を債務者から譲り受けた者をいう（501条3項1号かっこ書）。たとえば、AからBに対する債権を被担保債権とする抵当権が債務者B所有の甲土地に設定されていたところ、債務者Bから甲土地を譲り受けたXが、501条3項のいう「第三取得者」の典型である。

　また、かかる「第三取得者」からの譲受人も、「第三取得者」とみなされる（501条3項5号前段）。上記のXから甲土地を譲り受けたYも、501条3項の「第三取得者」として扱われるわけである。

　以上に対し、担保の目的となっている財産を物上保証人から譲り受けた者は、「第三取得者」ではなく、物上保証人とみなされる（501条3項5号後段）。通常はかかる者も第三取得者とよばれているが、501条3項のいう「第三取得者」にはあたらないわけである。

　以上の内容は、しっかりと覚えておこう。

ウ　501条3項の内容

　以上を前提として、501条3項の内容および関連する解釈問題について、代位権者の組み合わせで場合を分けて説明しよう。

（ア）第三取得者と保証人または物上保証人がいる場合①

　まず、代位権者として、第三取得者と保証人または物上保証人がいる場合である。

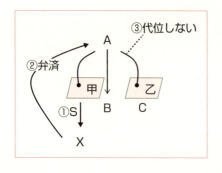

　この場合において、第三取得者が弁済した場合、かかる第三取得者は、保証人や物上保証人に対して債権者に代位しない（501条3項1号）。

　たとえば、債務者B所有の甲土地と、物上保証人C所有の乙土地に、債権者Aの抵当権がそれぞれ設定されていたところ、XがBから甲土地を譲り受けたとする。第三取得者と物上

保証人がいるわけである。

この事案で、XがAに対してBの債務を弁済したとしても、XはCに対してAに代位しない。物上保証人C所有の乙土地に対するAの抵当権はXのもとに移転しないのである。

また、Cが物上保証人でなく保証人だった場合も、Cに対する保証債権はXのもとに移転しない。

このように、第三取得者が保証人や物上代理人に対して債権者に代位しないとされているのは、債務者が保証人や物上保証人に対して債権者に代位することはありえないところ、第三取得者はかかる債務者と同視されるべき存在だからである。

> たとえば、債務者B所有の甲土地と、物上保証人C所有の乙土地に債権者Aの抵当権がそれぞれ設定されていたところ、BがAに弁済したとします。この場合に、BがCに対してAに代位する（乙土地への抵当権がBに移転する）ことはありえません。Bは、自らの債務を弁済しただけだからです。
> そして、501条3項のいう「第三取得者」は、かかる債務者からの譲受人（またはかかる譲受人からの譲受人）なのですから、債務者の延長線上の存在といえ、債務者と同視されるべき存在といえます。そのため、「第三取得者」は保証人や物上保証人に対して債権者に代位しないとされているのです。

（イ）第三取得者と保証人または物上保証人がいる場合②

では、同じく代位権者として第三取得者と保証人または物上保証人がいる場合において、第三取得者ではなく保証人または物上保証人が弁済したときには、その保証人または物上保証人は、第三取得者に対して債権者に代位するのだろうか。

この点について定めた明文はないが、代位すると解されている（501条3項1号反対解釈）。上記（ア）の例で、CがAに弁済した場合、Aの有するX所有の甲土地への抵当権はCに移転するわけである。

第三取得者は債務者と同視されるべきである一方、保証人や物上保証人は債務者と同視されるべき存在ではない以上、この解釈は当然といえよう。

（ウ）第三取得者のみが複数いる場合

次に、第三取得者のみが複数いる場合において、ある第三取得者が弁済したときには、その者は、各財産の価格に応じて、他の第三取得者に対して債権者に代位する（501条3項2号）。

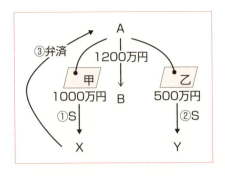

たとえば、AのBに対する1200万円の債権を被担保債権として、債務者B所有の甲土地（評価額1000万円）と、債務者B所有の乙土地（評価額500万円）に、それぞれ抵当権が設定されていたところ、甲土地をXが、乙土地をYが、それぞれBから譲り受けたとする。その後、XがAに対して1200万円弁済した場合、Xは、Yに対して、400万円（弁済額1200万円×乙土地の評価額500万円／甲土地と乙土地の評価額の合計1500万円）の限度でAに代位する。Xは、乙土地に対する抵当権を実行し、400万円の限度で優先弁済を受けることができるわけである。

(エ) 物上保証人のみが複数いる場合

物上保証人のみが複数いる場合も、弁済をした物上保証人は、**各財産の価格に応じて**、他の物上保証人に対して債権者に**代位する**（501条3項3号）。

(オ) 保証人と物上保証人がいる場合

保証人と物上保証人がいる場合については、物上保証人が1名か数名かによって処理が異なる。

① 保証人のほか、1名の物上保証人がいる場合

まず、保証人のほか、**1名の物上保証人**がいる場合は、その数に応じて、債権者に代位する（501条3項4号本文）。つまり、全員の**頭数（人数）**で債権額を分け、その限度で債権者に代位するわけである。

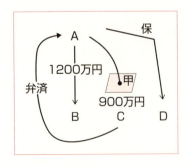

たとえば、AのBに対する1200万円の債権を被担保債権として、C所有の甲土地（評価額900万円）に抵当権が設定され、かつDが保証人となっている事案において、CがAに1200万円弁済した場合は、CはDに対して600万円（1200万円×1／2名）の限度でAに代位する。Cは、Dに対する600万円の保証債権を取得するわけである。甲土地の評価額は無関係である。

また、CではなくDがAに1200万円弁済した場合も、Dは甲土地への抵当権について600万円（1200万円×1／2名）の限度でAに代位する。

② 保証人のほか、数名の物上保証人がいる場合

次に、保証人のほか、数名の物上保証人がいる場合は、保証人の負担部分を除いた残額について、各財産の価格に応じて、債権者に代位する（501条3項4号ただし書）。つまり、全員の頭数で保証人の負担部分を決め、残りは価格に応じて代位するわけである。

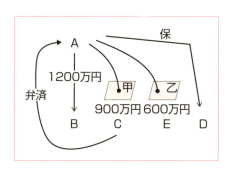

たとえば、AのBに対する1200万円の債権を被担保債権として、C所有の甲土地（評価額900万円）に抵当権が設定され、かつDが保証人となっているのに加え、さらにE所有の乙土地（評価額600万円）にも抵当権が設定されている事案において、CがAに1200万円弁済した場合、Cは保証人Dに対して400万円（1200万円×1／3名）の限度でAに代位し、さらに物上保証人Eに対して320万円（残額800万円×乙土地の評価額600万円／甲土地と乙土地の評価額の合計1500万円）の限度でAに代位する。

③ 代位割合特約の有効性

なお、保証人と物上保証人が、代位の割合について501条3項4号とは異なる特約を締結した場合、かかる特約は有効であり、保証人は後順位抵当権者等の利害関係人に対してもその特約の効力を主張することができるとするのが判例である（最判昭和59・5・29）。

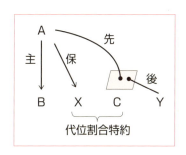

たとえば、BがAに対して負っている債務について、Xが保証し、C所有の甲土地にAの抵当権が設定されたとする。さらに、XC間では、Xが弁済した場合にはXが抵当権の全部についてAに代位し、抵当権全部を行使できる旨の特約（代位割合特約）が締結された。また、甲土地にYの後順位抵当権が設定されたとしよう。上記の

判例によれば、この事案でAに弁済をしたXは、XC間の代位割合特約をYに対しても主張することができ、抵当権全部を行使できることになる。

確かに、501条3項4号が適用されればXは抵当権を2分の1の限度でしか行使できない（残りはYの取り分となる）のに対し、特約がある場合は抵当権を全部行使できる（すなわちYの取り分が減る）ことになるのであるから、判例の結論は後順位抵当権者であるYに酷とも思える。しかし、Yは、そもそも抵当権の被担保債権の範囲を定めた375条の範囲内の不利益や、根抵当権の極度額の範囲内の不利益は、これを甘受すべき地位にある。Yの受ける不利益がかかる範囲内の不利益にとどまる限り、判例の結論は妥当であろう。

（カ）保証人と物上保証人を兼ねる者がいる場合

以上の501条3項4号に関連して問題となるのが、保証人と物上保証人を兼ねる者がいる場合の処理である。

かかる者について、その者を1名とカウントすべきか、それとも2名とカウントすべきか。また、どのように代位の割合を算定するべきなのだろうか。

この点について明文はないが、単純明快さの観点から、保証人と物上保証人を兼ねている者は 1名としてカウント し、かつ、全員の 頭数（人数）で債権額を分け、その限度で債権者に代位するとの見解が有力である。平成29年改正前の判例も、同様に解している（最判昭和61・11・27）。

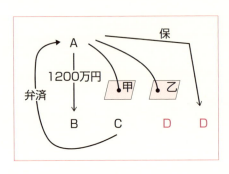

この見解によれば、たとえばAのBに対する1200万円の債権の担保として、C所有の甲土地に対する抵当権と、D所有の乙土地に対する抵当権がそれぞれ設定されており、かつ、Dが保証人でもある事案で、CがAに1200万円弁済した場合、Dは1名としてカウントし、CはDに対して600万円（1200万円×1／2名）の限度でAに代位する。CではなくDがAに1200万円弁済した場合も、DはCに対して600万円（1200万円×1／2名）の限度でAに代位する。

（キ）保証人相互間・連帯債務者相互間

最後に、保証人相互間や連帯債務者相互間では、求償権の範囲内で、他の

者に対して債権者に代位する（保証人について501条2項かっこ書）。

保証人の他の保証人への求償権の範囲は187ページ**（イ）**、連帯債務者の他の連帯債務者への求償権の範囲は157ページ**4**を、それぞれ参照してほしい。

【代位権者相互の関係のまとめ】

代位権者	代位の可否
第三取得者 ＋保証人または物上保証人	保証人・物上保証人へは×（501Ⅲ①） ∵第三取得者は債務者と同視すべし 第三取得者へは○（解釈）
第三取得者のみが複数	価格に応じて○（501Ⅲ②）
物上保証人のみが複数	価格に応じて○（501Ⅲ③）
保証人＋1名の物上保証人	頭数で割って○（501Ⅲ④本）
保証人＋数名の物上保証人	保証人へは頭数で割って○ 物上保証人へは残額を価格に応じて○
保証人兼物上保証人がいる	その者は1名とカウントし、かつ全員の頭数で○（有力説）
保証人相互間	他の保証人への求償権の範囲内で○（501Ⅱかっこ書）
連帯債務者相互間	他の連帯債務者への求償権の範囲内で○

注：「第三取得者」は債務者からの譲受人（およびその者からの譲受人）に限られる。物上保証人からの譲受人は「第三取得者」ではなく「物上保証人」として扱われる。

7　代位者の地位の保護　

ア　債権証書の交付等

　全部の弁済を受けた債権者は、債権に関する証書や、自己の占有する担保物を、弁済による代位によって債権者に代位した者（代位者）に交付しなければならない（503条1項）。

　また、債権の一部について弁済を受けた債権者は、債権に関する証書にその代位を記入し、かつ、自己の占有する担保物の保存を代位者に監督させなければならない（503条2項）。

　これらは、代位者による権利行使を容易にするための制度である。

イ　債権者の担保保存義務

　弁済をするについて正当な利益を有する者（代位権者）がある場合において、債権者が故意または過失によってその担保を喪失し、または減少させたときは、代位権者は、代位をするにあたって担保の喪失または減少によって償還

を受けることができなくなる限度において、その責任を免れる（504条1項前段）。同じことを債権者の側から表現すれば、債権者は、代位権者に対して担保保存義務を負っているのである。

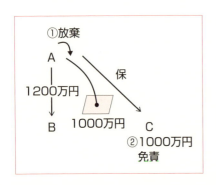

たとえば、AのBに対する1200万円の債権の担保として、B所有の甲土地（評価額1000万円）に抵当権が設定されており、かつ、Cが保証人になっていたとする。この場合、CがAに弁済すれば、CはAに代位して甲土地に対する抵当権を実行し、1000万円の償還を受けることができたはずである。ところが、Aが甲土地に対する抵当権を放棄した場合は、Cはかかる償還を受けることができなくなる。そこで、かかる場合は、Cは、抵当権の実行によって償還を受けることができたはずの1000万円の限度で保証責任を免れる。

この債権者の担保保存義務を免除する特約が債権者と債務者の間で締結された場合、その特約の効力を債権者が代位権者に主張することができるかという問題があるが、信義則に反しまたは権利濫用にあたらない限り主張することができるとするのが判例である（**最判平成7・6・23**）。

3. 代物弁済

1 意義 B+

代物弁済とは、弁済をすることができる者が、債権者との間で、債務者の負担した給付に代えて他の給付をすることにより債務を消滅させる旨の契約をしたうえで、当該他の給付をすることをいう。

この代物弁済は、弁済と同一の効力を有する（482条）。すなわち、代物弁済

がなされると、債権が消滅するわけである。

　たとえば、AのBに対する100万円の債権の弁済に代えて、Bが所有するルビーの指輪をAに交付する旨の契約（合意）をAB間でしたうえ、Bが実際にルビーの指輪をAに交付した場合、AのBに対する債権は消滅する。

2　代物弁済の要件　B+　改正

　代物弁済による債務の消滅の要件は、①**代物弁済契約**の成立と、②それにもとづく**代物の給付**である。

ア　代物弁済契約

　まず、代物弁済が認められるためには、弁済をすることができる者と債権者との間で、債務者の負担した給付に給付に代えて他の給付をすることにより債務を消滅させる旨の契約が成立したことが必要である（482条前段）。この契約を、**代物弁済契約**という。

　代物弁済契約が成立していないのに、債務者が一方的に代物を給付したとしても、代物弁済は認められず、債務は消滅しない。当然ではあるが、しっかりと理解しておこう。

　この代物弁済契約は、482条前段の文言から明らかなように、当事者間の合意のみによって成立する**諾成契約**である。

　ただし、代物弁済契約が成立しただけでは、**債務は消滅しない**。債務が消滅するためには、さらに代物の給付が必要である。

> 債務の消滅に至るまでの債権関係を丁寧に分析してみると、次のようになります。
> 　まず、代物弁済契約が成立すると、債権者から債務者に対して、代物を給付せよという内容の債権が発生します。ただし、もともとの債権も未だ消滅していませんから、債権者は、もともとの債権と、代物を給付せよという債権の、2つの債権を有することになります。そして、その後に代物が給付されると、代物を給付せよという債権は弁済によって消滅し、もともとの債権は代物弁済によって消滅することになるのです。

　また、代物弁済契約は、有償契約である。代物弁済契約は、債権の消滅と代物の給付との有償交換を内容とする契約だからである。

　したがって、給付された物や権利に瑕疵があった場合は、他の有償契約と同様に担保責任（その内容は債権各論で学ぶ）が生じうる。

イ　代物の給付

　代物弁済が認められるためには、上記の代物弁済契約の成立に加えて、本来の給付に代わる「他の給付」、すなわち代物の給付が必要である。

　代物の給付があったといえるためには、第三者に対する対抗要件の具備までなされたことが必要である（最判昭和39・11・26）。

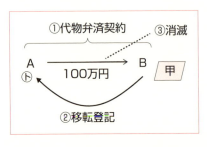

　たとえば、AのBに対する100万円の債権の弁済に代えて、B名義で登記されているB所有の甲土地を給付する旨の代物弁済契約がAB間で締結され、それにもとづき甲土地がBからAに引き渡されたとしても、未だ100万円の債権は消滅しない。Aへの登記の移転があって、はじめて代物の給付があったといえ、100万円の債権が消滅する。

　ただし、所有権の移転時期については、物権法で学んだとおりである。すなわち、上記の甲土地の所有権は、特約がない限り、代物弁済契約の締結の時点でAに移転する（176条参照 ➡ 物権法・担保物権法20ページア）。

　このように、債権が消滅する時点と、所有権が移転する時点には、時間的にズレが生じうる。短答式試験でのひっかけ問題に注意しよう。

4. 供託　B

1　意義

　たとえば、債務者が弁済の提供（➡102ページ2）をしたとしても、債権者が弁済を受領しない限り、弁済は認められず、債務は残存する。

　また、債権者がどこにいるのかがわからないため、債務者が弁済の提供すらできない場合もありうる。

　これらの場合に備えて、債務者を債務から解放するべく定められた制度が、

供託（494条以下）である。

供託とは、弁済の目的物を供託所に寄託して債務を消滅させる制度をいう。すなわち、一定の要件をみたしたうえで、供託所という役所に弁済の目的物を寄託すると、債権者が目的物を受け取らなくとも債務が消滅するとされているのである（494条）。

2　供託の要件

供託が認められるためには、次の3つのいずれかの場合に該当しなければならない。

①弁済の提供をしたが、債権者がその受領を拒んだとき（494条1項1号）
②債権者が弁済を受領することができないとき（同2号）
③弁済者が債権者を過失なく確知できないとき（494条2項）

①の弁済の提供について、債権者があらかじめ受領を拒んでいた場合であっても、口頭の提供は必要である（493条）。ただし、債権者が受領しない意思が明確な場合は、口頭の提供は不要と解されている（➡105ページ（ウ）参照）。
②の受領不能は、たとえば持参債務で債権者が不在の場合がその例である。
③の過失のない債権者確知不能は、たとえば債権者に相続が生じたが相続人が不明である場合や、債権が二重に譲渡され債権者が誰かわからない場合がその例である。

3　供託をなすべき場所

供託は、債務の履行地（➡112ページ❾）の供託所において行う（495条1項）。供託所については、供託法で詳細に定められている。

4　債権者による供託物還付請求権

供託が行われた場合、債権者は、供託所に対して供託物の還付を請求することができる（498条1項）。債権者は、供託所に対して、供託された物の引渡しを請求することができるわけである。

5 供託者による供託物の取戻し

供託をした者は、債権者が供託を受諾せず、または供託を有効と宣告した判決が確定しない間は、いったんなした供託を撤回し、供託物を取り戻すことができる（496条1項前段）。

逆にいえば、①債権者が供託を受諾した場合や、②供託を有効と宣告した判決が確定した場合（たとえば、債権者が提起した金銭支払請求訴訟において、被告たる債務者が主張した供託の抗弁が認められ、請求棄却判決が出て確定した場合）は、供託をした者は供託物を取り戻すことができなくなるわけである。

また、③供託によって質権または抵当権が消滅した場合も、供託をした者は供託物を取り戻すことができない（496条2項）。

5. 相殺

1 意義　A⁺

債務は、相殺（そうさい）によっても消滅する（505条1項本文）。相殺は、きわめて重要な債務の消滅原因である。

相殺とは、債務者が債権者に対して自らも同種の債権を有するときに、その債権と債務とを対当額で消滅させる一方的意思表示をいう。

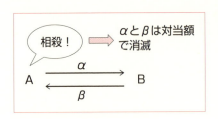

たとえば、AがBに対してすでに弁済期にある100万円のα債権を有している一方、BもAに対してすでに弁済期にある100万円のβ債権を有している場合、Aが「αとβを相殺する」旨の一方的な意思表示をすれば、Aのα債権もBのβ債権も消滅する。Bが「βとαを相殺する」旨の一方的な意思表示をした場合も同様である。

また、相殺の意思表示をする者が有している債権を**自働債権**、相殺の意思表示を受ける者が有している債権を**受働債権**という。

　たとえば、上記のAが相殺の意思表示をした場合は、α債権が自働債権、β債権が受働債権である。Bが相殺の意思表示をした場合は、β債権が自働債権、α債権が受働債権である。この用語はしっかりと覚えておこう。

　相殺は、相殺権者による単独行為（➡総則［第2版］125ページ**2.**）であり、相殺権者の一方的意思表示によって、対当額における自働債権と受働債権の消滅という効果が生じる。したがって、相殺は、①**自働債権**については**履行を強制**するのと同じであり、②**受働債権**については**任意に履行**するのと同じであるという性質ないし特徴を有する。これもしっかりと覚えておこう。

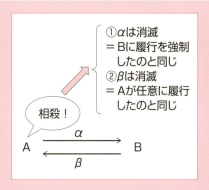

　相殺の性質ないし特徴について、補足しておきます。
　たとえば、上記の例で、Aが相殺の意思表示を一方的に行うと、①自働債権であるα債権は消滅します。これは、α債権がその債務者であるBによって履行（弁済）されたのと同じといえます。したがって、相殺というのは、自働債権については、債権者の一方的な意思によって債務者に履行を**強制**するのと同じなのです。
　また、Aが相殺の意思表示を一方的に行うと、②受働債権であるβ債権も消滅します。これは、β債権がその債務者であるAによって履行（弁済）されたのと同じです。したがって、相殺というのは、受働債権については、債務者（相殺権者）が**任意**に履行するのと同じといえるのです。

2　相殺の機能　A+

　相殺は、①**決済の簡易化**を実現する、②**当事者間の公平**を実現するという機能を有するが、さらに、③**担保的機能**も有する。

　たとえば、AがBに対して弁済期の到来した100万円の債権を有し、BもAに対して弁済期の到来した100万円の債権を有しているとする。この場合に、AがBに実際に100万円を弁済し、BもAに実際に100万円を弁済するというのは、時間や費用の点で無駄であり、現金の移動によるリスクも伴う。これに対し、相殺を認めれば、無駄やリスクを排除することができる。これが、①決

済の簡易化である。

また、AはBに100万円を弁済したにもかかわらず、BがAに100万円を弁済しない場合には、AB間で不公平な結果となる（Bが無資力の場合は、特に不公平が顕著である）。相殺を認めれば、そうした不公平を回避することができる。これが、②当事者間の公平である。

では、③担保的機能とは、どのような意味なのだろうか。この担保的機能は、相殺における最も重要な機能である。

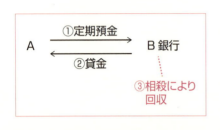

たとえば、AがB銀行に対して、100万円の定期預金債権（定期預金の払戻請求権）を有しているとする。この場合、B銀行はAに対して、利息を含めて総額で100万円までは、安心して貸し付けることができる。なぜなら、仮にAが貸金を返済しない場合には、B銀行は、BからAへの貸金債権を自働債権とし、AからBへの定期預金債権を受働債権として、相殺すればよいからである（なぜAが定期預金債権を行使せず、貸付けを受けるのかについては、145ページのコラムを参照してほしい）。

このように、いざとなれば相殺できるということは、自働債権について債権者が担保を有しているということと同じである。これが、相殺の担保的機能である。

そして、この**相殺の担保的機能への期待**は、今日の経済社会においてきわめて重要であるため、特に厚く保護されるべきと考えられている。

　判例も、相殺に担保的機能があること、および相殺の担保的機能への期待を保護するべきであるということを、全面的に認めています。たとえば、「相殺の制度は……**相殺権を行使する債権者**の立場からすれば、債務者の資力が不十分な場合においても、自己の債権については確実かつ十分な弁済を受けたと同様な利益を受けることができる点において、**受働債権につきあたかも担保権を有するにも似た地位**が与えられるという機能を営むものである。相殺制度のこの目的および機能は、現在の経済社会において取引の助長にも役立つものであるから、この制度によって保護される当事者の地位は、**できるかぎり尊重すべき**」であると判示しています（**最大判昭和45・6・24**）。

　なお、この判例が「受働債権につきあたかも担保権を有する」としている点について、受講生の方から「債権者が担保権を有するのと同じなのは受働債権についてではなく自働債権についてなのではないか」という質問を受けたことがあります。

　確かに、この判例のいう「につき」という言葉を「について」という意味にとらえると、判例はおかしいということになるのですが、この判例のいう「につき」という言葉は、「につい

て」という意味ではなく、「**によって**」という意味で用いられているのだと思われます（私見）。たとえば「雨天につき中止」というのと同様の意味で、「につき」という言葉が用いられているのです。つまり、受働債権の存在「によって」、自働債権の債権者は自働債権について担保権を有するのと同じ地位が与えられる、といっているわけです。そのように理解すれば、担保権が付着しているのと同じなのは、受働債権ではなく、自働債権ということになります。

3　相殺の要件①──相殺適状

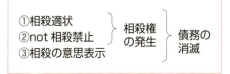

相殺権が発生するための要件は、大別して、①相殺適状にあること、②相殺禁止にあたらないことの2つである。

また、実際に債務が消滅するためには、③相殺権が行使されたこと、すなわち相殺の意思表示が必要である。

これらのうち、①の相殺適状は、債権が対立していること、双方の債権が同種の目的を有すること、双方の債権が弁済期にあること（505条1項本文）、および債務の性質上相殺が許されない場合でないこと（同ただし書）という4つの要件をみたした場合に認められる。まずはこの相殺適状の要件を説明しよう。

ア　債権が対立していること　A

相殺適状が認められるためには、まず、相殺をする者と相手方との間に、相互に債権が対立していることが必要である（505条1項本文）。

ただし、この要件には重大な例外がある。自働債権が消滅時効にかかっていても、消滅時効にかかる前に相殺適状にあった場合には、なお自働債権の債権者は相殺することができるとされているのである（508条）。この点は、後に詳しく説明する（➡135ページオ）。

イ　双方の債権が同種の目的を有すること　B

次に、双方の債権が同種の目的を有することが必要である（505条1項本文）。

たとえば、金銭債権と金銭債権は、同種の目的を有する債権といえるが、金銭債権と物の引渡債権は、同種の目的を有する債権とはいえず、相殺は認められない。

なお、実務上行われる相殺は、ほぼ全て金銭債権と金銭債権の相殺である。

ウ 双方の債権が弁済期にあること　A

また、相殺適状の重要な要件として、双方の債権が弁済期にあることが必要である（505条1項本文）。

（ア）自働債権が弁済期にない場合

したがって、自働債権が弁済期にない場合は、相殺は認められない。相殺するということは、自働債権については履行を強制するのと同じであるところ（➡130ページ**1**）、弁済期にない自働債権の履行を債務者に強制することはできないからである。

たとえば、AのBに対するα債権が弁済期にない場合、Aは、α債権を自働債権として、BのAに対するβ債権と相殺することはできない。

（イ）受働債権が弁済期にない場合

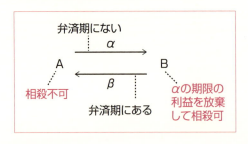

では、Bが、弁済期にあるBのAに対するβ債権を自働債権とし、弁済期にないAのBに対するα債権を受働債権として、相殺することはできるか。

確かに、受働債権であるα債権は弁済期にないから、双方の債権が弁済期にあるとはいえない。したがって、そのままでは相殺適状は認められない。

しかし、債務者は期限の利益を放棄することができる（136条2項本文）。そして、債務者が期限の利益を放棄すれば、その債務の弁済期は到来する。

したがって、Bが、自らが債務者となっているα債権について期限の利益を放棄すれば、双方の債権が弁済期にあることになるから、Bは、β債権を自働債権としてα債権と相殺することができる。

なお、弁済期にない受働債権の債務者が単に相殺の意思表示を行っただけの場合であっても、その前提として期限の利益を放棄する意思が黙示的に表示されていると解するのが妥当である（大判昭和8・5・30）。

注意が必要なのは、**受働債権についても弁済期の到来は必要**であるという点です。上記のBが相殺をすることができるのは、Bが、黙示的にではあれ、自らが債務者となっている受働債権の期限の利益を放棄したからです。この期限の利益の放棄がない限り、相殺適状は認められず、相殺をすることはできません。

エ　債務の性質上相殺が許されない場合でないこと　A

（ア）性質上相殺に適さない債務

債務の性質上相殺が許されない場合は、相殺することはできない（505条1項ただし書）。

たとえば、隣人同士が、お互いに午後10時以降は楽器を演奏しないと合意した場合に生じる双方の不作為債務は、その性質上、現実に履行されないと意味がない。したがって、各債務を相殺することはできない。お互いの答案を添削しあうという合意による双方の債務も、同様である。

（イ）抗弁権が付着した債務

自働債権に抗弁権が付着している場合も、相殺は許されないと解されている。この点は重要である。

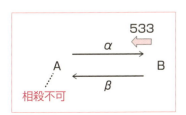

たとえば、AのBに対するα債権にBの同時履行の抗弁権（533条）が付着している場合、Aは、α債権を自働債権として、BのAに対するβ債権と相殺することはできない。

なぜなら、相殺は、自働債権については履行を強制することと同じであるところ、その自働債権に抗弁権が付着している場合は、自働債権の履行を強制することはできないからである。しっかりと理解して、結論を覚えておこう。

他方、Bがα債権についての抗弁権を放棄して任意に履行することは、当然可能である。したがって、Bは、β債権を自働債権とし、α債権を受働債権として、相殺することができる。

オ　自働債権の時効消滅後の相殺　A

以上の4つの要件が認められることが相殺適状の要件であるが、これにはき

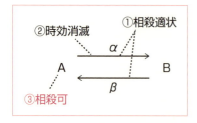

わめて重要な例外規定がある。

それは、自働債権が時効によって消滅した後の相殺を認めた508条である。

(ア) 508条の意義

508条は、「時効によって消滅した債権がその消滅以前に相殺に適するようになっていた場合には、その債権者は、相殺をすることができる」と定めている。

したがって、たとえばAのBに対するα債権が時効によって消滅しているため、BのAに対するβ債権と対立しているとはいえない場合であっても、α債権とβ債権がα債権の時効による消滅以前に相殺適状にあった場合には、Aは、α債権を自働債権としてβ債権と相殺することができる。この例外はしっかりと覚えておこう。

このように、508条が自働債権の時効消滅後にも相殺を認めた趣旨は、相殺に対する期待の保護にある。すなわち、相殺適状にある場合、各当事者は、すでに両債権が清算されていると信頼し、その後は互いに時効の完成猶予や時効の更新の手続をとらないのが通常であるところ、かかる当事者の信頼を保護するというのが、508条の趣旨である。

(イ) 「消滅以前」の相殺適状　➡論証7

508条が適用されるためには、自働債権の「消滅」以前に相殺適状にあったことが必要である。

ここで問題となるのが、508条の「消滅」という文言が、消滅時効の完成（166条以下　➡総則［第2版］284ページ **1**）を意味するのか、それとも消滅時効の完成に加えて時効の援用（145条）があったことを意味するのかである。

いいかえれば、自働債権の消滅時効の完成の前に相殺適状にある必要があるのか、それとも時効の援用の前に相殺適状にあれば足りるのかが、問題となるわけである。

> たとえば、AからBへのα債権の消滅時効が2020年4月1日に完成し、同年6月1日にその時効が援用されたとします。他方、BからAへのβ債権の弁済期は、同年5月1日に到来したとしましょう。この事案で、同年7月1日に、Aによる相殺は認められるのでしょうか。
> まず、508条によって相殺が認められるためには、自働債権の「消滅以前」に相殺適状

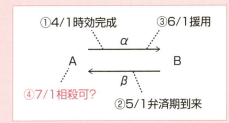

にあったことが必要です。そして、相殺適状にあったといえるためには、自働債権に加えて、受働債権も弁済期にあることが必要です（505条1項本文）。

この点、「消滅以前」の「消滅」を消滅時効の完成ととらえれば、消滅時効が完成した時点で相殺適状にあったことが必要となります。上の例では、消滅時効が完成した4月1日の時点では未だβ債権の弁済期が到来していないため、「消滅以前」の相殺適状は否定され、Aは相殺できないことになります。

他方、「消滅」を時効の援用ととらえれば、時効が援用された時点で相殺適状にあればよいということになります。上の例では、時効が援用された6月1日の前にβ債権の弁済期が到来していた以上、「消滅以前」の相殺適状が肯定され、Aは相殺できることになります。

このように、相殺適状の前に時効が完成していたが、相殺適状の後に時効が援用された場合に、「消滅」の意義が問題となってくるのです。

では、どのように考えるべきか。

508条の趣旨は、相殺に対する期待を保護するという点にあるところ、消滅時効の完成の前に相殺適状にあった場合に限り、相殺に対する期待が生じるといえる。

したがって、「消滅」とは消滅時効の完成を意味し、自働債権の消滅時効の完成の前に相殺適状にあったことが必要と解するのが妥当である。判例も、同様の結論である（最判平成25・2・28）。

確かに、債権が時効によって消滅するには、時効の完成に加えて援用が必要と解するのが判例・通説です（➡総則［第2版］285ページ**2**）。その点からは、508条の「消滅」は時効の援用を意味するということになりそうです。しかし、508条の趣旨に照らせば、「消滅」は文字どおり債権の消滅を意味しているのではなく、消滅時効の完成を意味していると解するのが妥当なのです。

（ウ）消滅時効にかかった債権の譲受人による相殺

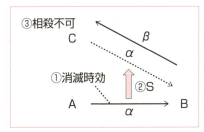

なお、すでに消滅時効が完成した他人の債権を譲り受け、これを自働債権として相殺することは、許されない（最判昭和36・4・14）。

たとえば、AのBに対するα債権の消滅時効が完成したところ、そのα債

権をCがAから譲り受け、これを自働債権とし、BのCに対するβ債権を受働債権とする相殺をすることは、認められない。

　508条の趣旨は、相殺に対する期待を保護する点にあるところ、消滅時効にかかった債権の譲受人Cには、保護するべき信頼が存しないからである。

4　相殺の要件②──相殺禁止にあたらないこと　改正

　以上の相殺適状が認められる場合でも、以下で述べる相殺禁止にあたる場合は、相殺は認められない。

ア　当事者の意思表示によって禁止・制限されている場合　B

　まず、当事者が相殺を禁止し、または制限する旨の意思表示をした場合（いいかえれば相殺禁止特約または相殺制限特約がある場合）は、かかる意思表示に反する相殺は認められない。

　ただし、かかる意思表示は、善意・無重過失の第三者に対抗することはできない（505条2項）。

イ　受働債権が悪意による不法行為によって生じた場合　A

　受働債権が悪意による不法行為によって生じた債権である場合、原則として相殺が禁止される（509条柱書本文、1号）。この相殺禁止は重要である。

　ここで「悪意」とは、単なる故意（709条参照）を超えて、積極的に害を与える意欲をいう。通常の意味の悪意とは異なるので注意しよう。

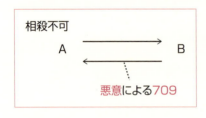

　たとえば、Aが、貸した金を返さないBを恨み、腹いせにB所有の自動車をわざと損壊した場合、Bは「悪意」のAに対して不法行為による損害賠償請求権を取得するが（709条）、Aは、この損害賠償債権を受働債権として、貸金債権と相殺することはできない。

　その趣旨は、①現実の支払を確保することによって被害者を現実に救済すること、および②不法行為の誘発を防止することにある。

> この趣旨について、補足しておきます。
> まず、悪意による不法行為の被害者を実際に救済するには、加害者から被害者に現金が支払われることが必要です。ところが、加害者による相殺を認めると、被害者には現金が入ってきません。そこで、加害者による相殺を禁止する必要があります。これが、被害者を現実に救済するということの意味です。
> 次に、仮に加害者による相殺を認めると、他人に対する債権を有している債権者は、気軽にその他人に対して悪意による不法行為を行いかねません。たとえばＢに対して貸金債権を有している上記のＡは、「Ｂから損害賠償を請求されたとしても、貸金債権と相殺すればいいや」と考えて、Ｂに対して気軽に悪意の不法行為を行いかねないのです。これが、不法行為の誘発です。そして、相殺を禁止することによって、かかる不法行為の誘発を防止しようとしたわけです。
> なお、悪意による不法行為の被害者が相殺を望む場合は、悪意による不法行為によって生じた損害賠償債権は受働債権ではなく自働債権となりますから、509条1号に該当しません。また、実質的に考えても、被害者自身が相殺を望んでいる以上、相殺を禁止する必要はありません。したがって、被害者による相殺は認められます。

ただし、不法行為によって生じた損害賠償債権の譲受人との関係では、この相殺禁止は適用されない（509条柱書ただし書）。

たとえば、上記のＢがＡに対する損害賠償債権をＣに譲渡した場合、Ａは、ＡのＣに対する債権を自働債権とし、ＢからＣに譲渡された損害賠償債権を受働債権として、相殺することができる。被害者ではないＣとの関係では、509条1号の趣旨が妥当しないからである。

ウ　受働債権が人の生命・身体の侵害による損害賠償債権の場合　A

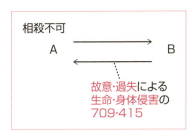

受働債権が人の生命・身体の侵害による損害賠償債権の場合も、原則として相殺が禁止される（509条柱書本文、2号）。この相殺禁止も重要である。

その趣旨は上記イで述べた1号の趣旨と同様であるが、1号とは異なり、受働債権の発生原因が不法行為の場合に加え、債務不履行の場合も、相殺が禁止される。また、人の生命・身体の侵害による損害賠償債権であれば足り、「悪意」は要求されない。

当該損害賠償債権の譲受人との関係では、この相殺禁止は適用されない（509条柱書ただし書）。

エ　受働債権が差押禁止債権の場合　B

受働債権が差押禁止債権の場合も、相殺は禁止される（510条）。

差押禁止債権とは、債権者の生活に必要不可欠なものとして、特に民事執行法その他の特別法において差押えが禁じられている債権をいう。たとえば、給与債権の一部（民事執行法152条）、生活保護の保護金品受給権（生活保護法58条）などが、その例である。

これらの差押禁止債権は、債権者に現実に給付される必要があるため、これを受働債権とする相殺が禁止されているわけである。

オ　受働債権が差押えを受けた場合――差押えと相殺　A

受働債権が差押えを受けた場合に、かかる受働債権の債務者（第三債務者）が、受働債権の債権者に対する反対債権を自働債権とする相殺を差押債権者に対抗することができるのだろうか。

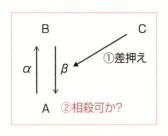

たとえば、BからAに対するβ債権がBの債権者Cによって差し押さえられたところ、かかるβ債権を受働債権とし、AのBに対するα債権を自働債権とする相殺を、AはCに対抗することができるのだろうか。

この問題は、「差押えと相殺」とよばれる重要問題だったが、現在の民法では511条によって立法解決済みである。以下、説明する。

（ア）受働債権の差押え前に自働債権を取得していた場合

まず、受働債権の差押え前に自働債権を取得していた場合は、相殺を差押債権者に対抗することができる（511条1項後段）。

これは、自働債権の債権者の相殺への期待を保護する趣旨である。

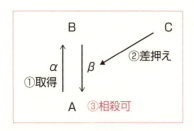

たとえば、上記のCによるβ債権の差押えの前に、Aがα債権を取得していた場合、Aにおいて「いざとなったらα債権とβ債権を相殺することによってα債権を回収できる」という相殺への期待が生じる。かかる期待を保護するべく、その後にβ債

権がCによって差し押さえられたとしても、Aは、α債権を自働債権、β債権を受働債権とする相殺をCに対抗することができるとされているわけである。

なお、この511条1項後段は、自働債権と受働債権の弁済期の前後関係は特に問題としていない。したがって、自働債権の弁済期が先に到来する場合はもとより、受働債権の弁済期が先に到来する場合でも、相殺適状に達すれば、Aは相殺することができる（平成29年改正前民法における無制限説の採用）。

(イ) 受働債権の差押え後に自働債権を取得した場合

以上に対し、受働債権の差押え後に自働債権を取得した場合は、やや複雑である。

　a　原則

まず、受働債権の差押え後に自働債権を取得した場合は、相殺を差押債権者に対抗することができないのが原則である（511条1項前段）。

この場合の自働債権の債権者には、保護に値する相殺への期待は存しないから、というのがその趣旨である。

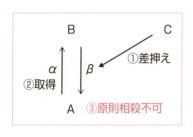

たとえば、上記のCによるβ債権の差押えの時点で、Aがα債権を取得していなかった場合、Aには保護に値する相殺への期待は存しないのが通常である。したがって、Aは、たとえその後にα債権を取得したとして、α債権とβ債権の相殺をCに対抗することができないのが原則とされているわけである。

　b　例外──「前の原因」

ただし、この原則には重要な例外がある。

すなわち、受働債権の差押え後に自働債権を取得した場合であっても、その自働債権が受働債権の差押えよりも前の原因にもとづいて生じたものであるときには、相殺を差押債権者に対抗することができる（511条2項本文）。受働債権の差押えよりも自働債権の発生原因が先行していれば、なお相殺を対抗できるというわけである。

かかる場合には相殺への期待は保護に値する、というのがその趣旨である。

たとえば、Aを賃貸人、Bを賃借人とし、毎月末日に翌月分の賃料を前払い

5. 相殺　141

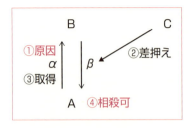

するとの約定で賃貸借契約が締結されたところ、その後の8月10日に、Bの債権者CがBのAに対する貸金債権（β）を差し押さえたとする。その後、8月31日が到来したため、AのBに対する9月分の賃料債権（α）が発生した（Aが9月分の賃料債権を取得した）とする。

　この場合、9月分の賃料債権の「原因」たる賃貸借契約が成立した時点で、Aには「将来取得するはずの賃料債権とBの貸金債権とを相殺できるはずだ」という相殺への期待が生じている。かかるAの相殺への期待を保護するべく、賃貸借契約の後にBの貸金債権がCによって差し押さえられたとしても、その差押えの後に取得した9月分の賃料債権を自働債権とする相殺をもって、AはCに対抗することができるとされているわけである。

　c　例外の例外——自働債権の譲受人

　なお、以上の例外にはさらなる例外がある。すなわち、第三債務者が受働債権の差押え後に他人の債権を取得した場合は、第三債務者は相殺を対抗することはできない（511条2項ただし書）。

　この場合は、差押えの時点で保護に値する相殺への期待は存しないから、というのがその趣旨である。

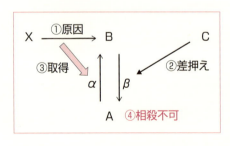

　たとえば、XのBに対するα債権の発生原因が生じた後に、CがBのAに対するβ債権を差し押さえた場合、その時点では、第三債務者であるAには保護に値する相殺への期待は存しない。そのため、その後にAがXからα債権の譲渡を受けたとしても、Aは、α債権とβ債権の相殺をCに対抗することはできないわけである。

【差押えと相殺のまとめ】

時系列	相殺の可否
自働債権の取得→受働債権の差押え	○（511 Ⅰ 後）
受働債権の差押え→自働債権の取得	原則×（511 Ⅰ 前） ただし、原因が先行なら○（511 Ⅱ 本） ただし、自働債権の譲受人は×（511 Ⅱ 但）

以上で学んだ「差押えと相殺」に似た問題として、「債権譲渡と相殺」とよばれる問題があります。この問題については、債権譲渡の箇所で学びます（⇒ 222 ページ **7.**）。

カ　自働債権が差押えを受けた場合　B

以上の**オ**とは逆に、自働債権が差押えを受けた場合は、その後の相殺をもって差押債権者に対抗することはできない。

なぜなら、差押えにより、自働債権の債権者は債務者に対して履行を強制することができなくなるからである（481 条 1 項参照 ⇒ 111 ページ **7**）。

5　相殺の要件③——相殺の意思表示　A

ア　単独行為

相殺適状にあり、かつ相殺禁止にあたらない場合は、相殺権が発生する。そして、この相殺権が行使されると——すなわち相殺の意思表示がなされると——双方の債権は対当額において消滅する（505 条 1 項本文）。相殺の意思表示がなされなければ、双方の債権は存続したままである。

相殺の意思表示は、相手方のある単独行為である。すなわち、相殺権者から相手方に対して一方的な意思表示があれば足り、相手方の承諾の意思表示は不要である。

イ　条件・期限の付与の禁止

相殺の意思表示に条件を付すと、相手方を不安定な立場におくことになる。そのため、相殺の意思表示に条件を付することはできない（506 条 1 項）。

ただし、相手方からの請求に対して債務の存在を争いつつ、「仮に債務があるとすれば相殺する」との意思表示をすることは、相殺の要件をみたすならば相殺する、といっているだけであるから、当然許される。

また、相殺の意思表示に<u>期限を付することはできない</u>（506条1項）。たとえば、「2020年4月1日の到来をもって相殺する」との意思表示を2020年3月1日にすることはできない。

なぜなら、相殺には、相殺適状になった時への遡及効が認められているため（➡下記**ア**）、相殺の意思表示に期限を付すことは無意味だからである。

6 相殺の効果

ア 相殺の遡及効　A+

相殺の意思表示がなされると、双方の債権は対当額において消滅する（505条1項本文）。

そして、この<u>債権消滅</u>の効果は、<u>相殺適状になった時にさかのぼって生ずる</u>（506条2項）。

たとえば、AのBに対する100万円のα債権の弁済期が4月1日、BのAに対する100万円のβ債権の弁済期が5月1日の事案で、AがBに対して6月1日に相殺の意思表示をした場合、α債権とβ債権は、相殺適状が生じた5月1日（➡134ページ**ウ**参照）にさかのぼって消滅する。その結果、5月1日以降のAやBの履行遅滞もなかったこととなり、5月1日以降の履行遅滞責任は消滅することになる。しっかりと理解して、覚えておこう。

ただし、この相殺の遡及効は、解釈によって否定される場合もある。たとえば、賃料債務の履行遅滞を理由として賃貸借契約が解除された後に、賃借人が賃貸人に対する債権を自働債権とし、賃料債務を受働債権として相殺する旨の意思表示をした場合において、相殺の遡及効を認めると、賃借人に履行遅滞がなかったこととなり、法律関係が混乱する。そこで、かかる相殺の意思表示は、遡及効を有さず、解除の効力には影響しないと解するのが妥当である（最判昭和32・3・8参照）。

イ 相殺の充当　C

相殺の相手方が相殺適状にある複数の債権を有しており、自働債権がその全部を消滅させるに足りない場合は、どの債権について相殺の効力が生じるかという問題——すなわち相殺の充当の問題が生じる。

たとえば、AがBに対して100万円のα債権と50万円のβ債権を有してい

るところ、BがAに対する50万円のγ債権を自働債権として相殺する場合、α債権とβ債権のいずれについて相殺の効果が生じるのかという問題が生じるわけである。

この問題については、当事者間に合意がある場合はそれによるが、合意がないときは、512条の規定によって充当が決まる。たとえば、相殺の相手方が有する複数の債権について、相殺適状が生じた時期がそれぞれ異なる場合は、先に相殺適状が生じたものから充当される（512条1項）。

また、債権者が債務者に対して有する債権に、1個の債権の弁済として数個の給付をすべきものがある場合や、債権者が債務者に対して負担する債務に、1個の債務の弁済として数個の給付をすべきものがある場合についても、512条が準用される（512条の2）。

7 預金担保貸付けと相殺　B

ア　意義

銀行が、自行に預け入れられている定期預金を担保として、預金者に貸付けを行い、定期預金の満期時に貸金債権と預金債務を相殺して残金を預金者に払い戻す、という取引が行われることがある。

このような取引を、預金担保貸付けという。

> たとえば、AがB銀行に1000万円の定期預金債権を有するところ、その満期の1か月前に300万円の現金が必要になったとします。
> この場合、Aは定期預金を解約して払戻しを受ければ足りるようにも思えます。しかし、満期前に定期預金を解約すると、Aは普通預金程度の利息しか得ることができなくなってしまいます。定期預金は満期まで維持し、300万円については別途借り入れる方が、借入利息の負担を考慮してもなおAにとって有利なことが多いのです。
> また、銀行にとっても、定期預金の残高を維持しつつ貸付金の利息もとれるというメリットがあるほか、相殺には担保的機能があるため、貸金債権の回収も確実です。
> このような事情から、実務上、しばしばこの預金担保貸付けが行われているのです。

イ　相殺の可否

この預金担保貸付けについて問題となるのが、銀行が真の預金者以外の者に貸付けを行ってしまった場合の相殺の可否である。

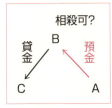

たとえば、Aが預金者であるのに、B銀行がCが預金者だと誤信してCに貸付けをした場合、B銀行は、Aに対する預金債務を受働債権とし、Cに対する貸金債権を自働債権として、相殺することができるのだろうか。

この場合、債権の対立はないから、Bによる相殺は認められないのが原則である（505条1項）。

しかし、相殺は、債務の消滅原因という点で弁済と同じである。そこで、弁済についての478条を類推適用し、Bが善意無過失の場合（すなわちCが真の預金者であると無過失で信じた場合➡110ページア参照）は相殺が認められると解するのが妥当である。判例も同様の結論である（最判昭和48・3・27）。

では、善意無過失（478条）が要求される時期については、いかに解するべきか。

学説では、債務の消滅の効果が生じる時点、すなわち相殺時に善意無過失であることを要するとする見解もあるが、判例は、相殺時に善意無過失である必要はなく、貸付時に善意無過失であればよいとしている（最判昭和59・2・23）。

相殺の担保的機能への期待の保護という見地からは、判例が妥当であろう。

ウ　預金者の認定

以上の議論の前提問題として、資金を出した出捐者と、預入れ行為をした者とが異なる場合に、そのどちらが真の預金者なのかという問題もある。

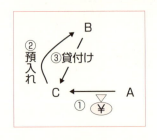

たとえば、Aから現金を預かったCが、自らの名でB銀行にその現金を預け入れたうえで、預金担保貸付けを受けたとする。

この場合、出捐者であるAが真の預金者であるとすれば、預金債権者はA、貸金債務者はCとなり、債権の対立が認められないことになるから、上記イで述べたBによる相殺の可否が問題となる。

これに対し、預入れ行為をしたCが真の預金者であるとすれば、BとCの間で債権の対立が認められるから、Bは当然に相殺することができることになる。

では、真の預金者は、誰なのだろうか。

この点について、従来の判例は、出捐者を預金者としてきた（無記名定期預金について最判昭和32・12・19、記名式定期預金について最判昭和52・8・9）。

ところが、近時の判例は、普通預金について預入行為をした者を預金者とした（**最判平成15・2・21**）。この判例の位置づけについては諸説あり、今後の議論の進展を待つしかない。

8 相殺契約 B

ここまでは、**法律に定められた要件の充足**によって相殺権が発生し、その相殺権が相殺権者による**一方的意思表示**によって行使された結果、各債務が対当額で消滅するという制度（法定相殺）を説明してきた。

これに対し、**当事者間の合意**にもとづいて、相殺と同様の（または類似した）効果を生じさせることも可能である。かかる合意を、相殺契約という。

相殺契約は、法定相殺の要件をみたしていない場合であっても可能である。たとえば、相殺禁止にあたる場合でも相殺契約は可能であるし、将来一定の事由が生じたときに当然に（すなわち当事者の意思表示によらずに）相殺の効果が生じる旨の合意をすることも可能である。

さらに、たとえば相殺の遡及効（506条2項）を排除・制限することも可能である。

6. 更改・免除・混同

1 更改 B

ア 意義

更改とは、新しい債務を成立させることによって、従前の債務を消滅させる

旨の契約をいう（513条）。
　更改は、従来の債務の何を変更するのかによって、次の3つの種類に分かれる。

①従前の給付の内容について重要な変更をするもの（513条1号）
②従前の債務者が第三者と交替するもの（同条2号）
③従前の債権者が第三者と交替するもの（同条3号）

> 　たとえば、100万円の金銭債務を消滅させて、新たに甲建物の引渡債務を成立させる場合は、①の更改にあたります。この①の更改は、代物弁済に類似していますが、合意だけで債務が消滅する点で、代物弁済とは異なります（⇒128ページイ参照）。
> 　また、AからBへの100万円の金銭債権を消滅させて、新たにAからCへの100万円の金銭債権を成立させる場合は②に、XからYへの100万円の金銭債権を消滅させて、新たにZからYへの100万円の金銭債権を成立させる場合は③に、それぞれあたります。②は免責的債務引受（⇒229ページ**3.**）に、③は債権譲渡（⇒196ページ）に、それぞれ類似していますが、更改の場合は従来の債務が消滅する（いいかえれば、従来の債務と更改後の債務が同一性を有しない）という点で、更改とこれらの制度とは異なっています。

イ　更改の効果

　更改契約の成立により、新しい債務（新債務）が成立し、従来の債務（旧債務）は消滅する（513条1項）。
　したがって、旧債務に付着していた担保や抗弁も消滅するのが原則である。
　ただし、その例外として、債権者の意思表示による質権・抵当権の移転の制度がある。
　すなわち、債権者（上記③の場合は旧債務の債権者）は、旧債務の目的の限度において、旧債務の担保として設定された質権または抵当権を更改後の新債務に移すことができる。ただし、第三者がこれを設定した場合（すなわち物上保証の場合）は、その第三者（物上保証人）の承諾を得なければならない（518条1項）。
　かかる質権または抵当権の移転は、あらかじめ、または更改と同時に、更改の相手方（上記③の場合は債務者）に対してする債権者の意思表示によってしなければならない（518条2項）。

2 免除　B

　免除とは、負担なしに、すなわち無償で債権を消滅させる旨の債権者の債務者に対する一方的意思表示（単独行為）をいう。
　かかる免除がなされると、その対象となった債権は消滅する（519条）。

3 混同　B+

　混同（債権の混同）とは、同一の債権について、**同一人に債権者の地位と債務者の地位が帰属**することをいう。

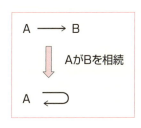

　たとえば、AがBに100万円の債権を有しているところ、Bが死亡しAがBを相続したため、債権者もA、債務者もAとなった場合がその典型である。
　かかる場合に、債権者もA、債務者もAの債権を存続させておく必要は、通常はない。したがって、原則として**債権は消滅**する（520条本文）。
　ただし、その例外として、債権が**第三者の権利の目的**となっている場合は、債権は消滅しない（520条ただし書）。
　たとえば、上記のAのBに対する債権を目的とするCの質権が設定されていた場合は、Bが死亡しAがBを相続した場合でも債権は存続することになる。

第7章 多数当事者の債権債務（保証を除く）

多数当事者の債権・債務は、覚えることが多く、初学者が苦手としやすい分野である。

しかし、1つひとつ着実に理解し記憶していけば、その習得は決して難しいものではない。しっかりと学習していこう。

1. 多数当事者の債権債務総論　B+

今までの本書の説明は、原則として、債権者が1名、債務者も1名の場合を念頭においてきた。

しかし、常に、債権者が1名、債務者も1名であるとは限らない。たとえば、AからBとCがクルーザーを共同購入した場合、クルーザーの引渡債権者はBCの2名であり、代金債務の債務者もBCの2名である。

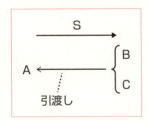
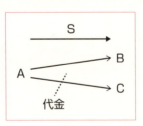

では、このように同一の給付について2名以上の債権者や債務者がいる場合、具体的にどのような債権・債務関係が生じるのだろうか。いいかえれば、多数当事者の債権・債務はどのようなものとなるのだろうか。

民法は、多数当事者の債権・債務を、①分割債権・分割債務（427条）、②不可分債権・不可分債務（428条、430条）、③連帯債権・連帯債務（432条、436条）の3つに分類して定めている。

> 以上の①から③について、それを「債権」とよぶか、それとも「債務」とよぶかについて、民法は**多数（複数）の当事者がいる側を基準**としています。たとえば、上記の例のBCからAへの引渡請求権は、債権者の側が複数なので不可分「債権」とよび、AからBCへの代金請求権は、債務者の側が複数なので分割「債務」とよんでいます。このことは覚えておきましょう。

また、④保証債務（446条）も、多数当事者の債権・債務の問題である。
以下では、まず①から③について説明し、その後に章をあらためて④について説明する。

2. 分割債権・分割債務

1　分割債権・分割債務の原則　

多数当事者の債権・債務は、別段の意思表示がない限り、それぞれ等しい割合で、分割債権・分割債務となるのが原則である（427条）。

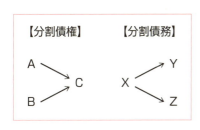

たとえば、甲のCに対する1000万円の代金債権を、甲の死亡により甲の子であるAとBが共同相続した場合、かかる代金債権はAの500万円の債権とBの500万円の債権に分割される（分割債権）。

また、YとZがXから代金1000万円でクルーザーを共同購入した場合の代金債務は、Yの500万円の債務とZの500万円の債務に分割される（分割債務）。

多数当事者の債権・債務関係について、分割債権・分割債務が原則とされているのは、それが憲法や民法が基調とする個人主義の観点から妥当だからである。

ただし、金銭債権を共同相続した場合のうち、**預貯金債権を共同相続**した場合だけは、**当然に分割されることはなく、遺産分割の対象となる**とするのが判例です（**最大決平成28・12・19**）。この点は、相続法で再び学びます。

2 分割債権・分割債務の効力——相対的効力　B+

　分割された債権・債務は、相互に完全に独立したものとして——いいかえれば完全にバラバラな債権・債務として取り扱われる。

　したがって、分割債権の1名の債権者について生じた事由は、他の債権者に影響を及ぼさない（分割債権の相対的効力）。たとえば、上記のCがAに1000万円弁済したとしても、Bの500万円の債権はそのまま存続する。

　同じく、分割債務の1名の債務者について生じた事由は、他の債務者に影響を及ぼさない（分割債務の相対的効力）。たとえば、上記のYが債務の免除を受けたとしても、Yの債務が消滅するだけであり、Zの債務はそのまま存続する。

3. 連帯債権

　多数当事者の債権・債務は、以上で学んだ分割債権・分割債務となるのが原則である。

　しかし、給付の目的が性質上不可分の場合は、後に学ぶ不可分債権・不可分債務が成立する。

　また、給付の目的が性質上可分であっても、法令の規定または当事者の意思表示がある場合には、連帯債権・連帯債務が成立する（432条、436条）。

　これらのうち、まずは連帯債権について説明する。

1 連帯債権の意義　B

　連帯債権とは、複数の債権者が債務者に対して同一の可分給付について有する債権であり、各債権者がそれぞれ単独で全ての債権者のために給付を請求する権利を有し、債権者の1人が給付を受領すれば全ての債権者のために債

が消滅するものをいう。この連帯債権は、法令の規定または当事者の意思表示によって成立する（432条）。

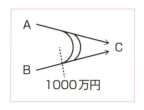

たとえば、ABがCに対して1000万円の連帯債権を有している場合、ABはそれぞれCに対して1000万円の支払を請求することができる。また、CがABのうちのいずれかに1000万円を弁済すれば、ABの連帯債権は消滅する。

この連帯債権の具体例といえるものはあまり見当たらないが、転借人に対する転貸人の権利と賃貸人の権利（613条1項、2項）は連帯債権にあたる。また、「債権が二重譲渡されたところ、各譲受人への譲渡についての確定日付のある証書による通知が債務者に同時に到達した場合の各譲受人の債権」（➡214ページウ）は連帯債権であるとする見解が有力である。

2 連帯債権の効力　B

連帯債権には、1個の債権に複数の債権者が存する。

そのため、各債権者と債務者の関係（たとえば、債権者のうちの1人は債務者にいかなる請求をすることができるのか）や、債権者相互の関係（たとえば、債務者が債権者の1名に弁済した場合、他の債権者にも弁済の効力が及び、連帯債権が消滅するのか）が問題となってくる。

ア　各債権者と債務者の関係──対外的効力

まず、各債権者は、単独で債権全部を請求することができ、債務者は、各債権者に対して履行をすることができる（432条）。

イ　債権者相互の関係──他の債権者への影響の有無

では、1人の連帯債権者に生じた事由は、他の連帯債権者に影響を及ぼすのだろうか。

（ア）相対的効力の原則

連帯債権者の1人について生じた事由は、別段の合意のない限り、その連帯債権者との関係でだけ効力を生じ、原則として他の連帯債権者には影響を及ぼさない（435条の2）。すなわち、相対的効力を有するにとどまるのが原則であ

る。

（イ）絶対的効力（例外）

ただし、この相対的効力の原則には、次の5つの例外がある。

① 1人の連帯債権者による債務者への請求（および請求にともなう時効の完成猶予・更新や履行遅滞）は、他の債権者に対してもその効力が及ぶ（432条前段）。請求は絶対的効力を有するわけである。

② 1人の連帯債権者に対する弁済、および弁済に準ずる弁済の提供や供託、1人の連帯債権者による受領遅滞も、絶対的効力を有すると解されている（弁済につき432条後段）。

③ 1人の連帯債権者と債務者との間でなされた更改もしくは免除は、更改もしくは免除をした連帯債権者が、その権利を失わなければ分与されるべき利益に係る部分（すなわち更改もしくは免除をした当該連帯債権者の持分部分）について、絶対的効力を有する（433条）。

たとえば、Cに対する1500万円の連帯債権を有するAB（持分はAが3分の2、Bが3分の1）のうち、AがCの債務を免除した場合、Aの持分にあたる1000万円について、連帯債権が消滅する。したがって、BはCに対して500万円のみ請求することができる。

④ 1人の連帯債権者に対する債権を自働債権とし、連帯債権を受働債権とする債務者による相殺も、絶対的効力を有する（434条）。

⑤ 1人の連帯債権者と債務者との間の混同も、絶対的効力を有する（435条、432条後段）。

4. 連帯債務

次に、連帯債務について説明する。

連帯債務は、試験との関係でも、実務においても重要である。

1 連帯債務の意義 B+

連帯債務とは、複数の債務者が、同一内容の可分給付について、それぞれ独立して全部の給付をすべき債務を負い、そのうちの1人が給付をすれば、他の債務者も債務を免れる債務をいう。この連帯債務は、法令の規定または当事者の意思表示によって成立する（436条）。

そして、連帯債務者のうち1人が給付をし、債務を消滅させた場合は、負担部分の割合に従い、他の連帯債務者に対して求償を請求することができる（442条1項）。

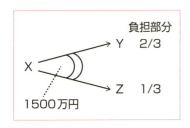

たとえば、YZがXに対して1500万円の連帯債務（負担部分はYが3分の2、Zが3分の1）を負っている場合、Xは、YZそれぞれに対して、1500万円の支払を請求することができる。ただし、YがXに1500万円を弁済すれば、YZの連帯債務は消滅する。

そして、弁済をしたYは、Zに対して500万円（弁済額1500万円×3分の1）の求償請求をすることができる。弁済したのがYではなくZだった場合は、ZはYに対して1000万円（弁済額1500万円×3分の2）の求償を請求することができる。

連帯債権とは異なり、連帯債務の具体例は多い。

たとえば、夫婦間の日常家事債務（761条）や、共同不法行為（719条1項）は、法律の規定による連帯債務の例である。

また、YとZが共同して事業を始めようと思い、Xから1000万円を借り受けたところ、その際にYZが連帯債務者となることをXと約した場合が、当事者の意思表示による連帯債務の例である。

2 債権者と各債務者との関係 B+

連帯債務には、複数の債務者が存する。

そのため、連帯債権と同様に、連帯債務の効力——債権者と各債務者の関係や債務者相互の関係——が問題となってくる。

このうち、前者の債権者と各債務者の関係については、きわめて単純である。

すなわち、債権者は、各債務者に対して同時または順次に全部の履行を請求することができ、請求を受けた債務者は、債権者に対して全部の履行をしなければならない（436条）。

3 債務者相互の関係①——相対的効力と絶対的効力 B+

では、後者の債務者相互の関係はどのようなものなのだろうか。
まずは、連帯債務者の1人に生じた事由が他の連帯債務者に影響を及ぼすのか否かについて説明する。

ア 相対的効力の原則

連帯債務者の1人について生じた事由は、別段の合意のない限り、原則として他の連帯債務者には影響を与えない（441条）。すなわち、相対的効力を有するにとどまるのが原則である。

たとえば、Aに対してBCDが900万円の連帯債務を負っているところ、AがBに対して債務を免除したとしても、かかる免除の効果はBについてのみ生じ、CDには及ばない。したがって、BはAに対する債務を免れるが、CDは900万円の債務を負い続ける。

イ 絶対的効力（例外） 改正

ただし、この相対的効力の原則には、次の4つの例外がある。これらは短答式試験で必須の知識である。

① 1人の連帯債務者による弁済、およびこれに準ずる弁済の提供や供託、債権者の受領遅滞は、明文はないものの、絶対的効力を有すると解されている。代物弁済も同様である。

債権者の二重取りを認めるわけにはいかない以上、弁済等が絶対的効力を有するのは当然といえよう。

② 1人の連帯債務者と債権者間でなされた更改も、絶対的効力を有する（438条）。

③ 連帯債務者の1人が債権者に対して債権を有する場合において、その連帯債務者が相殺を援用したときも、かかる相殺は絶対的効力を有する（439条1項）。

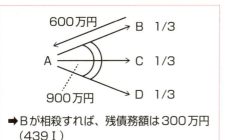

たとえば、Aに対してBCDが900万円の連帯債務（各自の負担部分は3分の1）を負っているところ、Aに対して600万円の債権を有しているBが、その債権を自働債権として連帯債務と相殺した場合、BだけでなくCDにもその効果は生じ、以後、BCDは300万円の連帯債務を負担することになる。この場合、BはCDにそれぞれ200万円の求償を請求することができる（442条1項➡下記ア）。

なお、債権者に対して債権を有する連帯債務者が相殺を援用しない間は、その連帯債務者の負担部分の限度において、他の連帯債務者は、債権者に対して債務の履行を拒むことができる（439条2項）。上記の例で、Bが相殺をしない場合でも、CやDは、Bの負担部分である300万円の限度で、債務の履行を拒むことができるわけである。この点もセットで押さえておこう。

④ 連帯債務者の1人と債権者との間に混同があったときは、その連帯債務者は、弁済をしたものとみなされる（440条）。すなわち、混同も絶対的効力を有するわけである（➡上記①参照）。

4 債務者相互の関係②――求償　B+

債務者相互の関係として、次に問題となるのが、求償関係である。

ア 求償の要件

連帯債務者の1人が弁済をし、もしくはその他自己の財産をもって共同の免責を得たときは、その連帯債務者は、他の連帯債務者に対して、各自の負担部分に応じた額の求償権を有する（442条1項）。

求償の額は、求償を請求される連帯債務者の負担部分に応じて定まる。各連帯債務者の負担部分は、平等なのが原則であるが、特約があればその特約によることとなる。

たとえば、Aに対してBCDが900万円の連帯債務を負っているところ、BがAに900万円を弁済したとする。この場合、BCDの負担部分が平等（＝各3分

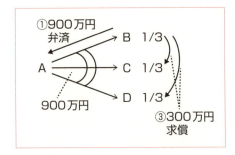

の1）であれば、BはCやDにそれぞれ300万円の支払を請求することができる。また、特約によってBCの負担部分が各2分の1、Dの負担部分がゼロとされている場合は、BはCに対しては450万円の支払を請求することができるが、Dに対しては一切請求することができない。

連帯債務者の1人がした弁済がその者の負担部分に満たない場合であっても、他の連帯債務者に対して、各自の負担部分に応じた額の求償権を有する（442条1項）。

たとえば、上記の図のBがAに120万円を弁済した場合は、BはCやDにそれぞれ40万円の支払を請求することができる。

イ　求償の範囲

求償は、弁済その他免責があった日以後の法定利息、および避けることができなかった費用（たとえば弁済の費用）、その他の損害の賠償を包含する（442条2項）。求償権者は、これらの金員の支払も請求することができるわけである。

ウ　求償の制限──事前・事後の通知　改正

連帯債務者の1人が弁済等をしようとするときは、他に連帯債務者がいることを知っている限り、当該他の連帯債務者に対して、弁済等の前に通知をしなければならない（事前の通知）。

また、弁済等が終わった後も、やはり他に連帯債務者がいることを知っている限り、当該他の連帯債務者に対して、通知をしなければならない（事後の通知）。

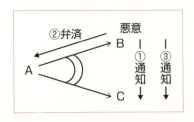

たとえば、Aに対してBCが連帯債務を負っているところ、BがAに弁済しようとする場合は、BはCの存在を知っている限り、Cに事前に通知しなければならず、また、実際に弁済が終わった後にも、Cにその旨を通知しなければならない。

これらの通知を怠った場合は、次の不利益を受ける。

（ア）事前の通知を怠った場合

まず、他の連帯債務者があることを知っていたにもかかわらず、当該他の連帯債務者への事前の通知を怠った場合についてである。

この場合、「他の連帯債務者は、債権者に対抗することができる事由を有していたときは、その負担部分について、その事由をもってその免責を得た連帯債務者に対抗することができる」（443条1項前段）。

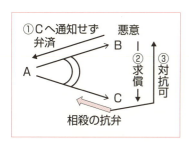

たとえば、Aに対してBCが600万円の連帯債務（負担部分は平等＝各2分の1）を負っているところ、CがAに対して500万円の反対債権を有しているとする。すなわち、Cは相殺の抗弁権を有しているわけである。

この事案において、Bが、Cの存在を知りながら、Cに通知しないでAに600万円を弁済した場合、CはAに対する相殺の抗弁をBに対抗し、Bからの300万円の求償を拒むことができる。なお、相殺に供された後の残りの200万円は、CがAに請求することになろう。

> Bが、弁済する前にCに対して「これからAに弁済するよ」と通知していれば、Cは、Bに対して「ちょっと待って。Aに反対債権を持っているから、それと連帯債務を相殺するよ」と応答し、相殺することができたはずです。特に、Aの資力に不安があり、Bの資力に不安がない場合は、Cとしては、相殺してBに求償することを選んだ方が合理的です。
> ところが、事前の通知をしないでBが弁済してしまうと、Cの相殺のチャンスが奪われてしまいます。そこで、Cの存在について悪意のBがCへの事前の通知を怠った場合は、Cは、Aに対抗することができたはずの相殺の抗弁を、Bに対して対抗することができると定められているのです。

そして、Cから相殺の抗弁を対抗されてしまった「免責を得た連帯債務者」たるBは、債権者Aに対し、「相殺によって消滅すべきであった債務の履行」、すなわち300万円の支払を請求することができる（443条1項後段）。この請求が認められないと、Aに300万円の不当利得が生じることになり、不当だからである。

（イ）事後の通知を怠った場合 ➡論証8

次に、他の連帯債務者があることを知りながら、事後の通知を怠った場合についてである。

この場合、「他の連帯債務者が善意で弁済その他自己の財産をもって免責を得るための行為をしたときは、当該他の連帯債務者は、その免責を得るための行為を有効であったものとみなすことができる」（443条2項）。

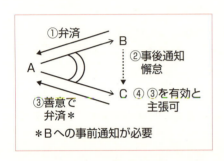

たとえば、BCがAに対して連帯債務を負っているところ、BがAに弁済したとする（第1弁済）。ところがBが、Cの存在を知っているにもかかわらず、Cへの事後の通知を怠っている間に、Cが善意でAにさらに弁済したとしよう（第2弁済）。この場合、Cは自らの第2弁済を有効とみなすことができる。その結果、Bからの求償に対し、Cはこれを拒否することができるし、逆にBに対して求償することができる。

ただし、第2弁済等をした者が事前の通知を怠っていた場合は、443条2項は適用されず、原則どおり第1弁済等が有効になると解されている。なぜなら、443条2項は1項の規定を前提とするものであり、1項が要求する事前の通知を怠った者まで保護する趣旨ではないからである（最判昭和57・12・17）。

したがって、上記のCがBへの事前の通知をしないまま善意で第2弁済をした場合は、BはCに対して求償することができる。この場合、CはAに対して不当利得の返還を請求することとなろう。

エ 無資力者がある場合の求償

連帯債務者の中に償還をする資力のない者があるときは、その償還をすることができない部分は、求償者および他の資力のある者の間で、各自の負担部分に応じて分割して負担する（444条1項）。

たとえば、Aに対してBCDが900万円の連帯債務（負担部分はBが2分の1、CDが各4分の1）を負っているところ、BがAに900万円弁済した場合、BはCやDにそれぞれ225万円の支払を請求することができるはずである。しか

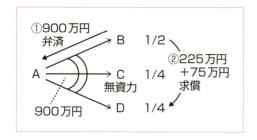

し、Cが無資力の場合は、BはDに対して、Dの負担部分にあたる225万円に加えて、Cの負担部分にあたる225万円の3分の1（Bの負担部分とDの負担部分は2分の1：4分の1＝2：1であるため）である75万円を請求できる。

なお、求償者および資力のある者の負担部分がいずれもゼロの場合には、それらの者の間で、等しい割合で分割して、資力のない者の負担部分を負担することになる（444条2項）。

たとえば、上記のBとDの負担部分がいずれもゼロの場合でも、BはDに対して450万円を求償できるわけである。

ただし、以上の2つの原則には例外がある。すなわち、弁済等をした求償者に過失があった場合（たとえば、上記のBがCに対する求償権の行使を怠っていた間にCが無資力となった場合）は、資力のない者の負担部分は当該求償者が全額負担しなければならない（444条3項）。

オ　連帯債務者の1人に対する免除等と求償

連帯債務者の1人が**免除**（→149ページ**2**）を受け、または連帯債務者の1人に対して**時効が完成**した場合でも、債権者に**弁済等**をした他の連帯債務者は、免除を受けまたは時効が完成した連帯債務者に対して**求償**することができる（445条）。免除や時効の完成は、相対的効力を有するにとどまるからである（441条 →156ページ**ア**）。

たとえば、Aに対してBCが連帯債務を負っているところ、Bが債務の免除を受けたとしても、その効果はCには及ばない。したがって、Aに弁済したCは、Bに対して求償することができるわけである。

なお、かかる求償に応じた連帯債務者は、債権者に対して償還請求をすることはできないと解される。なぜなら、債権者は連帯債務者に対する債権にもとづいて弁済等を受けたのであって、法律上の原因のない利得を受けたのではないからである。

カ　連帯の免除と求償　改正

　連帯の免除とは、債権者が連帯債務者の1人または数人に対して、債務額をその者の負担部分の範囲に制限することをいう。この連帯の免除は、債権者の一方的意思表示によって行われる。

　連帯の免除には、①連帯債務者全員に対して連帯を免除する絶対的連帯免除と、②連帯債務者の一部に対してだけ連帯を免除する相対的連帯免除とがある。

　①の絶対的連帯免除がなされると、それによって債務は分割債務となる（427条）。

　②の相対的連帯免除がなされると、連帯の免除を受けた債務者だけが分割債務を負担し、その他の債務者は依然として連帯債務の全部給付義務を負う。

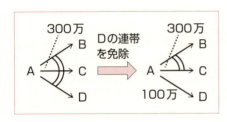

たとえば、Aに対してBCDが300万円の連帯債務（負担部分は平等＝各3分の1）を負っている事案において、AがDの連帯を免除した場合、Dは100万円の債務を負うことになるが、BCは依然として300万円の連帯債務を負い続ける。この場合にBが300万円弁済すれば、BはCDにそれぞれ100万円を求償できる。CまたはDが無資力の場合は、444条のルール（→160ページエ）で処理されることになる。

5　不真正連帯債務　C

　連帯債務の最後に、不真正連帯債務について、簡単に説明しておく。

　不真正連帯債務とは、①弁済などの債権者を満足させる事由は絶対的効力を有するが、それ以外の事由（特に免除）は全て相対的効力を有するにとどまり、②連帯債務者間の求償も当然には生じない、という特徴を有する特殊な連帯債務をいう。

　明文はないものの、従来の解釈では、たとえば使用者責任における使用者の賠償債務と被用者の賠償債務（715条、709条）や、数人の共同不法行為者が負担する賠償債務（719条）などは、この不真正連帯債務にあたると解されていた。

その主たる理由は、平成29年改正前の民法では連帯債務者の1名に対する債務の免除が絶対的効力を有すると定められていたところ、この免除の絶対的効力を否定し、被害者の救済を図るべきという点にあった。

しかし、平成29年改正により、免除は相対的効力を有するにとどまることとなったため（➡156ページア、イ参照）、不真正連帯債務という概念の有用性は、現在では大幅に減少している。試験対策としては無視してかまわない。

5. 不可分債権・不可分債務 改正

1 不可分債権・不可分債務の意義 B+

すでに学んだとおり、分割債権・分割債務が多数当事者の債権・債務の原則である。しかし、給付の目的が性質上不可分な場合には、分割債権・分割債務とすることは不可能である。

そのため、かかる場合には、不可分債権・不可分債務が成立する（428条、430条）。

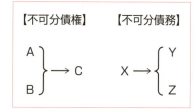

たとえば、ABが1台の自動車をCから共同購入した場合に、ABが取得する自動車の引渡請求権は、性質上不可分であるから、不可分債権である（なお、ABが負担する代金債務は分割債務である）。

また、Xが、YZが共有している1台の自動車をYZから買った場合に、YZが負担する自動車の引渡債務は、性質上不可分であるから、不可分債務である（なお、YZが取得する代金債権は分割債権である）。

賃借権を共同相続した場合に、各賃借人（共同相続人）が負担する賃料債務は、金銭債権であるものの、不可分債務と解されている。賃貸人との関係では各賃借人は目的物の全部を使用収益できる以上、その対価である賃料も不可分

のものとして全額負担すべきであるから、というのがその理由である。判例も同様の結論である（大判大正 11・11・24）。

なお、共同相続した不動産から生じる賃料債権は、原則どおり分割債権である。

2　不可分債権の効力　　B　改正

ア　各債権者と債務者との関係──対外的効力

不可分債権における各債権者と債務者との関係については、連帯債権の規定が準用される（428 条）。

すなわち、各債権者は、単独で債権全部を請求することができ、債務者は、各債権者に対して履行をすることができる（428 条・432 条）。不可分債権の給付は不可分である以上、各債権者が全部を請求することができるのは当然といえよう。

イ　債権者相互の関係──他の債権者への影響の有無

次に、1 人の不可分債権者に生じた事由は、他の不可分債権者に影響を及ぼすのだろうか。

この点についても、連帯債権の規定がおおむね準用されている（428 条）。以下、説明する。

（ア）相対的効力の原則

まず、不可分債権者の 1 人について生じた事由は、別段の合意のない限り、相対的効力を有するにとどまるのが原則である（428 条・435 条の 2）。

（イ）絶対的効力（例外）

ただし、次の 3 つの例外がある。

① 1 人の不可分債権者による債務者への請求（および請求にともなう時効の完成猶予・更新や履行遅滞）は、絶対的効力を有する（428 条・432 条前段）。他の債権者に対してもその効力が及ぶわけである。

② 1 人の不可分債権者に対する弁済、および弁済に準ずる弁済の提供、供託、さらには 1 人の不可分債権者による受領遅滞も、絶対的効力を有すると解されている（弁済につき 428 条・432 条後段）。

③ 1 人の不可分債権者に対する債権を自働債権とし、不可分債権を受働債権とする債務者による相殺も、絶対的効力を有する（428 条・434 条）。

（ウ）免除・更改の場合の償還

　以上の3つの例外以外は、すべて相対効を有するにとどまる（➡上記（ア））。連帯債権においては免除、更改、混同も絶対的効力を有するが（➡154ページ（イ））、不可分債権においてはこれらは相対的効力を有するにとどまるわけである（428条かっこ書）。

　ただし、免除と更改については、償還に関する特別規定がある。

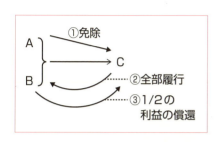

　たとえば、ABがCに対してクルーザーの引渡請求権という不可分債権を有しているところ、Aが債務者Cに対して債務を免除したとする。この場合、CのCの債務はAとの関係で消滅するにとどまり、BはCに対して履行（クルーザーの引渡し）を請求することができる（429条前段）。ここまでは、相対的効力の話である。

　問題は、BがCから履行を受けた場合の処理である。

　この点、Cから履行を受けたBは、Aが免除をしなければAに分与されるはずだった利益（この例では通常はクルーザーの価額の2分の1）を、債務者Cに償還しなければならない（429条後段）。

　この規定の趣旨は、履行を受けたBがAに利益を分与し、さらにその利益についてCがAに対して不当利得返還請求をするという迂遠な事態を避けることにある。

　AC間で更改契約が締結された場合も、同様に、Cから履行を受けたBは、Aが更改しなければAに分与されるはずだった利益を、Cに償還しなければならない（429条後段）。

3　不可分債務の効力　　B　改正

ア　債権者と各債務者との関係──対外的効力

　不可分債務の各債務者と債権者との関係については、連帯債務の規定が準用される（430条）。

　すなわち、債権者は各債務者に対して同時または順次に全部の履行を請求することができ、請求を受けた債務者は、債権者に対して全部の履行をしなけれ

ばならない（430条・436条）。

イ　債務者相互の関係①──相対的効力と絶対的効力

次に、不可分債務の1人の債務者に生じた事由は、他の債務者に影響を及ぼすのだろうか。

この点については、連帯債務の一部の規定が準用されている（430条）。

（ア）相対効の原則

まず、不可分債務者の1人について生じた事由は、別段の合意のない限り、相対的効力を有するにとどまるのが原則である（430条・441条）。

（イ）絶対効（例外）

ただし、この相対的効力の原則には、次の3つの例外がある。

①1人の不可分債務者による弁済、およびこれに準ずる弁済の提供、供託、債権者の受領遅滞は、絶対的効力を有すると解されている。

②1人の不可分債務者と債権者間でなされた更改も、絶対的効力を有する（430条・438条）。

③相殺も、絶対的効力を有する（430条・439条1項）。

なお、連帯債務においては混同も絶対的効力を有するが、430条は440条を準用していないため、不可分債務においては混同は相対的効力を有するにとどまる。

ウ　債務者相互の関係②──求償関係

不可分債務者の1人が債権者に全部の履行をした場合、その者は、他の不可分債務者に対して求償することができる（430条・442条ないし444条）。

【多数当事者（保証を除く）の絶対的効力】

	請求	弁済等	更改	免除	相殺	混同
分割債権	\multicolumn{6}{c}{（全て相対効）}					
分割債務						
連帯債権	○	○	○*	○*	○	○
連帯債務		○	○		○	○
不可分債権	○				○	
不可分債務		○	○		○	

＊持分部分のみ絶対的効力

第8章 保証債務

1. 保証債務総論

1 保証債務の意義 A

保証債務とは、他人がその債務を履行しないときに、その他人に代わってその債務を履行する責任を負うという債務をいう（446条1項）。

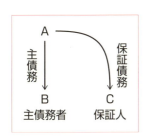

たとえば、BがAに対して負担している貸金債務について、CがAと保証契約を締結することがある。この場合、Bが貸金債務の弁済をしないときには、CはBに代わってAに弁済する責任を負う。

そして、この事案で、Bが債権者Aに対して負っている貸金債務を主債務（または主たる債務）といい、Bを主債務者（または主たる債務者）という。

また、Cを保証人といい、CがAに対して負っている債務を保証債務という。これらの用語は確実に覚えておこう。

2 保証の役割 B

抵当権や質権などの担保物権は、その目的（対象）たる物によって債権を強化するものであるから、物的担保とよばれる。

これに対し、保証は、保証人という人の一般財産によって債権を強化するものであるから、連帯債務と並んで人的担保の一種にあたる。

3　保証人と物上保証人の違い　B+

ここで、保証人と物上保証人の違いについても説明しておこう。
両者は、主として次の3点で異なる。

	保証人	物上保証人
①債務	あり	なし
②責任財産	一般財産	特定財産
③事前求償権	あり	なし（論点）

①保証人は保証債務を負担する債務者であるが、物上保証人は債務を負担せず、責任（→20ページア）を負うにとどまる。

②保証の場合には保証人の一般財産が責任財産（→20ページア）となるが、物上保証の場合には物的担保が設定された特定財産だけが責任財産となるにとどまる。

③保証人には事前求償権（保証人が弁済等をする前にあらかじめ主債務者に対して求償する権利）が一定の要件のもと認められるが（460条）、物上保証人には事前求償権は認められないと解されている。この点については、後に詳しく述べる（→180ページエ）。

2. 保証債務の法的性質

保証債務は、独立債務性、付従性、随伴性、補充性という4つの法的性質を有する。

1　独立債務性　B

保証債務は、主債務の発生原因とは別個の保証契約によって成立する債務であり、主債務とは別個独立の債務である。この性質を、保証債務の独立債務性という。

したがって、たとえば保証債務についてのみ、違約金や損害賠償の額の予定（→44ページ3）を約定することも可能である（447条2項）。

2　付従性　A+

　保証債務は、主債務の履行を担保するための**手段**であり、目的たる主債務と主従関係にある。この性質を、保証債務の付従性という。

　保証債務の付従性は、次の3つの内容からなる。

　①保証債務は、主債務が存在しなければ成立しない。これを、**成立における付従性**という。

　たとえば、主債務の発生原因が成立していなかったり、無効であったり、取り消されたことにより遡及的に消滅したりした場合は、保証債務は成立しない。

　②主債務が消滅すれば、保証債務も消滅する。これを、**消滅における付従性**という。

　たとえば、主債務が弁済によって消滅した場合は、それにともなって保証債務も当然に消滅する。

　③保証債務は、その目的（内容）や態様（条件、期限、利息など）において、主債務よりも重くなることはない。保証契約の時点で保証債務の目的や態様が主債務よりも重い場合は、保証債務の目的や態様は**主債務の限度に減縮**される（448条1項）。これを、**内容における付従性**という。

　たとえば、主債務の額が500万円であるのに、保証債務の額を600万円とする保証契約が締結された場合、その保証契約は一部無効となり、保証債務の額が500万円に減縮される。

> 　前述したとおり、保証人は保証債務についてのみ違約金や損害賠償の額の予定を約定することができますが（447条2項）、このことは、保証債務の内容における付従性と矛盾しているように感じるかもしれません。しかし、このような約定をしても、保証債務自体の額が増えるわけではなく、保証債務が履行される確実性が上がるにとどまります。そのため、内容における付従性とは矛盾しないと解されています。

　なお、主債務の目的または態様が保証契約の締結後に加重されたときであっても、保証人の負担は加重されない（448条2項）。保証人は、保証契約時に合意していた以上の不利益を強いられるべきでないからである。

3 随伴性 B+

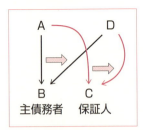

主債務が債権者の変更によって移転すると、それにともなって保証債務も移転する。この性質を、保証債務の随伴性という。

たとえば、債権者Aが主債務者Bに対する債権（主債務）をDに譲渡すると、保証人Cに対する保証債権もDのもとに移転することになる。

4 補充性 B+

保証人は、主債務者が主債務を履行しないときに、初めて保証債務の履行責任を負う。この性質を、保証債務の補充性という。

この補充性のあらわれとして、保証人は、催告の抗弁権（452条）と検索の抗弁権（453条）を有する（ただし、連帯保証人はこれらの抗弁権を有しない。454条）。これらについては、後にあらためて説明する（➡175ページア）。

3. 保証債務の成立

1 保証契約 B+

保証債務は、保証契約によって成立する。

ア 当事者

保証契約の当事者は、保証人と債権者である。主債務者は保証契約の当事者ではない。

保証人となる者は、主債務者から委託を受けて（すなわち主債務者から頼まれて）保証契約を締結することが多いが、主債務者からの委託がなくとも、債権者と保証契約を締結して保証人となることは可能である。

イ　要式行為

　保証契約は、要式行為であり、書面または電磁的記録（電子メールなど）で行うことを要する（446条2項、3項）。保証人が安易に保証契約を締結することを防止する趣旨である。

　さらに、一定の保証契約においては、公正証書で保証債務を履行する意思を表示することが必要とされている（➡ 193 ページ **1**）。

ウ　主債務の存在

　保証契約が有効となるためには、主債務が存在しなければならない（成立における付従性）。

　ただし、主債務が保証契約の締結時に発生している必要は、必ずしもない。将来発生する債務（将来債務➡ 215 ページ **1**）を主債務とする保証契約も有効である。

　また、特定物の給付債務のような不代替的給付を内容とする債務を主債務とする保証契約も有効である。その場合の保証債務の内容は、主債務の不履行があった場合に主債務者が負う損害賠償債務の保証である（大決大正 13・1・30）。

エ　保証契約と錯誤

　保証契約については、しばしば錯誤（95条➡総則［第2版］162 ページ以下）の成否が問題となる。

　主債務者が誰であるか（主債務者の同一性）について保証人に錯誤があった場合は、保証の目的である主債務の同一性にかかわる錯誤であるから、意思不存在の錯誤にあたる（95条1項1号）。

　他方、主債務者の資力が十分であると保証人が誤信していた場合や、他にも保証人がいるものと保証人が誤信していた場合は、基礎事情の錯誤（動機の錯誤）にすぎず、その事情が法律行為の基礎とされていることが表示され、法律行為の内容となっている場合に限り、錯誤取消しが認められる（95条1項2号、2項）。

2　制限行為能力を理由として取り消しうる債務の保証　B

　主債務の発生原因たる契約に瑕疵があり、主債務が取り消された場合は、主

債務は遡及的に無効となり（121条）、したがって保証債務も成立しないことになる（成立における付従性）。

もっとも、保証人が、主たる債務が制限行為能力を理由として取り消すことができる債務であることを知りながら保証した場合はどうか。その保証人は、たとえ主債務が取り消された場合であっても、自らが債務を負担する意思があったと推定するのが妥当である。

そこで、制限行為能力を理由として取り消すことができる債務を保証した者は、保証契約の時においてその取消しの原因を知っていたときは、主債務の取消しの場合において、主債務と同一の目的を有する独立の債務を負担したものと推定される（449条）。

なお、同条は「主たる債務の不履行の場合」についても同様としているが、この部分は無意味な規定と解するのが通説である（➡ 173ページア、イ参照）。

3　保証人の資格

原則として、保証人となるための資格に制限はない。制限行為能力者や無資力者であっても、保証人となることはできる。

ただし、主債務者が、契約や法律上の規定、裁判所の命令などによって、保証人を立てる義務（立保証義務）を負う場合は、話が異なってくる。

かかる場合は、保証人は、行為能力者であり、かつ弁済する資力を有する者であることを要する（450条1項柱書、各号）。

また、当初は資力があったものの、その後保証人が無資力となった場合は、債権者は行為能力と弁済の資力を有する保証人に代えるよう請求することができる（450条2項）。ただし、債権者が保証人を指名した場合は、この限りでない（同3項）。

資格のある保証人を立てられない場合は、主債務者は代わりの担保を提供することによって、保証人を立てる義務を免れることができる（451条）。

4. 債権者と保証人の関係

1 保証債務の効力が及ぶ範囲　A

ア　主債務に従たる債務

　保証債務の効力は、主債務に加えて、主債務の利息、違約金、損害賠償その他の、主債務に従たる全ての債務に及ぶ（447条1項）。

　つまり、主債務の保証人は、これらの従たる債務も全て保証したことになるわけである。

　したがって、たとえばBがAに対して負っている100万円の貸金債務についてCが保証契約を締結したところ、Bが履行を遅滞し30万円の損害賠償債務（415条1項本文）が生じた場合、Cは合計で130万円の保証債務を負うことになる。

イ　契約の解除による原状回復義務　➡論証9

　では、主債務の発生原因たる契約が解除された場合に主債務者が負う原状回復義務（545条1項本文）にも、保証人の保証債務の効力が及ぶのだろうか。この問題は重要基本論点である。

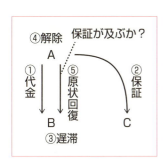

　たとえば、売主A、買主Bの間で土地の売買契約が締結され、Bの負う代金債務をCが保証したとする。その後、AはBに目的物たる土地を引き渡したが、Bが約束の期日になっても代金を支払わなかったため、AはBに履行を催告したうえで売買契約を解除したとしよう（541条）。この場合、BはAに対して土地の返還義務を中心とする原状回復義務を負うが（545条1項本文）、Cの保証債務の効力は、かかる原状回復義務にも及ぶのだろうか。

　確かに、契約の解除による原状回復義務の法的性質は、契約が遡及的に消滅したことによって生じる不当利得返還債務であり、主債務とは別個独立の債務

と解される。このことからすれば、保証債務の効力は原状回復義務には及ばないようにも思える。

> この反対利益は重要ですから、補足しておきます。
> まず、契約の解除の効果については争いがあるのですが、解除によって契約が遡及的に消滅すると解する直接効果説が判例・通説です。そして、この直接効果説に立つ場合、契約の解除による原状回復義務（545条1項本文）の法的性質は、契約によって得た利得が、契約の解除によって遡及的に法律上の原因のない利得となったことによって生じる不当利得返還債務ということになります。
> とすると、保証の対象となっている主債務は契約を発生原因とする債務であるところ、原状回復義務は不当利得を発生原因とする債務であり、主債務とは全く別の債務ということになります。そのため、保証債務の効力は原状回復義務には及ばないとも思えるわけです。

しかし、契約の一方当事者たる債務者のための保証は、当該債務者が**契約当事者として負担するべき一切の債務を保証するという趣旨**でなされるのが通常である。

そこで、保証人の保証債務の効力は、特に反対の意思表示のないかぎり、原状回復義務にまで及ぶと解されている。判例も、同様の結論である（**最大判昭和40・6・30**。特定物の売主の債務を保証した事案）。

ウ　合意解除による原状回復義務

では、合意解除による原状回復義務についても、保証債務の効力が及び、保証人は責任を負うことになるのだろうか。

この点については、保証人に過大な責任を負わせるおそれがあるため、保証人は**当然には責任を負わない**が、実質的に**法定解除に近い事情**がある場合は責任を負うとするのが判例である（最判昭和47・3・23）。

> イとウの違いについて、債権各論で学ぶ内容も含めて、少し補足しておきます。
> イは、法定解除の事案です。法定解除とは、契約によって生じた債務について債務不履行があった場合に、法律の定め（たとえば541条）によって、当事者の合意によらずに一方当事者に解除権が発生し、その解除権が一方的意思表示によって行使されて契約が解除される場合をいいます。そして、保証人は、自らの意思で主債務を保証しているところ、法定解除はかかる**主債務の債務不履行**によってなされるものである以上、保証人は、法定解除による原状回復義務については、責任を負わされてもやむをえません。
> これに対し、ウは、合意解除の事案です。合意解除とは、合意（解除契約）によって、すでに成立している契約を解除する場合をいいます。たとえば、売買契約を締結してみたけれども、売主も買主も気が変わったため、両者の間で「あの売買契約はチャラにしましょう」という新たな合意をすることにより、すでに成立している売買契約をなかったことにするの

> が、合意解除です。つまり、合意解除による原状回復義務は、**債権者と主債務者が勝手に行った新たな合意（解除契約）の効果**です。そうだとすれば、原状回復義務について、保証人が責任を負わされる筋合いは基本的にありません。そのため、実質的に法定解除に近い事情がある場合（たとえば、合意解除の一方当事者に法定解除権が発生している場合）を除き、保証人は原状回復について責任を負わないと解されているのです。

2 保証人の有する抗弁

債権者から保証人が請求を受けた場合、保証人はいかなる抗弁を主張することができるのだろうか。

ア 保証人固有の抗弁——催告の抗弁と検索の抗弁　B

まず、保証債務の補充性から生じる保証人固有の抗弁として、催告の抗弁と検索の抗弁がある。

すなわち、①債権者が保証人に債務の履行を請求したときは、保証人は、原則として、まずは主債務者に催告をするよう請求することができる（452条本文）。「まずは主債務者に催告（請求）してくれよ」と主張して、保証債務の履行を拒むことができるわけである。この保証人の抗弁を、催告の抗弁という。

また、②債権者が保証人の財産に執行してきた場合は、保証人は、主債務者に弁済をする資力があり、かつ、主債務者に対する執行が容易であることを証明して、まず主債務者の財産に執行するよう請求することができる（453条）。この保証人の抗弁を、検索の抗弁という。

ただし、連帯保証人（→185ページ1）には、この2つの抗弁権は認められない（454条）。すなわち、連帯保証人は、債権者がいきなり連帯保証人に請求してきても、また債権者がいきなり連帯保証人の財産に執行してきても、そのことを理由として履行を拒むことはできない。

イ 主債務に由来する抗弁　A　改正

次に、保証債務の付従性の帰結として、保証人は主債務に由来する抗弁を有する。

（ア）主債務者の抗弁権の援用

まず、保証人は、**主債務者が債権者に対して主張することができる抗弁**をも

って、債権者に対抗することができる（457条2項）。これは、保証債務の付従性のあらわれである。

たとえば、売買契約上の代金債務の保証人は、主債務者たる買主が同時履行の抗弁権（533条）を有する場合は、「目的物が主債務者に引き渡されるのと同時でなければ保証債務を履行しない」と主張して、保証債務の履行を拒むことができる。

(イ) 主債務者の相殺権、取消権、解除権にもとづく履行拒絶の抗弁権

主債務者が債権者に対して相殺権、取消権、解除権を有しているのに、主債務者がこれらを行使しない場合、これらの主債務者の権利を保証人が行使することはできないと解されている。仮に保証人による行使を認めると、主債務者の意思決定や処分権限に対する過剰な干渉となってしまうからである。

しかし、保証人は、主債務者がこれらの権利を行使すれば主債務者がその債務を免れるべき限度において、債権者に対して債務の履行を拒むことができる（履行拒絶の抗弁権。457条3項）。

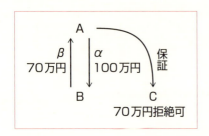

たとえば、AからBへの100万円のα債権についてCが保証したところ、BからAへの70万円のβ債権があり、β債権とα債権が相殺適状にある場合に、Cは、相殺自体はできないが、70万円の限度で保証債務の履行を拒むことができる。

また、Xの詐欺によりYがXと契約を締結したところ、Zがかかる契約上のYの債務を保証した場合、保証人Zは、保証債務の履行を全面的に拒むことができる。

3 債権者の保証人に対する情報提供義務　B　改正

債権者は、保証契約の締結後、次の①または②の場合には、保証人に対して情報提供義務を負う。

① 主債務者の委託を受けて保証をした保証人（保証人が個人か法人かを問わない点に注意）から請求があった場合。

この場合、債権者は、保証人に対し、遅滞なく、主債務の元本および利息、違約金、損害賠償その他の従たる債務全てについての不履行の有無・残額およ

びそのうち弁済期が到来しているものの額に関する情報を提供しなければならない（458条の2）。

この①の情報提供義務は、主債務の履行状況を知る手段を保証人に保障することによって、保証人が主債務者の不履行を長期間知らないまま遅延損害金が蓄積してしまうという事態を避けるための制度である。

② 個人である保証人がいるところ、主債務者が期限の利益を喪失した場合。

この場合、債権者は、個人である保証人に対し、主債務者が期限の利益を喪失したことを知った時から2か月以内に、主債務者が期限の利益を喪失した旨を通知しなければならない（458条の3第1項、3項）。期間内にかかる通知をしなかったときは、債権者は、保証人に対し、主債務者が期限の利益を喪失した時から実際に通知するまでに生じた遅延損害金（期限の利益を喪失しなかったとしても生ずべきものは除く）について、保証債務の履行を請求することができない（同2項）。

この②の情報提供義務（通知義務）は、主債務者が期限の利益を喪失した場合は遅延損害金が蓄積して保証人の責任が拡大する危険が高いところ、そうした危険から個人たる保証人を保護するべく、開示請求を要件とすることなく債権者に個人たる保証人への通知義務を課す趣旨の制度である。

5. 主債務者と保証人の関係①——絶対的効力と相対的効力

1 主債務者に生じた事由　A

主債務者に生じた事由は、全て保証人にも効力が及ぶのが原則である。保証債務には付従性があるからである。

たとえば、主債務者において時効の完成猶予が生じた場合は、保証人に対してもその効力を生ずる（457条1項）。主債務だけでなく、保証債務についても時効の完成猶予が生じるわけである。

また、たとえば主債務者に対する債権（主債務）が譲渡された場合、債権の

譲受人が主債務者に対する対抗要件（467条）を具備すれば、債権の譲受人は保証人に対しても対抗要件を具備したことになる。

ただし、以上の原則の唯一の例外として、主債務者がなした**時効の利益の放棄**（➡総則［第2版］296ページ **6.**）は、保証人には及ばないと解されている（大判昭和6・6・4）。この例外はしっかりと覚えておこう。

2　保証人に生じた事由　A

以上に対し、保証人に生じた事由は、**主債務者に対して効力を及ぼさない**のが原則である。保証債務は、主債務の手段にすぎないからである。

ただし、その例外として、①弁済などの**債権（主債務）を満足させる事由**については、主債務者に対しても効力が及ぶと解されている。たとえば、保証債務が弁済されれば、その限度で主債務も消滅するわけである。これは当然といえよう。

また、②連帯保証人に生じた更改・相殺・混同については、その効力が主債務者にも及ぶ旨の明文規定がある（458条）。ただし、これらの事由は債権を満足させる事由にあたるため、主債務者に効力が及ぶのは当然であるから（上記①）、この458条は単なる確認規定と解されている。

主債務者に生じた事由	全て保証人に及ぶのが原則 ただし時効の利益の放棄は及ばない
保証人に生じた事由	主債務者に及ばないのが原則 ただし主債務を満足させる事由は及ぶ

6. 主債務者と保証人の関係②──保証人の求償

1　意義　B+

保証人は、保証債務の債務者である。したがって、保証人による保証債務の弁済は、形式的には自己の債務の弁済にあたる。

しかし、その実質は、主債務者の債務の弁済にほかならない。

そのため、弁済等をした保証人は、**主債務者に対して**、その全額について**求償**することができる（459条以下）。

かかる求償権の内容や範囲は、保証人と主債務者の間の委託関係の有無（主債務者からの委託を受けて保証人となったのか否か）によって異なる。

2 受託保証人の求償権 B+

まず、主債務者からの委託を受けた保証人（**受託保証人**）は、弁済等をした後に求償権（事後求償権）を取得するのはもちろん、弁済等をする前に求償権（事前求償権）を取得することがある。それぞれを説明しよう。

ア 事後求償権

受託保証人が、主たる債務者に代わって、自己の財産によって**債務の消滅行為**（弁済、供託、代物弁済、相殺、更改など）をしたときは、その受託保証人は、主たる債務者に対し、求償権（事後求償権）を取得する（459条1項）。

かかる事後求償権の範囲は、受託保証人が支出した財産の額（消滅した主債務の額の方が低い場合は消滅した主債務の額。459条1項）に加え、債務の消滅行為の日以後の法定利息、および避けることができなかった費用その他の損害賠償の合計額である（同2項・442条2項）。

なお、かかる**求償権の範囲を変更する旨の主債務者・保証人間の特約**も**有効**である（**最判昭和59・5・29**）。

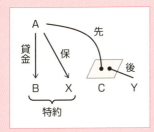

この判例について補足しておきます。

たとえば、AのBに対する貸金債権について、Xが保証し、C所有の甲土地にAの抵当権が設定され、かつ、甲土地にYの後順位抵当権が設定されているとします（同判例をベースとした事案）。この事案で、BX間で「Xが債権者Aに弁済した場合に取得する求償権について、BがXに対して法定利率を上回る遅延損害金を支払う」旨の特約がある場合、その特約は有効とするのが判例です。

この特約は、弁済による代位によってXにAの抵当権が移転してくることを考え合わせると、後順位抵当権者であるYが優先弁済を受ける範囲を縮小させ、Yを不当に害する特約であるかのように見えるかもしれません。しかし、この事案の抵当権の被担保債権は、あくまでも貸金債権であり、XからBへの求償権では

> ありません（➡116ページのコラム）。したがって、いくら求償権の範囲が多額となっても、その求償権自体について優先弁済を受ける権利がXに認められるわけではありませんから、Yを不当に害することはありません。

受託保証人は、弁済期の到来前であっても弁済等をすることができるが、その場合には、求償権の制限を受ける（459条の2）。たとえば、求償権の範囲は、主債務者が主債務の消滅当時に利益を受けた限度および弁済期以後の利息などに限られるし（同1項前段、2項）、受託保証人が求償権を行使できる時期は、主債務の弁済期到来後に限られる（同3項）。

イ　事前求償権

以上の事後求償権に加え、**受託保証人**は、**次の3つの場合**には、弁済等の債務の消滅行為以前に求償権（事前求償権）を取得する（460条）。

①主債務者が破産手続開始の決定を受け、かつ、債権者がその破産財団の配当に加入しないとき（1号）。
②主債務が弁済期にあるとき（2号本文。ただし、主債務者は、保証契約の後に債権者が主債務者に許与した期限を、受託保証人に対抗することができない。同ただし書）。
③保証人が過失なく債権者に弁済をすべき旨の裁判の言渡しを受けたとき（3号）。

この460条の趣旨は、受託保証人は委任契約にもとづき**委任事務の処理費用の前払請求権**（649条）を有するはずのところ、常にこの前払請求権を認めては保証の意味がなくなってしまうため、かかる前払請求権を**制限**する点にある。

ウ　事前求償権の行使に対する主債務者の請求等

主債務者が事前求償権の行使に応じ、受託保証人に金員を支払ったとしても、その後に受託保証人が債権者に債務を弁済するか否かは不確実である。

そこで、受託保証人による弁済を確実なものとするべく、事前求償権の行使を受けた主債務者は、債権者が全部の弁済を受けない間は、保証人に担保を供させ、または保証人に対して自己に免責を得させること（つまり債権者に弁済す

ること）を請求することができる（461条1項）。

また、主債務者は、保証人に対して償還すべき金額を供託したり、担保を供したり、保証人に免責を得させて、事前求償を免れることができる（461条2項）。

エ　物上保証人の事前求償権　➡論証10

受託保証人の事前求償権に関連して重要な問題となるのが、債務者からの委託を受けた物上保証人の事前求償権の有無である。債務者からの委託を受けた物上保証人の事前求償権を定めた規定はないが（351条対照）、460条を類推適用することはできるのだろうか。

まず、物上保証人は、責任は負うものの、債務は負わない（➡168ページ3）。したがって、求償権の範囲はもちろん、求償権の存在すら、配当等がなされる前にあらかじめ確定することはできない。

また、委託を受けた保証人の事前求償権（460条）の法的性質は、委任事務の処理費用の前払請求権（649条）であるところ、物上保証人は債務を負わないのであるから、配当等による被担保権の消滅や、物上保証人による被担保債権の弁済は、物上保証人による委任事務の処理と解することはできない。

よって、460条を類推適用することはできず、事前求償権は認められないと解するのが妥当である。

判例も、460条の類推適用を否定している（最判平成2・12・18）。

オ　事後求償権と事前求償権の関係

受託保証人が有する事後求償権と事前求償権は、いかなる関係にあるのだろうか。

まず、事後求償権と事前求償権は、発生原因などが異なる別個の権利である。したがって、受託保証人が事前求償権を行使できるからといって、債務の消滅行為以前には事後求償権の消滅時効は進行しない（最判昭和60・2・12）。

他方で、事前求償権は、事後求償権を確保するための権利である。したがって、受託保証人が事前求償権を被保全債権とする仮差押えをすれば、事後求償権についても時効の完成の猶予が生じる（最判平成27・2・17参照）。

3　無委託保証人の求償権　B

　主債務者からの委託を受けないで保証人となった者（無委託保証人）は、事前求償権を有さず（460条対照）、事後求償権のみ有する（462条）。
　この無委託保証人の事後求償権の範囲は、保証が主債務者の意思に反するか否かによって異なる。
　①保証が主債務者の意思に反しない場合は、無委託保証人は、主債務者が「その当時」——すなわち無委託保証人による債務の消滅行為の当時——に利益を受けた限度において、求償権を取得する（462条1項・459条の2第1項）。したがって、弁済時以後の法定利息や損害賠償は、求償できない。
　②保証が主債務者の意思に反する場合は、無委託保証人は、主債務者が「現に」——すなわち求償の時に——利益を受けている限度においてのみ、求償権を取得する（462条2項前段）。最低限の求償権のみ認める趣旨である。
　したがって、たとえば、求償権の行使に対して、主債務者が求償の日以前に債権者に対して相殺の原因を有していたことを主張した場合、主債務者の意思に反する無委託保証人は、主債務者が相殺することができた限度では主債務者に求償することはできない。ただし、そのかわりに、債権者に対し、相殺によって消滅すべきであった債務の履行を請求することができる（462条2項後段）。
　なお、①と②のいずれの場合であっても、無委託保証人が主債務の弁済期前に債務の消滅行為をした場合は、主債務の弁済期以後でなければ、求償権を行使することができない（462条3項・459条の2第3項）。これは当然といえよう。

4　求償権の制限——事前・事後の通知　B+　改正

　連帯債務の場合と同様に（➡158ページウ）、保証人や主債務者が弁済等の債務の消滅行為を行う場合においては、事前の通知や事後の通知が要求されることがある。

ア　保証人から主債務者への通知

　保証人から主債務者への通知の要否は、保証人の種類によって異なる。

(ア) 受託保証人からの通知

まず、受託保証人は、債務の消滅行為をする際には、主債務者への事前の通知を要する。

この事前の通知を怠った場合、主債務者は、債権者に対抗することができた事由（たとえば、相殺や同時履行の抗弁など）をもって受託保証人に対抗することができる（463条1項前段）。主債務者が債権者に対して反対債権を有していた場合（すなわち主債務者が相殺の抗弁を有していた場合）は、受託保証人はその分について債権者に請求することになる（同後段）。

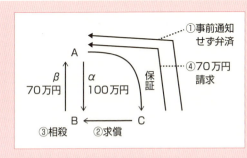

たとえば、BがAに対して負っている100万円のα債務についてCがBから委託を受けて保証しており、かつ、BがAに対してα債権と相殺適状にある70万円のβ債権（反対債権）を有しているとします。

この事案で、CがBへの事前の通知をせずにAに弁済してBに求償した場合、Bはβ債権とα債務の相殺をCに対抗することができ、Cへの70万円の支払を拒むことができます（463条1項前段）。BはCに30万円だけ支払えばいいわけです。

ただし、この場合にCがAに70万円を請求できないとなると、Aが不当な利益を得ることになります。そのため、CはAに70万円の支払を請求することができるとされているのです（同後段）。

また、受託保証人は、債務の消滅行為の後の通知、すなわち主債務者への事後の通知も要する。

この事後の通知を怠ったために、主債務者が善意で債務の消滅行為をした場合は、主債務者は、その債務の消滅行為が有効であったものとみなすことができる（463条3項）。善意の第2弁済等が有効となってしまうわけである。

(イ) 主債務者の意思に反しない無委託保証人

次に、主債務者の意思に反しない無委託保証人は、主債務者への事後の通知のみ要する（463条3項）。

事前の通知が不要とされているのは、もともと求償権の範囲が制限されているからである（462条1項 ➡ 182ページ **3**）。

（ウ）主債務者の意思に反する無委託保証人

最後に、主債務者の意思に反する無委託保証人は、主債務者への通知はおよそ不要である。

事前の通知が不要とされているのは、もともと求償権の範囲が制限されているからである（462条2項前段 ➡ 182ページ **3**）。

事後の通知が不要とされているのは、事後の通知の有無を問わず、主債務者は当然に善意の第2弁済等を有効であったものとみなすことができるとされているからである（463条3項）。

保証人の種類		事前通知	事後通知
受託保証人		必要 ⇒怠ると抗弁の対抗を受ける	必要 ⇒怠ると善意の第2弁済等が有効とみなされうる
無委託保証人	主債務者の意思に反しない	不要[*1]	必要
	主債務者の意思に反する	不要[*1]	不要[*2]

*1 元々求償が制限されているので（462 Ⅰ、Ⅱ前）
*2 当然に第2弁済を有効とみなしうるので（463 Ⅲ）

イ 主債務者から保証人への通知

主債務者が債務の消滅行為を行う場合は、主債務者は、受託保証人に対してのみ、しかも事後の通知のみをすれば足りる（463条2項）。

無委託保証人への通知がおよそ不要とされているのは、主債務者が無委託保証人に通知することは困難な場合が多いからである（たとえば主債務者は無委託保証人の存在すら知らない場合も十分ありうる）。

また、受託保証人に対してであっても事前の通知が不要とされているのは、主債務者から保証人への求償はありえない以上、求償した際に抗弁の対抗を受けるという事前の通知を怠った場合の効果（➡ 183ページ（ア））は問題となりえないからである。

7. 連帯保証と共同保証

1 連帯保証　A

　連帯保証とは、保証人が主債務者と連帯して債務を負担する場合をいう。
　連帯保証は、保証契約において、債権者と保証人が連帯保証の特約をすることによって行われる（その例外として商法511条2項）。実務では、保証契約の多くに、この連帯保証の特約がつけられている。
　連帯保証が通常の保証（単純保証）と異なる点は、次の3つである。
　①連帯保証債務には、補充性がない。すなわち、連帯保証人は催告の抗弁権や検索の抗弁権を有しない（454条）。
　②連帯保証人について生じた更改・相殺・混同は、主債務者にもその効力が及ぶ（絶対的効力。458条）。ただし、これらの事由は債権を満足させる事由にあたるため、主債務者に効力が及ぶのは当然である。したがって、この458条は単なる確認規定と解されている（➡178ページ **2**）。
　③連帯保証人は、共同保証の場合でも分別の利益を有しない（大判大正10・5・23）。この点は次の共同保証で説明する。

> 【連帯保証と連帯債務の主な相違点】
> 　連帯保証は、連帯債務と類似していますが、①連帯保証には連帯債務にない付従性がある点、および②連帯保証には連帯債務において通常認められる負担部分がない点で、両者は異なっています。
> 　また、連帯債務においては相対的効力が原則とされているのに対し、連帯保証においては、①の付従性の帰結として、主債務に生じた事由は時効の利益の放棄を除いて全て連帯保証債務に及びます。そのため、時効の管理などの点で、連帯保証の方が債権者に有利といっていいでしょう。

2 共同保証　B

　共同保証とは、同一の主債務について保証人が複数いる場合をいう。

ア　分別の利益

保証人が複数いる場合、各保証人は、主債務の額を保証人の頭数で分割した額についてのみ保証債務を負い、債権者は分割された額しか各保証人に対して請求できないのが原則である（456条・427条）。この保証人の利益を、分別の利益という。

たとえば、YがXに対して負担する120万円の債務をAとBが単純保証した場合、ABの各保証債務の額は60万円にとどまる。

イ　分別の利益がない保証人

ただし、分別の利益がない保証人もいる。

まず、①共同保証人の中に連帯保証人がいる場合、その連帯保証人には分別の利益がない。連帯保証人は、債権者に対して、主債務者と連帯して全額弁済することを約束しているからである。

次に、②単純保証人が複数いるところ、単純保証人間で全額を弁済すべき旨の特約（すなわち分別の利益を放棄する旨の特約）が行われる場合がある。かかる場合を、保証連帯という。かかる保証連帯をした単純保証人には、分別の利益がない。

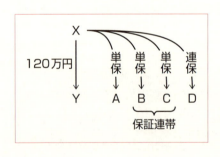

たとえば、YがXに対して負担する120万円の債務を、ABCが単純保証し、そのうちBとCが保証連帯し、さらにDが連帯保証した場合、Aの保証債務の額は30万円（分別の利益）、BCの保証債務の額は120万円（保証連帯ゆえ分別の利益なし）、Dの連帯保証債務の額も120万円（連帯保証ゆえ分別の利益なし）である。

なお、保証連帯をした保証人は、分別の利益がないという点では連帯保証人と共通する。しかし、保証連帯をした保証人は単純保証人であるから、保証債務の補充性（452条、453条）が認められる。この点で、連帯保証人とは異なる。

ウ　共同保証人間の求償

　共同保証人の1人が弁済等の債務の消滅行為を行った場合、その共同保証人が主債務者に対して求償できるのは当然である（➡ 178ページ **6.**）。

　では、他の共同保証人に対しても、求償することができるのだろうか。

（ア）他の共同保証人への求償の要件

　この点については、保証人は、自己の負担部分を超える額を弁済した場合に限り、他の共同保証人に対して求償することができるとされている（465条1項、2項）。自己の負担部分については、主債務者への求償で満足すべきだという趣旨である。

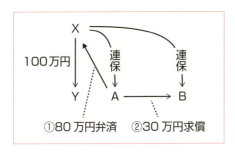

　したがって、たとえばYがXに対して負担している100万円の債務についてABが連帯保証しているところ、AがXに80万円弁済した場合、Aは、Bに対して、80万円のうちAの負担部分である50万円を超える30万円を求償できるにとどまり、Aの負担部分である50万円はYに求償するべきことになる。

（イ）他の共同保証人への求償の範囲と弁済による代位

　他の共同保証人に対して求償できる範囲は、分別の利益の有無によって異なる。

　①分別の利益がある保証人（➡上記ア）は、自己の負担部分を超える額を弁済したときには、無委託保証人から主債務者に対する求償の場合（➡ 182ページ **3**）に準じて、他の共同保証人に求償することができる（465条2項・462条）。

　②分別の利益がない保証人（➡上記イ）は、自己の負担部分を超える額を弁済したときには、連帯債務者の求償の場合に準じて、他の共同保証人に対して求償することができる（465条1項・442条から444条）。

　そして、他の共同保証人に対して求償をすることができる範囲内で、弁済による代位が生じる（501条2項かっこ書）。たとえば、上記（ア）のAは、30万円の限度で、Bに対する保証債権についてXに代位する。

(ウ) 主債務者への求償権との関係

　以上の465条が定める求償権は、判例によれば、「主たる債務者の資力が不十分な場合に、弁済をした保証人のみが損失を負担しなければならないとすると共同保証人間の公平に反することから、共同保証人間の負担を最終的に調整するためのものであり、保証人が主たる債務者に対して取得した求償権を担保するためのものではない」。

　したがって、「保証人が主たる債務者に対して取得した求償権の消滅時効の中断［現在の民法の時効の完成猶予・更新に相当］事由がある場合であっても、共同保証人間の求償権について消滅時効の中断の効力は生じない」（最判平成27・11・19）。

8. 根保証

1　意義　B

　根保証とは、一定の範囲にある不特定の債務を包括的に保証することをいう（広義の根保証）。

　たとえば、①継続的な融資取引や継続的な売買取引から生じる債務を一括して保証する信用保証や、②不動産賃借人の負う賃料債務ないし損害賠償債務の保証、③雇用契約に際して被用者の身元を保証する身元保証などが、根保証の例である。

　これらの根保証は、保証期間が長期に及び、保証人の責任が当初の予想を超えて過大になる危険がある。そのため、根保証人の保護、とりわけ法人でない個人の根保証人の保護が、重要な課題となっている。

　そうした観点から定められているのが、次に説明する個人根保証契約に関する特則である。

2 個人根保証契約 改正

ア 意義

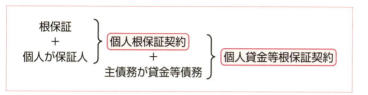

　個人根保証契約とは、一定の範囲に属する不特定の債務を主債務とする**根保証契約**であって、**個人が保証人**となるものをいう（465条の2第1項）。

　そして、この個人根保証契約のうち、**主債務**の範囲に金銭の貸渡しや手形割引を受けることによって負担する債務（これを**貸金等債務**という）が含まれるものを、特に**個人貸金等根保証契約**という（465条の3第1項）。

> 手形割引という行為は、手形法で勉強します。現時点では、手形という証券（紙）を利用した金の貸し借りぐらいにイメージしておいてください。

イ 極度額の定め

　およそ個人根保証契約は、**極度額**（➡物権法・担保物権法246ページ**1**参照）**の定めがなければ無効**である（465条の2第2項）。

　また、極度額の定めは、**書面**または電磁的記録でなされなければならない（465条の2第3項・446条2項、3項）。

　極度額は、主債務の元本、利息、違約金、損害賠償その他の従たる債務全ておよび保証債務について約定された違約金や損害賠償額を含むものでなければならない（465条の2第1項）。

　なお、保証人の資力を超える極度額を定めることは可能である。

ウ 元本の確定

　根保証において、元本が確定すると、保証人は、元本の確定時に存在する元本とその利息・損害金についてのみ保証債務を負うことになり、それ以降に発生する新たな元本については保証債務を負わないことになる（➡物権法・担保物

権法 246 ページ **1**、同 249 ページ**ア**参照）。

　個人根保証契約における元本の確定は、元本確定期日の到来や、その他の一定の元本確定事由の発生によって生じる。以下、説明しよう。

（ア）元本確定期日の到来

　極度額の定めとは異なり、個人根保証契約においても、元本確定期日の定めは任意的である。

　しかし、元本確定期日の定めがある場合は、当然、その期日の到来によって元本が確定する。

　なお、個人貸金等根保証契約（➡ 189 ページ**ア**）については、元本確定期日を定める場合は保証契約の締結の日から5 年が元本確定期日の上限とされ、かつ自動更新条項は無効とされる（465 条の 3 第 1 項）。

　また、同じく個人貸金等根保証契約については、元本確定期日の定めがない場合も、保証契約の締結の日から 3 年が経過すれば自動的に元本が確定する（465 条の 3 第 2 項）。

（イ）一定の元本確定事由の発生

　個人根保証契約は、次の 3 つのいずれかの場合にも元本が確定する（465 条の 4 第 1 項）。

①債権者が、保証人の財産について、金銭の支払を目的とする債権についての強制執行または担保権の実行を申し立て、当該手続が開始されたとき（柱書ただし書き、1 号）

②保証人が破産手続開始の決定を受けたとき（2 号）

③主債務者または保証人が死亡したとき（3 号）

　また、個人貸金等根保証契約（➡ 189 ページ**ア**）については、次の 2 つの場合にも元本が確定する（465 条の 4 第 2 項）。

④債権者が、主債務者の財産について、金銭の支払を目的とする債権についての強制執行または担保権の実行を申し立て、当該手続が開始されたとき（柱書ただし書き、1 号）

⑤主債務者が破産手続開始の決定を受けたとき（2 号）

エ　法人による根保証契約の求償権についての個人保証

　たとえば、AがBに対して継続的な融資をする際に、法人CがBの債務を根保証したとする。この場合、保証人Cは法人であるから、465条の2以下の個人根保証契約の特則は適用されない。したがって、たとえば極度額の定めがない場合も、AC間の根保証契約は有効である。

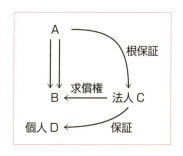

　では、この事案で、さらに個人であるDが、主債務者Bが保証人Cに対して負う求償権にかかる債務を主債務とする保証契約を、Cとの間で締結した場合はどうか。

　この場合、Dは個人ではあるが、Dの保証は特定の債務の保証であり根保証ではない。したがって、Dの保証にも、465条の2以下の個人根保証契約の特則は適用されない。

　しかし、Dの保証を無条件に有効としてしまうと、Dは、Bの継続的な貸金債務を直接に根保証した場合と同様の危険にさらされてしまう。

　そこで、次のいずれかにあたる場合は、個人たるDによる法人CのBに対する求償権の保証は無効とされている（465条の5）。

①法人たるCが保証人となる根保証契約に極度額の定めがない場合（1項）
②法人たるCが保証人となる根保証契約の主債務の範囲に貸金等債務（➡189ページ**ア**）が含まれる場合において元本確定期日の定めがない場合（2項）
③法人たるCが保証人となる根保証契約の主債務の範囲に貸金等債務が含まれる場合において元本確定期日の定めが465条の3第1項に抵触し、もしくは元本確定日の定めの変更が465条の3第3項に抵触するものである場合（2項）

3　不動産賃借人の賃料債務・損害賠償債務の保証　B

ア　法的性質

　不動産賃借人の賃料債務・損害賠償債務の保証契約は、保証人が個人の場

合は個人根保証契約にあたるが、個人貸金等根保証契約にはあたらない。

イ　保証期間　➡論証11

　不動産賃借人の賃料債務・損害賠償債務の保証期間は、原則として不動産賃貸借契約の存続期間と同じである。

　では、不動産賃貸借契約が更新された場合、根保証債務の効力は更新後の賃借人の債務に及ぶのだろうか。

　借地借家法が適用される賃貸借契約においては、賃貸人の意思にかかわらず賃貸借契約が更新されることが多い（たとえば借地借家法6条、28条参照。詳しくは債権各論で学ぶ）。にもかかわらず、更新によって根保証契約が終了すると解しては、賃貸人を不当に害してしまう。

　そこで、借地借家法が適用される賃貸借契約においては、根保証債務の効力は更新後の賃借人の債務に及ぶと解するのが妥当であろう。

　判例も、賃貸借期間の定めのある建物賃借人のために保証契約が締結された事案において、「反対の趣旨をうかがわせるような特段の事情のない限り、保証人が更新後の賃貸借から生ずる賃借人の債務についても保証の責めを負う趣旨で合意がされたものと解するのが相当」であり、「保証人は、賃貸人において保証債務の履行を請求することが信義則に反すると認められる場合を除き、更新後の賃貸借から生ずる賃借人の債務についても保証の責めを免れない」としている（最判平成9・11・13）。

ウ　相続性

　通常の保証の場合と同様に、賃借人の債務の保証人が死亡すると、保証債務は相続人に相続される（大判昭和9・1・30）。

　ただし、保証人が個人の場合は、賃借人の債務の保証は個人根保証契約にあたるため、保証人の死亡によって元本が確定する（➡190ページ（イ））。そのため、相続人は、保証人の死亡後に新たに発生した賃料債務などについては保証債務を負わない。

4　身元保証

　身元保証とは、雇用契約に際して被用者の身元を保証することをいう。

身元保証は、被用者が負う債務の根保証契約という側面に加え、被用者が雇用期間中に使用者に与えるかもしれない損害を保証人が担保する損害担保契約という側面や、身元引受契約という側面も有する。
　身元保証は、保証人の責任が広範で無限定であるため、保証人にとって過酷な結果となる可能性が高い。そのため、昭和8年に制定された「身元保証ニ関スル法律」によって、保証人の保護が図られている。
　また、明文はないものの、身元保証債務は相続されないと解されている（大判昭和18・9・10）。

9. 事業に係る債務についての個人保証人の保護 改正

　たとえば会社の運営資金にあてるために会社が金銭を借り受ける場合の貸金債務のような、事業に係る債務は、高額となることが多い。したがって、事業に係る債務を個人が保証した場合は、その個人たる保証人（個人保証人）を保護するべき要請が特に強い。
　そこで、民法は以下のような特別規定を設け、事業に係る債務についての個人保証人の保護を図っている。

1　保証意思宣明公正証書の作成義務　B

ア　原則

　まず、「事業のために負担した貸金等債務」（貸金等債務については➡189ページア）を主債務とし、かつ個人が保証人となる保証契約を締結するためには、保証人になろうとする者が、契約締結の日前1か月以内に作成された公正証書で保証債務を履行する意思を表示することが必要である。この公正証書による意思表示がなければ、保証契約は原則として無効である（465条の6第1項前段、3項）。
　主債務の範囲に「事業のために負担した貸金等債務」が含まれ、かつ個人が保証人となる根保証契約を締結する場合も、同様である（465条の6第1項後段、3項）。

これらの規定の趣旨は、「事業のために負担した貸金等債務」は特に高額となることが多いため、個人保証人の保証意思の確認をいっそう厳格にすることにある。

これらの規定で要求される公正証書は、保証意思宣明公正証書とよばれる。

かかる保証意思宣明公正証書の作成方式については、465条の6第2項および465条の7を参照してほしい。

イ 例外

ただし、次の各場合は、例外として保証意思宣明公正証書は不要である（465条の9）。

①主債務者が法人の場合で、
- i その法人の理事、取締役、執行役またはこれらに準ずる者が個人保証人となる場合（1号）
- ii その法人の総株主の議決権（株主総会において決議をすることができる事項の全部につき議決権を行使することができない株式についての議決権を除く）の過半数を有する者などが個人保証人となる場合（2号イないしニ）

②主債務者が法人でない場合で、
- i その主債務者と共同して事業を行う者が個人保証人となる場合（3号前段）
- ii その主債務者が行う事業に現に従事している主債務者の配偶者が個人保証人となる場合（3号後段）

これらの個人保証人は、主債務者の事業の状況を把握することができる立場にあり、保証のリスクを十分に認識せずに保証契約を締結するおそれが低いため、保証意思宣明公正証書の作成が不要とされているのである。

2 主債務者の情報提供義務 B

ア 要件・趣旨

次に、主債務者は、「事業のために負担する債務」（上記 **1** とは異なり、貸金等債務に限られない点に注意）を主債務とする保証の委託を個人に対してするときは、その個人に対して、主債務者の財産や主債務の目的となる事業の収益状

況、主債務以外の負債額とその履行状況、他の担保の有無やその内容について、情報を提供しなければならない（465条の10第1項前段、3項）。

主債務の範囲に「事業のために負担する債務」が含まれる根保証の委託を個人に対してするときも、同様である（465条の10第1項後段、3項）。

「事業のために負担する債務」は高額になりがちであるところ、かかる債務を主債務とする保証ないし根保証の委託を受けた保証人候補者が保証を引き受けるかどうかを決定する際には、主債務者の返済能力に関する情報が特に重要となるため、主債務者に情報提供義務を課したわけである。

イ　情報提供義務違反の効果

以上の規定に反し、主債務者が、情報提供義務を負う事項について情報を提供せず、または事実と異なる情報を提供したために、委託を受けた者がその事項について誤認をし、それによって保証契約の申込みまたはその承諾の意思表示をした場合において、主債務者がその事項に関して情報を提供せずまたは事実と異なる情報を提供したことを債権者が知りまたは知ることができたときは、個人保証人は、保証契約を取り消すことができる（465条の10第2項、3項）。

> この条文は読みづらいのですが、まず、情報の不提供または誤情報の提供と誤認との因果関係、および誤認と意思表示との因果関係という、**二重の因果関係**を要求している点がポイントです。そして、この二重の因果関係に加えて、さらに主債務者による情報の不提供または誤情報の提供について**債権者が悪意・有過失**だった場合に、保証人に保証契約の取消権を認めているのです。条文から要件を読み取れるようにしておきましょう。

第9章 債権譲渡

1. 債権譲渡総論

1 意義 A

債権譲渡とは、債権を、その同一性を保ちつつ第三者に移転することをいう。

この債権譲渡は、債権の譲渡人（旧債権者）と債権の譲受人（新債権者）の間の契約（債権の売買契約、贈与契約、代物弁済契約など）によって行われる。かかる契約に、譲渡される債権の債務者の関与は必要でない。

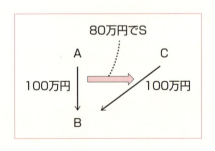

たとえば、Aは今すぐに現金が必要となったが、Aが有する財産は、1年後に弁済期が到来するBに対する100万円の債権だけだったとする。この場合、Aは、Bに対する100万円の債権を、Cに売却すればよい。CがAに支払う売買代金は、100万円よりもディスカウントされた額——たとえば80万円——とされるのが通常であるが、債権譲渡の結果、Aは現金80万円を今すぐに得られることになるわけである。

2 債権譲渡の機能 B+

債権譲渡は、上記のように①弁済期が未到来の債権を現金化するために行わ

れる場合のほか、②債務者による代物弁済として行われる場合もある。

たとえば、AのBに対する債権を、AがCに対して負っている債務の代物弁済に供する場合が、②の例である。なお、この場合は、詐害行為取消請求が問題となることが多い（➡85ページ（イ）および86ページウ参照）。

また、③企業が、その有する大量の債権（将来発生する見込みの債権を含む）を譲渡担保に供して資金調達を行う場合も多い。

3 債権の同一性の保持　A

債権譲渡がなされると、債権の同一性が保たれたまま、債権が譲渡人から譲受人に移転する。

したがって、①債権譲渡により、譲渡された債権の従たる権利（抵当権や保証債権、未発生の利息債権など）も、譲受人のもとに一緒に移転する。

たとえば、AのBに対する債権がCに譲渡された場合、その債権を被担保債権とするAの抵当権や、その債権を主債務とするAのDに対する保証債権も、Cに移転することになる。また、AのBに対する債権がCに譲渡された場合、その債権を元本債権とする利息債権は、以後はCのもとで発生することになる。

また、②債務者は、対抗要件具備時までに譲渡人に対して生じた事由をもって、譲受人に対抗することができる（468条1項）。譲渡された債権に付着している債務者の抗弁権が、そのまま新債権者との関係でも承継されるわけである。

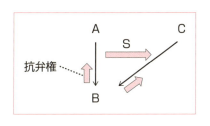

たとえば、AのBに対する債権について、債務者Bが同時履行の抗弁権（533条）を有している事案で、AのBに対する債権がCに譲渡された場合、Cからの請求に対して、Bはかかる同時履行の抗弁権を対抗することができる。「Aが私（B）に対して反対債務を履行するのと同時でなければ、私はあなた（C）に対して債務を履行しない」旨を主張して、Cに対する履行を拒むことができるわけである。

4　債権譲渡と類似の制度　Ⓑ

債権譲渡に類似する制度として、民事執行法における転付命令がある。

たとえば、AがBに対して100万円のα債権を有するところ、Aに対して120万円のβ債権を有するCが、強制執行としてα債権を差し押さえたうえで、裁判所による転付命令を受けたとする（民事執行法159条）。この転付命令が確定すると、α債権はAの意思によらずにCに移転し、α債権の限度でCのAに対するβ債権は弁済されたものとみなされる（同法160条）。Cのβ債権は20万円に縮減されるわけである。

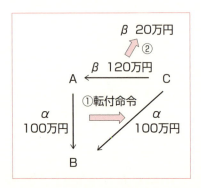

この転付命令は、債権を法律上移転させる制度であり、実質的には強制的な債権譲渡と同様といえる。

2. 譲渡自由の原則とその制限　Ⓑ

債権は、自由に譲渡できるのが原則である（466条1項本文）。

ただし、債権の性質が譲渡を許さない場合は、その債権を譲渡することはできない（466条1項ただし書）。たとえば、委任者が受任者に対して有する委任契約上の債権は、その性質上、譲渡することができない（大判大正6・9・22）。

また、法律上譲渡が禁止されている債権は、当然、譲渡することができない。たとえば、扶養を受ける権利（扶養請求権）は、権利者固有の権利であるから、譲渡が禁止されている（881条）。

3. 譲渡制限特約

1 意義　A

債権者と債務者との間で、債権の譲渡を禁止し、または制限する旨の意思表示がなされることがある。

民法は、この意思表示を「譲渡制限の意思表示」とよぶが（466条2項）、本書では、一般的な用語に倣って「譲渡制限特約」とよぶことにする。

2 譲渡制限特約に反する譲渡の効力①——原則　A+　改正

ア 譲渡の有効性

かかる譲渡制限特約に反して債権が譲渡された場合であっても、「債権の譲渡は、その効力を妨げられない」（466条2項）。すなわち、譲渡制限特約に反する債権譲渡も有効である。まずはこの点をしっかりと覚えておこう。

譲受人が譲渡制限特約について善意無過失や善意無重過失であった場合はもとより、悪意や善意重過失だった場合も、譲渡制限特約に反する譲渡は有効である。

イ 悪意・重過失の譲受人等に対する履行の拒絶等

ただし、債権の譲受人その他の第三者が、譲渡制限特約について悪意または善意重過失だった場合は、譲渡は原則どおり有効であるものの、債務者に次の2つの権限が認められることになる。

すなわち、債務者は、悪意・重過失の譲受人その他の第三者に対しては、①債務の履行を拒絶することができ、かつ、②譲渡人に対する弁済その他の債権消滅事由をもって対抗することができる（466条3項）。この点もしっかりと覚えておこう。

なお、466条3項のいう「その他の第三者」とは、具体的には債権質権者のことである。以下、譲受人とその他の第三者をあわせて「譲受人等」と表記する。

たとえば、AのBに対する譲渡制限特約付きの売買代金債権を、AがCに譲渡した場合、AC間の債権譲渡は、Cの主観を問わず有効です。そして、債権譲渡が有効である以上、Cが対抗要件（➡206ページ**4.**）を備えている限り、Bは、Cからの請求を拒絶することはできません。また、Bは、債権者ではなくなったAに対して有効に弁済することはできず、仮にAに対して弁済しても無意味です。以上が466条2項の原則です。

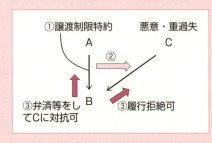

しかし、譲受人であるCが、譲渡制限特約について悪意または重過失の場合は、466条3項が適用される結果、話が大きく変わってきます。AC間の債権譲渡が有効であることについては変わりがないのですが、Bは、債権者であるCからの履行請求に応じることもできる一方で、悪意・重過失のCへの履行を拒絶することもできます。また、Bは、債権者でなくなったAに弁済したうえで、Aに対して弁済済みであることを悪意・重過失のCに対抗することもできるのです。

なお、BがAに弁済した場合、CはAに対して、AがBから受領した金銭等の給付を請求することになります。

　債務者が譲渡制限特約を締結する目的は、弁済の相手方を固定することにより、見知らぬ第三者が弁済の相手方となるといった事態を防ぐという点にあるところ、かかる債務者の期待を、譲受人等の悪意・重過失を要件として保護する、というのが、この466条3項の趣旨である。

ウ　債務者の承諾　➡論証12

　ただし、いくら債権の譲受人等が譲渡制限特約について悪意・重過失だったとしても、債務者が譲受人等または譲渡人に対して当該債権の譲渡を事後的に承諾した場合には、上記イの効果は生じないと解されている。

　なぜなら、債務者が譲渡を承諾した場合は、弁済の相手方を固定することにより見知らぬ第三者が弁済の相手方となるといった事態を防ぐという債務者の利益（➡上記イ）を、債務者自身が放棄したといえるからである。

エ　強制執行との関係

　また、上記イの効果を定めた466条3項は、強制執行との関係では適用されない（466条の4第1項）。この点は後に詳しく述べる（➡204ページ**ア**）。

オ　閉塞（デッド・ロック）状態の解消──債務者に対する催告

さて、上記**イ**の内容に戻ろう。

上記**イ**で述べたとおり、譲渡制限特約について譲受人等が悪意・重過失の場合、債務者は譲受人等に対する債務の履行を拒絶することができる（466条3項前段）。他方で、債権譲渡は有効であるから、債権の譲渡人は、債務者に対して履行を請求することはできない。

しかし、その結果、誰に対しても債務が履行されないという事態──いわゆる閉塞（デッド・ロック）状態──が生じる可能性がある。

そこで、譲渡制限特約について悪意・重過失の譲受人等が、債務を履行しない債務者に対して、相当の期間を定めて譲渡人への履行の催告をし、その相当の期間内に履行がないときには、466条3項の適用は排除され、債務者は譲受人等からの履行請求を拒絶することができないものとされている（466条4項）。

この催告の制度により、閉塞状態は解消されることになるわけである。

> たとえば、AのBに対する譲渡制限特約付きの売買代金債権を、Aが悪意・重過失のCに譲渡したとします。この場合、BはCへの履行を拒絶することができます（466条3項前段）。CはBに履行を強制することはできないわけです。
>
> また、債権譲渡は有効ですから、Aはもはや債権者ではありません。そのため、AがBに履行を強制することもできません。BはAに任意に弁済し、それをCに対して対抗することはできますが（466条3項後段）、かかるAへの弁済をするか否かはあくまでもBの任意によるものであり、AがBに履行を強制することはできないのです。
>
> したがって、BがCへの履行を拒絶しつつ、Aへの任意の履行もしない場合は、誰もBに履行を強制できず、誰に対しても債務が履行されないという閉塞状態が続くことになってしまいます。
>
> そこで、かかる閉塞状態を打破するべく定められたのが、466条4項です。上記のCは、Bに対して相当の期間を定めてAへの履行を催告することができ、その期間内にBがAに履行しなければ、BのCに対する履行拒絶権は消滅し、CはBに対して履行を強制できることになるのです。

①譲渡制限特約　　悪意・重過失
　　　A　　　　　　　C
　　　　　②　　③Aへの履行
　　　　　　　　　を催告
　　　B
　④期間内に　→　⑤BはCへの
　　履行しない　　　履行拒絶不可

3　譲渡制限特約に反する譲渡の効力②——預貯金債権の例外　A　改正

ア　物権的効力

　繰り返し述べているとおり、譲渡制限特約に反する債権譲渡も有効なのが原則である（466条2項）。この原則は、466条3項が適用される場合でも異ならない。

　しかし、この原則には、実は重大な例外がある。

　預貯金債権について譲渡制限特約が付されている場合に、その預貯金債権が譲渡されたときは、債務者（銀行）は、悪意・重過失の譲受人等に対して譲渡制限特約を「対抗することができる」（466条の5第1項）。すなわち、悪意・重過失の譲受人等との関係では、譲渡制限特約に反する預貯金債権の譲渡は無効となるのである。この例外は、しっかりと覚えておこう。

　預貯金債権についてこのような例外を認めた主たる趣旨は、譲渡制限特約に関する原則を預貯金債権の譲渡にも適用すると、預貯金の円滑な払戻し業務に支障が生じ、市民にとっても不利益となるという点にあると解される。

> 【債権的効力と物権的効力】
> 　AのBに対する譲渡制限特約付きの預貯金債権以外の債権を、特約に反してAがCに譲渡したとします。この場合、特約の一方当事者であるBは、特約の他方当事者であるAに債務不履行——譲渡制限特約によって生じた「債権を譲渡しない」という不作為債務の不履行——があったとして、Aの債務不履行責任を追及することができます。しかし、譲渡制限特約をその当事者にあらざるCに対抗することはできず、債権譲渡は有効となります。つまり、譲渡制限特約は、これを特約の当事者に対して対抗することができるという効力はあるものの、特約の当事者以外の者に対して対抗できるという効力はありません。このことを指して、「譲渡制限特約には、債権的効力はあるものの物権的効力はない」と表現されることがあります。
> 　ところが、預貯金債権についてだけは、債権的効力に加えて、悪意・重過失の譲受人に対する物権的効力が認められているのです。

イ　銀行の承諾がある場合

　以上のように、悪意・重過失の譲受人等との関係では、譲渡制限特約に反する預貯金債権の譲渡は無効である。

　ただし、銀行が預貯金債権の譲渡を事前に承諾していた場合は、その譲渡は悪意・重過失の譲受人等との関係でも有効と解してよい（最判昭和28・5・29参照）。

また、銀行が悪意・重過失の譲受人等への預貯金債権の譲渡を事後的に承諾した場合は、116条を類推適用して処理するべきである。すなわち、承諾により、原則として債権譲渡は遡及的に有効となるが（116条本文類推）、第三者の権利を害する場合は、かかる遡及効は生じない（同ただし書類推）と解するべきである（最判平成9・6・5参照）。

116条ただし書が類推適用される「第三者の権利を害する」場合というのは、具体的にはどのような場合なのでしょうか。

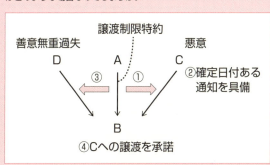

　たとえば、AのBに対する譲渡制限特約付きの預金債権が悪意のCに譲渡され、第三者対抗要件である確定日付のある証書による通知（467条2項➡209ページ2）が具備されたとします。その後、Aが同一の債権を善意無重過失のDにも譲渡したとしましょう。
　この場合、Cへの譲渡は無効、Dへの譲渡は有効ですから、CDは対抗関係になりません。Cの第三者対抗要件の具備は無意味であり、Dが第三者対抗要件を備えていなくともDの勝ちとなります。
　ところが、BがDへの譲渡の後にCへの譲渡を承諾した場合、仮にその承諾によってCへの譲渡が遡及的に有効になると解すると、CDは対抗関係となってしまい、先に第三者対抗要件を備えたCの勝ちということになってしまいます。つまり、116条本文類推による遡及効を認めると、「第三者」たるDの「権利を害する」ことになるわけです。
　そこで、このような場合は、116条ただし書の類推適用により、Bの承諾の効果は遡及しないと解していくのです。
　譲渡制限特約に反する債権譲渡の効力について、ここまでに学んだ内容を次ページの図にまとめておきます。しっかりと頭の中を整理しておきましょう。

ウ　強制執行との関係

　上記アの効果を定める466条の5第1項は、強制執行には適用されない（466条の5第2項）。この点は次の**4**で述べる。

4　譲渡制限特約と強制執行の関係　B+　改正

　以上で学んだ466条3項や466条の5第1項は、あくまでも債権譲渡の場合の規定であり、強制執行との関係では適用されない。以下、説明する。

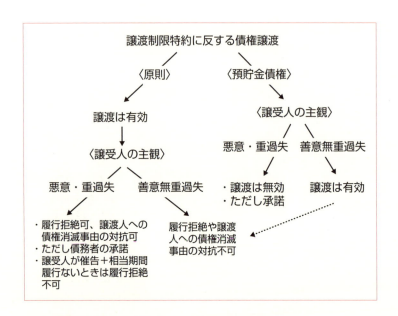

ア 466条3項の不適用

　まず、悪意・重過失の譲受人等への履行の拒絶などを定めた466条3項は、譲渡制限特約付きの債権に対して強制執行をした差押債権者との関係では適用されない（466条の4第1項）。

　すなわち、譲渡制限特約付きの債権について強制執行がされたときは、債務者は、強制執行をした差押債権者が悪意・重過失であっても、差押債権者に対して債務の履行を拒絶したり、弁済その他の債権消滅事由を対抗することはできない。

　これは、仮に強制執行をした差押債権者との関係で466条3項の適用を認めてしまうと、私人間の特約によって実質的な差押禁止債権（民事執行法152条）を作り出すことが可能になってしまい、強制執行制度の趣旨に反することになるからである。

　ただし、悪意・重過失の譲受人等の債権者が、譲受人等の取得した当該債権に対して強制執行をしたときは、債務者は、債務の履行を拒絶することができ、かつ、譲渡人に対する弁済その他の債権消滅事由をもって対抗することができる（466条の4第2項）。

これは、差押債権者に、執行債務者である譲受人等が有する権利以上の権利を認めるべき理由はないからである。この場合、差押債権者の主観は無関係である点に注意しよう。

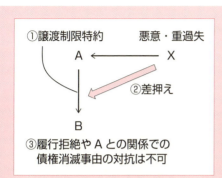

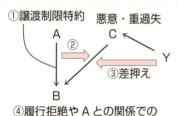

466条の4の1項と2項は、それぞれ適用される場面が異なります。

たとえば、AのBに対する譲渡制限特約付きの債権に対し、Aの債権者であるXが強制執行を行い、かかる債権を差し押さえたとします。これが、466条の4第1項の適用場面です。この場合、466条3項の適用が排除され、Xが悪意・重過失でも、Bは、履行を拒絶したり、Aとの関係での債権消滅事由を対抗したりすることはできません。

これに対し、AのBに対する譲渡制限特約付きの債権が悪意・重過失のCに譲渡されたところ、かかる債権に対してCの債権者であるYが譲渡された債権に対して強制執行を行い、これを差し押さえた場合が、466条の4第2項の適用場面です。この場合、Yによる強制執行がなされる前の時点で、BはCに対して履行を拒絶したり、Aとの関係での債権消滅事由を対抗することができました（466条3項）。Cの債権には、そのような制限が付着していたわけです。そして、Yは、そのような制限が付着しているCの債権を差し押さえたわけですから、Yは、Bから、履行を拒絶されたり、Aとの関係での債権消滅事由を対抗されたりすることになります。

イ 466条の5第1項の不適用

次に、譲渡制限特約付きの預貯金債権について、悪意・重過失の譲受人への譲渡を無効とする466条の5第1項は、当該債権に対して強制執行をした差押債権者との関係では適用されない（466条の5第2項）。

すなわち、譲渡制限特約付きの預貯金債権に対する強制執行としての差押えは、差押債権者の主観を問わず、常に有効なのである。

強制執行をした差押債権者との関係で466条の5第1項を適用し、差押えを無効としてしまうと、私人間の特約によって差押禁止債権（民事執行法152条）

を作り出すことが可能になってしまい、強制執行制度の趣旨に反することになるから、というのがその趣旨である（最判昭和 45・4・10 参照）。

5　譲渡制限特約に反する譲渡の効力③——債務者による供託　B　改正

譲渡制限特約の付された金銭債権が譲渡された場合、債務者は、譲渡された金銭債権の全額に相当する金銭を供託（➡ 128 ページ **4.**）することができる（466 条の 2 第 1 項）。弁済すべき相手方が誰なのかの判断に迷う債務者を保護する趣旨である。

履行の拒絶等（466 条 3 項 ➡ 199 ページイ）や預貯金債権における譲渡制限特約の対抗（466 条の 5 ➡ 202 ページア）とは異なり、譲受人の善意・悪意を問わず可能である。この点は注意しよう。

供託をした債務者は、遅滞なく、譲渡人と譲受人に通知しなければならない（466 条の 2 第 2 項）。供託金は、譲受人に限り、還付を請求することができる（同 3 項）。

なお、466 条の 3 では、金銭債権の譲渡人について破産手続開始決定があった場合の譲受人の供託請求権が定められている。時間があるときに条文を一読しておこう。

4. 債権譲渡の対抗要件

およそ債権譲渡（将来債権の譲渡（➡ 215 ページ **5.**）を含む）の対抗要件は、①債務者に対する対抗要件と、②債務者以外の第三者に対する対抗要件に大別される。

①債務者に対する対抗要件は、債権の譲受人が、債務者に対して自らが債権者となった旨を対抗するための要件である。

これに対し、②債務者以外の第三者に対する対抗要件は、たとえば債権の二重譲渡があった場合に、他の譲受人に対して自らが債権者である旨を対抗するための要件である。

物権変動では第三者に対する対抗要件しか問題とならなかったのに対し、債権譲渡では債務者に対する対抗要件も問題となる点が、債権譲渡の対抗要件の特徴である。
　以下、それぞれについて説明する。

1　債務者に対する対抗要件　A

　まず、債務者に対する対抗要件は、譲渡人から債務者への通知、または債務者の承諾である（467条1項）。

ア　譲渡人から債務者への通知

　譲渡人から債務者への通知は観念の通知（➡総則［第2版］130ページ 5.）であるが、法律行為の規定（たとえば意思能力や行為能力、効力発生時期、代理などの規定）が類推適用される。
　対抗要件として認められる通知は、譲渡人からの通知だけである。譲受人から債務者への通知があっても、それは対抗要件にはならない。この点はしっかりと覚えておこう。

> 　民法が、譲渡人からの通知を対抗要件としているのは、かかる通知は自己（譲渡人）にとって不利益な内容の通知であるところ、人は嘘をついてまで自分に不利益なことは述べないのが通常であるという経験則に照らして、かかる通知は類型的に信頼性が高いといえるからです。これに対し、譲受人からの通知は、自己に利益な内容の通知ですから、類型的に信頼性が高いとはいえません。そのため、譲受人からの通知は対抗要件とはされていないのです。

　また、譲受人が譲渡人に代位して通知をすることはできない（大判昭和5・10・10）。他方、債権の転得者が譲受人の通知請求権を代位行使することは認められる（大判大正8・6・26）。

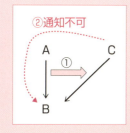

> 　この2つの判例は、一見すると矛盾しているように感じるかもしれませんが、もちろん何ら矛盾していません。
> 　たとえば、AのBに対する債権をAがCに譲渡した場合、譲受人であるCが譲渡人であるAに代位して（つまりAに代わって）Bに通知することを認めると、譲渡人からの通知を要求した法の趣旨に反します。また、そもそもAが債権譲渡の通知をすることは、Aの有するBに対する権利というわけではありませんから、債権者代位権の被代位権利が存在しません。したがって、通知自体の代位は認め

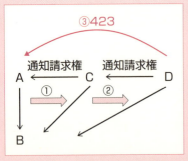

られません。これが前者の判例です。

これに対し、AのBに対する債権の譲受人であるCがさらにDに債権を転売した場合に、転得者のDが、DからCに対して存する通知請求権（DがCに対して「CD間の債権譲渡の事実をBに通知せよ」と請求する権利）を被保全債権として、CからAに対して存する通知請求権（CがAに対して「AC間の債権譲渡の事実をBに通知せよ」と請求する権利）を代位行使することは可能です。CのAに対する被代位権利はもちろん存在しますし、代位行使の結果AC間の債権譲渡の通知をすることになるのはあくまでも請求を受けたAですから、譲渡人からの通知を要求する467条1項に全く反しません。そのため、かかる通知請求権の代位行使は認められるわけです。これが、後者の判例です。

債権に保証債権が付随している場合、債権者が債権（主債務）を譲渡すると、保証債務も譲渡されたことになる（➡170ページ**3**、197ページ**3**）。この場合、譲渡人が主たる債務者に債権譲渡の通知をすれば、保証債務の付従性により、保証人にも通知の効力が生じる（➡177ページ**1**）。他方、保証人への通知は、主たる債務者にその効力を生じない（➡178ページ**2**）。

通知は、譲渡と同時に、または譲渡の後にされることが必要であり、譲渡の前の通知（事前通知）は無効である（通説）。事前通知がされても、その後の実際の譲渡の有無や譲渡の時期は不明確であるところ、かかる事前通知を有効と解すると、債務者に不利益を課すことになるからである。

イ 債務者の承諾

債務者の承諾も観念の通知であるが、法律行為の規定が類推適用される。

承諾の相手方は、譲渡人であると譲受人であるとを問わない（大判大正6・10・2）。

通知と異なり、債権と譲受人が特定している限り、譲渡前の承諾（事前承諾）も有効である（最判昭和28・5・29）。債務者に対する対抗要件が要求されているのは、債務者を保護するためであるところ、債務者が自らかかる保護を放棄することを禁ずる必要はないからである。

ウ 通知・承諾を欠く場合の処理

債務者に対する対抗要件たる通知・承諾がない場合、譲受人は、債務者に

対して債権の譲受けを対抗することができない。債権譲渡について債務者が悪意の場合も同様である（大判大正6・3・26）。

この場合、債務者は、譲渡人に対して弁済すればよい。ただし、通知・承諾は債務者に対する対抗要件であるにとどまるから、債務者の側から譲渡があったことを主張し、譲渡人への弁済を拒むことはできる（大判明治38・10・7）。

2　債務者以外の第三者に対する対抗要件　A

次に、債務者以外の第三者に対する対抗要件についてである。

債務者以外の第三者に対する対抗要件は、確定日付のある証書による通知または承諾である（467条2項）。

ア　確定日付のある証書

「確定日付のある証書」の典型は、郵便局で扱う内容証明郵便（民法施行法5条1項6号）である。内容証明郵便には認証の日付が付されるが、その日付が確定日付である。

> 内容証明郵便を出すためには、データのやりとりだけで完結する電子内容証明郵便を除き、同じ内容の手紙を3通作成して、その3通をすべて郵便局にもっていく必要があります。そして、その3通の内容が全く同じということを郵便局員（厳密には郵便認証司）が確認すると、たとえば『この郵便物は令和元年6月17日第12345号書留証明郵便物として差し出されたことを証明します。日本郵便株式会社』というハンコを3通の手紙に押してくれます（郵便法58条1号参照）。このハンコの中の日付が、確定日付になるわけです。
> ちなみに、その後、1通は相手方に送付され、1通は差出人の手元保管用に返却され、最後の1通は郵便局がその後も保管してくれます。そのため、どのような内容の手紙を送ったのかについての証拠が完璧に残ることになります。これが、実務で弁護士が多用する内容証明郵便なのです。

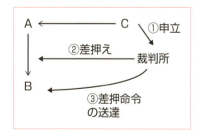

債権に対する差押命令の第三債務者（差し押さえられた債権の債務者）への送達（民事執行法145条3項）も、「確定日付のある証書による通知」と同視される。

たとえば、AがBに対して金銭債権を有するところ、Aの債権者Cが、AのBに対する金銭債権に対する強制執行を申し立て、裁判所がこれを差し押さえた

とする。この場合、裁判所から第三債務者Bに対して差押命令という書面が送達されるが、この差押命令の送達も確定日付のある証書による通知と同視されるわけである。したがって、差押命令の送達後にDがAからAのBに対する債権の譲渡を受けたとしても、CはDに対して自らが差押債権者であることを対抗することができる。

イ　第三者の範囲

467条2項の「第三者」とは、債権そのものに対し法律上の利益を有する者をいう（大判大正4・3・27）。

その典型は、債権が二重譲渡された場合の各譲受人である。

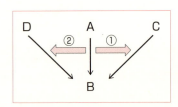

すなわち、AのBに対する債権がCとDに二重譲渡された場合の、CにとってのD、DにとってのCは、それぞれ「第三者」にあたる。したがって、Cは、確定日付のある証書による通知・承諾を備えない限り、Dに対して自らが債権者であることを対抗できない。Dもまた、確定日付のある証書による通知・承諾を備えない限り、Cに対して自らが債権者であることを対抗できない。

債権に対する質権者や、債権を差し押さえて転付命令を受けた者なども、467条2項の「第三者」にあたる。

ウ　特別法による第三者対抗要件

実務では、資金調達方法の1つとして、企業がその有する大量の債権を一括して譲渡したり、譲渡担保に供することが、しばしば行われている。

しかし、そのような大量の債権の1つひとつについて、いちいち467条2項が要求する第三者対抗要件を具備するには、多大な手間と費用が掛かり、合理性・経済性に欠ける。

そこで、「動産及び債権の譲渡の対抗要件に関する民法の特例等に関する法律」（動産債権譲渡特例法）は、譲渡の登記という特別の第三者対抗要件を定めている。

すなわち、法人が金銭債権を譲渡した場合において、法務局の債権譲渡登

記ファイルに譲渡の登記をすると、民法467条2項の確定日付のある証書による通知があったものとみなされるのである（同法4条1項）。

この登記は、1つひとつの債権について個別に行う必要はない。多数の譲渡情報を一括して登記することができるわけである。この点に、この制度の大きなメリットがある。

なお、債務者が特定されていない将来債権を譲渡した場合でも、他の要素から債権を特定して登記することができる（同法8条2項4号、動産・債権譲渡登記規則9条3号）。

以上の登記によって備わるのは、あくまでも第三者対抗要件だけである。したがって、以上の登記だけでは、譲受人は債権の譲渡を債務者に対抗することはできない。債務者に対抗するには、別途、登記事項証明書を付した通知または債務者の承諾が必要である（同法4条2項）。

登記と、民法上の第三者対抗要件である確定日付のある証書による通知が競合した場合については、登記がなされた時と、通知が債務者に到達した時のいずれが先かによって決せられる（➡214ページエ）。

3 債権の二重譲渡の処理　A

以上を前提として、債権が二重譲渡された場合の処理について、場合を分けて検討してみよう。

ア　一方の者だけが第三者対抗要件を備えた場合

まず、一方の者だけが第三者対抗要件を備えた場合である。

たとえば、AのBに対する債権がCとDに二重に譲渡された事案で、Cは単なる通知を備えたのに対し、Dは確定日付のある証書による通知を備えたとする。

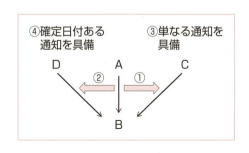

この場合、第三者対抗要件を備えたのはDだけであるから、債権者であることを対抗できるのはDだけである（467条2項）。また、この場合は、債務者BもDのみを債権者として扱わなければならない（大判大正8・3・28）。467条2

項は債務者をも拘束するわけである。この点はしっかりと覚えておこう。

よって、Dが確定日付のある証書による通知を備えた後に、BがCに弁済したとしても、その弁済は有効な弁済とは認められず、BはなおDに対して弁済しなければならない。

他方で、Cが単なる通知を備えた段階でBがCに弁済すれば、その弁済は有効である。その後、Dが確定日付のある証書による通知を備えても、DはBに請求することはできない（➡ 215 ページオ）。

イ　両者が第三者対抗要件を備えた場合　➡論証 13

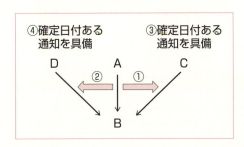

では、AのBに対する債権がCとDに二重に譲渡された事案で、CもDも確定日付のある証書による通知（または確定日付のある証書による承諾）を備えた場合はどうか。

この場合、467 条 2 項を形式的に適用するだけでは結論は出ない。そのため、CDの優劣を決する基準をめぐって、見解が対立している。

（ア）確定日付説

第 1 の見解は、通知または承諾に付された確定日付の先後で優劣を決するべきとする。この見解は、確定日付説とよばれる。

しかし、この確定日付説によれば、各譲受人がともに確定日付のある証書による通知を備えた事案で、通知が到着した先後と確定日付の先後とが逆転している場合、譲受人間の優劣が事後的に覆されることになり、法的安定性が害されてしまう。

	Cへの譲渡	Dへの譲渡
通知の到達	4月5日	4月7日
確定日付	4月3日	4月1日

たとえば、AからBへの債権がCDに二重譲渡された事案で、Cへの譲渡の通知の到達は 4 月 5 日、Dへの譲渡の通知の到達は 4 月 7 日だったとします。到達は、Cの方が早かったわけです。ところが、Cへの譲渡の通知の確定日付は 4 月 3 日、Dへの譲渡の通知の確定日付は 4 月 1 日だったとしましょう。

この場合、確定日付説によれば、4 月 5 日の時点ではCが優先されるはずですが、4 月 7 日の時点ではDが優先されることになり、混乱が生じます。これが、確定日付説の難点

なのです。

（イ）到達時説（判例・通説）

そもそも、467条が通知または承諾を債権譲渡の対抗要件とした趣旨は、債務者に公示機能を営ませようとした点にあると解される。

そして、通知が債務者に到達してはじめて、債務者はかかる公示機能を営むことが可能となる。

そこで、いずれの譲受人も確定日付のある証書による通知または承諾を備えている場合の優劣は、①通知については確定日付のある証書による通知が債務者に到達した日時、②承諾については確定日付のある証書による承諾の日時の先後を基準とするのが判例（**最判昭和49・3・7**）・通説である。この見解は、到達時説とよばれている。

なお、この到達時説からは、467条2項が確定日付を要求した趣旨は、譲渡人・債務者・第二譲受人の3者が通謀して通知・承諾の日時を遡及させる不正を可及的に防止することにあると解することになる。

> 　上記のコラムの例では、Cへの譲渡の通知は4月5日に、Dへの譲渡の通知は4月7日に、それぞれBに到達していますから、到達時説からは先に通知が到達したCの勝ちです。しかし、譲渡人A、債務者B、第2譲受人Dの3者が通謀して、Dへの譲渡の通知がBに到達したのは4月2日だったと嘘をついたら、その嘘が通ってしまう可能性があります。確定日付というのは、こうした不正が行われる可能性を念頭において、不正を完全には防げないけれども、少なくとも確定日付よりも前の日に通知が到達した（または債務者が承諾した）との嘘を不可能にするために要求されているものなのだと解するわけです。上の例では確定日付は残念ながら意味がありませんが、たとえばDへの譲渡の通知の確定日付が4月6日だった場合は、D側がつける嘘の上限は4月6日の到達ということになり、いくら嘘をついたとしてもCの勝ちは揺るがないことになるわけです。

（ウ）劣後する譲受人に対して弁済した場合

債務者が、上記の基準により劣後することになる譲受人に対して弁済した場合、その弁済は無効であり、優位する譲受人に対してさらに弁済しなければならないのが原則である。

ただし、債務者が善意無過失の場合は、受領権者としての外観を有する者に対する弁済として例外的に有効となる（478条。**最判昭和61・4・11**参照）。

ウ　確定日付のある証書による通知の同時到達または先後不明の場合　→論証14

以上のように、各譲受人がともに確定日付のある証書による通知を備えた場合は、その通知の到達の先後で優劣が決まることになる。

では、債権が二重譲渡された事案で、それぞれの譲渡にかかる確定日付のある証書による通知が同時に債務者のもとに到達した場合、または到達の先後が不明の場合は、どのように処理するべきだろうか。

この場合は、通知の到達が同時であり、または到達の先後が不明である以上、各譲受人の優劣を決することはできない。したがって、各譲受人は、債務者に対して全額の弁済を請求できると解するべきである。

そして、その反面、債務者は譲受人のうちの1人に弁済すれば債務を免れると解するべきである。

では、譲受人の1人が全額の弁済を受けた場合、他の譲受人は、弁済を受けた譲受人に対して分配請求をすることができるか。

この点については、公平の理念から、他の譲受人は、債権額に応じて按分した額について分配請求できると解するべきである。

判例も、到達の先後が不明の事案において、同様の見解に立っている（**最判平成5・3・30**）。

エ　確定日付のある証書による通知と登記が競合した場合

動産債権譲渡特例法が適用される事案で、一方の譲受人が確定日付のある証書による通知を備え、他方の譲受人が譲渡の登記（→210ページウ）を備えた場合、その優劣は何によって決まるのだろうか。

この点については、通知が債務者に到達した時と登記がなされた時（登記事項証明書が債務者に到達した時ではないので注意）のいずれが先かによって決まると解されている。

たとえば、法人であるAの有する金銭債権がCとDに二重に譲渡された事案で、Cが確定日付のある証書による通知を具備し、Dが譲渡の登記を具備した場合、CD間の優劣は、Cへの譲渡の通

知がBに到達した時点と、Dが登記を具備した時点のいずれが先かによって決まることになる。

オ　存在しない債権の譲渡の場合

以上で学んできた二重譲渡ないし対抗関係が問題となるのは、債権が存在する場合だけである。譲渡の対象となった債権がすでに存在しない場合は、対抗問題は生じない。

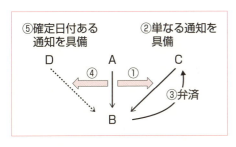

たとえば、AのBに対する債権がCに譲渡され、Cへの譲渡につき確定日付のない単なる通知がなされたところ、BがCに弁済したとする。この弁済は、完全に有効である。したがって、その後に、Dがその債権をAから譲り受け、Dへの譲渡につき確定日付のある証書による通知がなされたとしても、Dは消滅済みの債権の譲受人にすぎず、Dへの債権譲渡は無効であるから、CD間は対抗問題とはならない（大判昭和7・12・6）。

つまり、Dの第三者対抗要件の具備は全く無意味であり、BによるCへの弁済は有効なままである。

5. 将来債権の譲渡　改正

1　将来債権の意義　B+

将来債権とは、**未だ発生していない債権**をいう。

たとえば、すでに締結されている賃貸借契約にもとづき将来発生するはずの賃料債権や、将来締結される予定の診療契約から発生するはずの診療報酬債権が、将来債権の例である。

他方、弁済期が未到来の債権や停止条件が成就していない債権は、すでに発生はしているため、将来債権ではない。

2 将来債権の譲渡性 B+

将来債権も、譲渡することができる（466条の6第1項）。

ただし、将来債権を譲渡するには、債権の発生原因を特定するなどの適宜の方法によって、譲渡の対象とされる債権が特定されること（いいかえれば、譲渡の対象とされる債権と他の債権とを識別できること）が必要である。

なお、債務者の特定は、債権の特定のために必要不可欠というわけではない。たとえば、会社が将来の顧客に対する債権をあらかじめ譲渡することも、譲渡の対象とされる債権の範囲が特定され、他の債権との識別が可能であれば、有効である。

3 譲受人の取得時期 B

将来債権が譲渡された場合、その譲受人は、債権が発生した時点で当然にその債権を取得する（466条の6第2項）。

債権が譲受人のもとで発生するのか、それとも譲渡人のもとで発生しそれが瞬時に譲受人に移転するのか、については争いがあるが、譲受人のもとで発生するとの見解が有力である。

4 譲渡後の譲渡制限特約 B

将来債権が譲渡された後に、債務者と譲渡人との間で、譲渡の対象とされた将来債権について譲渡制限特約が締結されたとする。

かかる譲渡制限特約の効力は、その締結の時点と、譲受人の「対抗要件具備時」（466条の6第3項）との先後関係によって異なる。

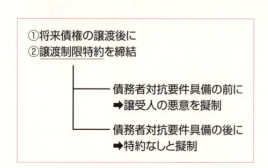

ア 譲渡制限特約→対抗要件具備の場合

まず、譲受人の「対抗要件具備時」よりも前に譲渡制限特約が締結された場合は、譲受人の譲渡制限特約についての悪意が擬制される（466条の6第3項前段）。

したがって、①預貯金債権以外の将来債権が譲渡された場合は、債務者は履行を拒絶でき、また譲渡人への債権消滅事由を対抗することができる（466条の6第3項後段、466条3項➡199ページイ）。

また、②将来の預貯金債権が譲渡された場合は、当該譲渡は無効となる（466条の6第3項かっこ書、466条の5第1項➡202ページア）。

イ 対抗要件具備→譲渡制限特約の場合

次に、譲受人の「対抗要件具備時」よりも後に譲渡制限特約が締結された場合は、譲受人の主観を問わず、譲渡制限特約は締結されていないものとして扱われることになる（通説）。

> 債権譲渡は債権者と譲受人との間の契約ですから、債務者は、将来債権の譲渡に関与していません。そのため、将来債権が譲渡された後であっても、譲渡制限特約を締結し、弁済の相手方を固定するという債務者の利益は、一定の保護に値します。
> そこで、466条の6第3項は、譲受人が「対抗要件」を具備する前に譲渡制限特約が締結された場合には、譲受人の悪意を擬制して、債務者が譲渡制限特約を対抗できるとしています。
> しかし、他方で、将来債権の譲渡後の譲渡制限特約は、債権の譲受人にとっては不意打ちそのものですから、譲渡制限特約の効力が否定される場合も認めるべきです。
> そこで、通説は、譲受人が「対抗要件」を具備した後に譲渡制限特約が締結された場合は、譲渡制限特約は締結されていないものと擬制されると解していくのです。

ウ「対抗要件」の意義　➡論証15

以上のように、譲受人が「対抗要件」を具備するまでは債務者の利益が保護されるのに対し、譲受人が「対抗要件」を具備した時以降は譲受人の利益が保護されることになる。

では、かかる「対抗要件」とは、第三者に対する対抗要件と債務者に対する対抗要件のいずれを意味するのだろうか。

466条の6第3項の「対抗要件」は、債務者と譲受人の利益が対立している状況にあって、そのいずれの利益を保護するかを決する基準である。

そのため、466条の6第3項の「対抗要件」は、第三者に対する対抗要件（467条2項）ではなく、債務者に対する対抗要件（同1項）と解するのが妥当である（通説）。

> つまり、「対抗要件」の具備は、債務者の利益を犠牲にして譲受人を保護するための要件なのですから、譲受人は債務者に対する対抗要件さえ備えていれば十分だと解していくわけです。

エ　譲渡制限特約が前提とされている将来債権の譲渡

なお、譲渡の対象とされた将来債権が譲渡制限特約付きで将来成立するものであることが、債権譲渡契約においてすでに前提とされているという場合もありうる。

たとえば、預貯金債権について譲渡制限特約が付されることは、実務では周知の事実である。したがって、将来の預貯金債権が譲渡された場合、その預貯金債権が譲渡制限特約付きで将来成立することは、債権譲渡契約においてすでに前提とされているものといえる。

そのような場合には、466条の6第3項は適用されず、単に466条2項以下の規定によって処理されることになる（通説）。

6. 抗弁の承継 改正

1　抗弁の対抗　A

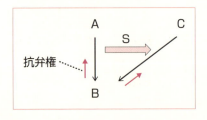

債務者は、譲受人の対抗要件具備時までに譲渡人に対して生じた事由をもって、譲受人に対抗することができる（468条1項）。

たとえば、債務者Bが債権者Aに対して弁済をした場合、当然ではあるが、

BはAに対して弁済（による債権の消滅）を対抗することができる。そして、その後にかかる債権がAからCに譲渡され、その旨の通知がAからBに対してなされたとしても、Bは、Aに対抗できた弁済をCに対しても対抗することができる。BはCに重ねて弁済する必要はないわけである。

債務者が譲受人に対抗することができる「譲渡人に対して生じた事由」としては、弁済のほか、債権の不成立、取消し・無効事由、解除による債権の消滅、同時履行の抗弁などがある。

> 平成29年改正前の民法では、債務者Bが債権譲渡について異議をとどめないで承諾した場合には、債務者Bの有した抗弁権が切断される（消滅する）場合があるとされていました。しかし、この異議なき承諾の制度は、平成29年改正によって全面的に廃止されました。平成29年改正前の民法を学んだことがある方は、混乱しないよう十分に注意してください。

2 抗弁の発生時期　A

ア　対抗要件具備時までに生じた事由

468条1項の文言から明らかなとおり、債務者が債権の譲受人に対抗することができるのは、「対抗要件具備時まで」に生じた事由に限られる。

この規定のいう「対抗要件」は、譲受人と債務者の利益を調整する基準であることから、債務者対抗要件のことを指すと解される（通説 ➡ 217ページウ参照）。単なる通知・承諾で足りるわけである。

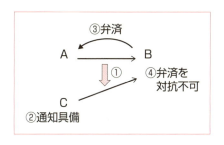

したがって、たとえばAのBに対する債権がCに譲渡され、その旨の単なる通知（もちろん確定日付のある証書による通知でもよい）がAからBになされた後に、BがAに弁済した場合、かかる弁済はCの対抗要件具備の後に生じた事由であるから、Bはかかる弁済をCに対抗することはできない。

イ　通知後の債務不履行によって発生した解除権　➡論証16

この468条1項に関して問題となるのが、債権譲渡の通知後の債務不履行に

よって解除権が発生した場合、債務者は債権の譲受人に対して解除を対抗することができるか否かである。

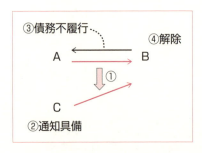

たとえば、AがBに対する請負報酬債権をCに譲渡し、Cが通知を具備した後に、Aの仕事完成債務の不履行によりBのもとに解除権が発生したため、Bが請負契約を解除したとする。この場合、かかる解除を、BはCに対抗することができるのだろうか。

確かに、Aによる債務不履行や、Bの解除権の発生ないしBによる解除は、Cの対抗要件具備の後の事由である。

しかし、上記の例のように、双務契約上の債権が譲渡された場合、譲受人の対抗要件具備時までに反対債務が未履行だったのであれば、その後に反対債務が債務不履行に至り、解除権が発生する可能性はあったものといえる。

そこで、対抗要件具備時までに反対債務が未履行だった場合には、債務者は譲受人に対して解除を対抗できると解するのが妥当である。判例も、同様の見解である（最判昭和42・10・27）。

上記の例では、Cが通知を具備した時点において、BからAへの仕事完成債権（譲渡された請負報酬債権の反対債務）が未履行だったのであるから、Bは解除をCに対抗することができ、債務の履行を拒むことができる。

ウ 「対抗要件具備時」の読みかえ

やや細かいが、468条1項のいう「対抗要件具備時」は、①閉塞状態の解消（466条4項 ➡ 201ページオ）の場合においては、「466条第4項の相当の期間を経過した時」と読みかえられる（468条2項前段）。譲受人が債務者に履行を強制できるようになるのはかかる期間が経過した時点からであるため、その時点までに譲渡人との間で生じた事由の対抗を債務者に認める趣旨である。

また、②金銭債権の譲渡人について破産手続開始決定があった場合の譲受人の供託請求権の場合（466条の3）においては、468条1項のいう「対抗要件具備時」は「466条の3の規定により同条の譲受人から供託の請求を受けた時」と読みかえられる（468条2項後段）。

3　468条1項と第三者保護規定との関係　B

ア　債権の譲受人と94条2項などの「第三者」

　債権の譲受人は、定義上、93条2項、94条2項、95条4項、96条3項の「第三者」にあたる。

　したがって、譲受人が善意（93条2項、94条2項）または善意無過失（95条4項、96条3項）の場合は、468条1項は排除され、債務者は心裡留保・虚偽表示による無効や錯誤・詐欺による取消しを譲受人に対抗することができないということになる（虚偽表示の事案について、大判大正3・11・20）。

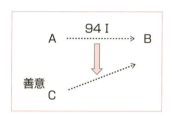

　たとえば、AのBに対する債権がCに譲渡されたが、かかる債権はAB間の虚偽表示による売買契約をその発生原因とするものであり、無効だったとする。この場合、Cは、虚偽表示の外形を基礎として新たな独立の法律上の利害関係を有するに至った者といえるから、94条2項の「第三者」にあたる。よって、債務者Bは、悪意のCには虚偽表示による無効を対抗することができるが、善意のCにはかかる無効を対抗することができない。

イ　債権の譲受人と545条1項ただし書の「第三者」　→論証17

　では、債務者が債権の発生原因についての解除権を有する場合に、債権の譲受人は545条1項ただし書の「第三者」にあたるか。

　判例（大判明治42・5・14）・通説は、545条1項ただし書の「第三者」とは、解除された契約から生じた法律効果を基礎として解除までに新たな権利を取得した者をいうと解したうえで、債権の譲受人は新たな権利を取得した者とはいえないことから、「第三者」にあたらないとする。

　解除については債権各論で詳しく学ぶが、この結論は今から覚えておこう。

> **Q** 債務者が債権の発生原因についての解除権を有する場合に、債権の譲受人が545条1項ただし書の「第三者」にあたるか。　B⁺
>
> **A説**　否定説（判例・通説）
> 結論：あたらない。

理由：①545条1項ただし書の「第三者」とは、解除された契約から生じた法律効果を基礎として、解除までに新たな権利を取得した者をいうところ、解除された契約から生じた債権そのものの譲受人は、新たな権利を取得した者とはいえない。
②仮に「第三者」にあたると解すると、譲受人の善意・悪意を問わず、譲渡人は債権の譲渡によって常に契約の解除を免れる結果となり、法律が解除権を認めた趣旨が失われる。
批判：94条2項・96条3項などの場合と、545条1項ただし書の場合との違いを説明することは困難である。

B説 肯定説（潮見など有力説）
結論：あたる。
理由：545条1項ただし書も、94条2項や96条3項などと同じ趣旨に出たものであり、権利保護要件が異なるだけである。

7. 債権譲渡と相殺 改正

AのBに対する債権がCに譲渡された場合、Bは、Aに対する反対債権を自働債権とし、譲渡された債権を受働債権として、相殺することができるのだろうか。

この問題は、平成29年改正前の民法では「債権譲渡と相殺」とよばれる重要論点だったが、現在では、469条が場合を分けて相殺の可否を定めている。

1 反対債権の取得→譲受人の対抗要件具備の場合　A

まず、譲受人が対抗要件を具備する時よりも前に、債務者が譲渡人に対する債権を取得した場合は、債務者はかかる債権を自働債権とし、譲渡された債権を受働債権として、相殺することができる（469条1項）。差押えと相殺についての511条1項後段（➡140ページ（ア））と同様に、相殺に対する債務者の期待を保護する趣旨である。

そして、この規定のいう「対抗要件」は、譲受人と債務者の利益を調整する基準であることから、第三者対抗要件ではなく債務者対抗要件をいうと解される（通説➡217ページウ参照）。

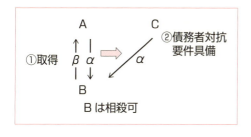

たとえば、AのBに対するα債権がCに譲渡された事案において、BがAに対するβ債権を取得したところ、そのβ債権の取得が、α債権についてのCの債務者対抗要件具備時よりも先であれば、Bはβ債権を自動債権とし、α債権を受働債権として相殺することができる。

なお、この469条1項は、自動債権と受働債権の弁済期の前後関係は特に問題としていない。この点も、511条1項後段と同様である。したがって、β債権の弁済期が先に到来する場合はもとより、α債権の弁済期が先に到来する場合でも、相殺適状に達すれば、Bは相殺することができる（平成29年改正前の民法における無制限説の採用）。

2 譲受人の対抗要件具備→反対債権の取得の場合　A

では、以上の469条1項の要件を満たさない場合、すなわち譲受人が債務者対抗要件を具備した後に、債務者が譲渡人に対する債権を取得した場合は、債務者は相殺することが一切できないのかというと、実はそうではない。

次の2つの場合には、債務者は相殺することができる。

ア　反対債権の発生原因→譲受人の対抗要件具備の場合

まず、譲渡人に対する債権が譲受人の対抗要件具備時より前の原因にもとづいて発生したものである場合は、譲渡された債権の債務者は、かかる原因によって生じた債権を自動債権とし、譲渡された債権を受働債権として、相殺することができる（469条2項1号）。つまり、発生原因が対抗要件具備よりも先行していれば、発生は対抗要件具備に後行していても、なお相殺ができるわけである。

差押えと相殺についての511条2項本文（➡141ページb）と同様に、反対債権の発生原因が先行している以上、相殺への期待は保護に値する、というのがその趣旨である。

そして、469条2項1号のいう「対抗要件」は、債務者対抗要件をいうもの

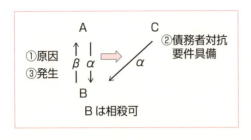

と解される（→217ページ**ウ**参照）。

以上の内容を、具体例でも確認しておこう。

たとえば、AのBに対するα債権がCに譲渡された事案において、その債務者対抗要件が具備された後に、BからAに対するβ債権が発生したとする。この場合、β債権の発生はCの債務者対抗要件の具備よりも後であるため、Bは469条1項によっては相殺することはできない。しかし、Cの債務者対抗要件具備時よりも前に、β債権の発生原因が生じていたのであれば、Bは、469条2項1号によって、β債権の発生後、β債権を自働債権とし、α債権を受働債権として相殺することができる。

イ　自働債権が同一の契約により発生した場合

また、債権が、譲渡された債権と同一の契約にもとづいて発生したものである場合も、譲渡された債権の債務者は、かかる契約にもとづいて発生した譲渡人に対する債権を自働債権とし、譲渡された債権を受働債権として、相殺することができる（469条2項2号）。これは、差押えと相殺の箇所には規定のない、債権譲渡と相殺に固有の規定である。

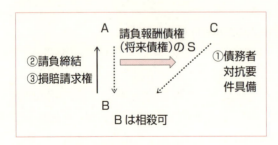

たとえば、Aを請負人、Bを注文者とするAB間の請負契約（632条）が締結される予定だったところ、実際に締結されるよりも前に、かかる契約によって将来発生するはずのAからBに対する請負報酬債権（将来債権）がCに譲渡され、Cが債務者対抗要件を具備したとする。その後に、AB間で予定どおり請負契約が締結されたが、Aが契約内容に適合しない品質の物をBに引き渡したため、BのAに対する損害賠償請求権（559条・564条・415条）が発生したとしよう。

この場合、Bの損害賠償請求権が発生するよりも前に、Cは債務者対抗要件

を具備している。したがって、Bは469条1項によって相殺することはできない。加えて、Bの損害賠償請求権の発生原因はAB間の請負契約であるところ、かかる請負契約よりも前に、Cが債務者対抗要件を具備している。したがって、Bは469条2項1号によって相殺することもできない。

しかし、BのAに対する損害賠償請求権と、CのBに対する請負報酬債権は、請負契約という同一の原因から発生している。そのため、Bは、なお469条2項2号によってこれらの債権を相殺することができる。

このような相殺が認められているのは、同一の契約から生じた債権債務については、特に相殺の期待が強いからであると解されている。

【債権譲渡と相殺のまとめ】

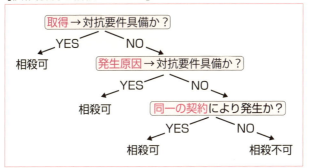

3 逆相殺　B-

以上の債権譲渡と相殺に関連する問題として、逆相殺とよばれる問題がある。

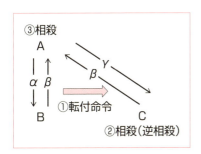

たとえば、AがBに対してα債権、BがAに対してβ債権を有しているところ、これらについて相殺適状が生じたとする。その後に、Bの債権者Cがβ債権を差し押さえて転付命令を得たうえで、β債権を自働債権とし、AのCに対するγ債権を受働債権とする相殺の意思表示をした（Cによるこの相殺を、講学上「逆相

殺」という）。ところが、その後に、Aも、α債権を自働債権とし、β債権を受働債権とする相殺の意思表示をしたとしよう。

この場合、Cによる相殺とAによる相殺のいずれが優先するのだろうか。

かつては、相殺への期待を保護するべく、相殺適状が生じた時期の先後で優劣を決するべきとする見解が有力だった。この見解によれば、上記の例では、先に相殺適状が生じたAによる相殺が優先されることになる。

しかし、いかに相殺への期待が重要といえども、一般債権者がすでに行った債権回収の結果まで否定するのは妥当でない。

そこで、今日では、相殺の意思表示の先後で優劣を決するのが通説である。

この通説によれば、先になされたCによる相殺が優先されることになる。判例も、同様の結論である（最判昭和54・7・10）。

第10章 債務引受

1. 債務引受総論

債務引受とは、契約により、債務の同一性を維持したまま、他人が債務者の債務を引き受けることをいう。

この債務引受には、①併存的債務引受と②免責的債務引受がある。

また、債務引受ではないものの、債務引受に類似するものとして、③履行引受がある。

以下、履行引受も含めて個別に説明する。

2. 併存的債務引受 改正 B+

1 意義

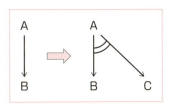

併存的債務引受とは、契約によって、債務者の債務と同一の内容の債務を、引受人が債権者に対して負担することをいう。

たとえば、Aに対するBの債務について、AC間の契約によってCがBとともに同一内容の債務を負担する場合が、併存的債務引受

の例である。

併存的債務引受がなされると、引受人は、債務者と連帯して、債務者が債権者に対して負担する債務と同一の内容の債務を負担する（470条1項）。つまり、併存的債務引受は、連帯債務（➡ 154ページ **4.**）の発生原因の1つである。

2 要件

併存的債務引受は、①債権者・債務者・引受人となる者という3者間の合意によって行うことができる。これは当然である。

また、②債権者と引受人となる者との契約によって行うこともできる（470条2項）。

主債務者の意思に反する保証契約も有効であるのと同様に（462条2項参照）、債務者の意思に反する併存的債務引受契約も有効である（大判大正15・3・25）。

さらに、③債務者と引受人となる者との契約によって行うこともできる。ただし、この場合は、引受人となる者に対して債権者が承諾の意思表示をした時にその効力を生じる（470条3項）。

債権者の承諾の意思表示が必要とされているのは、③の場合の併存的債務引受は「第三者のためにする契約」だからである（470条4項、537条3項参照）。

3 効果

ア 連帯債務

併存的債務引受により、連帯債務関係が生じる（470条1項）。

したがって、債務者または引受人が弁済等をした場合は、連帯債務の規定にしたがって求償権を取得する（442条以下）。

イ 抗弁

引受人は、併存的債務引受により負担した自己の債務について、併存的債務引受の効力が生じた時に債務者が主張することができた抗弁をもって、債権者に対抗することができる（471条1項）。引受人の負担する債務は債務者の債務と同一のものだからである。

他方、債務者が債権者に対して取消権または解除権を有するときであっても、引受人がこれらの権利を行使することはできない。これらの権利は、債務

の発生原因である契約の当事者たる地位にもとづく権利であるところ、引受人は債務者の債務を引き受けたにとどまるからである（➡ 233 ページ **1.** 対照）。

ただし、保証人と同様に（➡ 176 ページ（イ））、引受人は、債務者がこれらの取消権または解除権を行使した場合に債務者がその債務を免れるべき限度において、債権者に対して債務の履行を拒むことができる（471 条 2 項）。

> 以上の併存的債務引受は、保証と類似する機能を有しています。
> しかし、併存的債務引受では、保証とは異なり、付従性や補充性は問題となりません。また、保証契約は書面等によってする必要がある要式行為ですが（446 条 2 項、3 項）、併存的債務引受は要式行為ではなく、書面等によってする必要はありません。さらに、保証債務については、保証人保護のための様々な制約がありますが、併存的債務引受では、このような制約はありません。

3. 免責的債務引受　改正　B+

1　意義

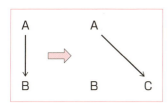

免責的債務引受とは、引受人が債務者の債務と同一の内容の債務を債権者に対して負担し、債務者が債務を免れる契約をいう（472 条 1 項）。

たとえば、A に対する B の債務について、ABC 間の契約によって C が以後 B に代わって債務を負担し、B は債務を免れる場合が、免責的債務引受の例である。

> この免責的債務引受は、債権譲渡と混同されがちです。しかし、債権譲渡は債権者が代わる場合（図的にいうと、矢印の根もとが移動する場合）であるのに対し、免責的債務引受は債務者が代わる場合（矢印の先が移動する場合）ですから、両者は全く異なります。

2 要件

免責的債務引受は、①債権者・債務者・引受人となる者という3者間の合意によって行うことができる。これは当然である。

また、②債権者と引受人となる者との契約によって行うこともできる。ただし、この場合は、債権者が債務者に対してその契約をした旨を通知した時に、免責的債務引受の効力が生ずる（472条2項）。

免責的債務引受に債務者の合意が必須とされていないのは、債務者は免責的債務引受によって専ら利益を受けるのみだからである。他方で、債権者から債務者への通知が効力発生要件とされているのは、債務者が知らないうちに契約関係から離脱することになるのを防止する趣旨である。

以上に対し、③債務者と引受人となる者との契約だけでは、免責的債務引受は有効に成立せず、さらに引受人に対する債権者の承諾が必要である（472条3項）。免責的債務引受による債務者の交替について、債権者は大きな利害関係を有しているからである。

3 効果

ア 債務の負担と免除

免責的債務引受により、引受人は債務者が債権者に対して負担していた債務と同一の内容の債務を負担し、債務者は自己の債務を免れる（472条1項）。

イ 抗弁

抗弁については、原則として併存的債務引受の場合と同様である。

すなわち、引受人は、免責的債務引受により負担した自己の債務について、免責的債務引受の効力が生じた時に債務者が主張することができた抗弁をもって、債権者に対抗することができる（472条の2第1項）。

債務者が債権者に対して取消権または解除権を有するときは、引受人はこれらの権利を行使することはできないが、債務者がこれらの権利を行使した場合に債務者がその債務を免れるべき限度において、引受人は債権者に対して債務の履行を拒むことができる（472条の2第2項）。

ウ 引受人の求償権

免責的債務引受の引受人が債権者に弁済等をした場合でも、引受人は債務者に対する求償権を取得しない（472条の3）。

一般に引受人は債務の履行に要するコストを自らが最終的に負担する意思を有していると考えられるから、というのがその趣旨である。

エ 担保権の移転

債権者は、免責的債務引受の対象となる債務の担保として設定されていた担保権を、引受人が負担する債務に移転することができる（472条の4第1項本文）。

この担保権の移転は、「あらかじめ」すなわち免責的債務引受に先立って、または免責的債務引受と「同時に」、引受人に対する意思表示によってしなければならない（472条の4第2項）。

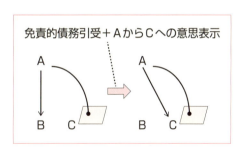

たとえば、AのBに対する債権の担保として、C所有の土地に抵当権が設定されていたとする。このAの債権（Bの債務）について、Cを引受人とする免責的債務引受が行われた場合、その免責的債務引受に先立って、またはその免責的債務引受と同時に、AがCに対して「抵当権を移す」旨の意思表示をすれば、Cが負担することになった債務の担保として、Cの土地に対する抵当権が存続することになる。

ただし、担保権を設定した者が引受人以外の者である場合は、その者の承諾を得なければならない（472条の4第1項ただし書）。

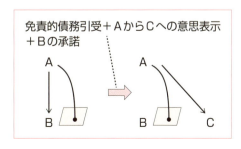

たとえば、AのBに対する債権の担保として、債務者B所有の土地（または第三者D所有の土地）に抵当権が設定されていたところ、Cを引受人とする免責的債務引受が行われた場合、Aの抵当権をCの債務の担保として移転

するためには、かかる抵当権を設定した者であるB（または抵当権を設定した者であるD）の承諾が必要である。

債務者であるBも「引受人以外の者」にあたる以上、債務者であるBの設定した担保権の移転にもBの承諾が必要である点に注意しよう。

オ　保証債務の移転

担保権と同様に、債権者は、免責的債務引受の対象となる債務に設定されていた保証債務を、移すことができるが、そのためには、あらかじめまたは同時に引受人に対して意思表示をすることに加えて、保証人の承諾が必要である（472条の4第3項）。

この保証人の承諾は、書面または電磁的記録によってなされることが必要である（472条の4第4項、5項）。

4. 履行引受

履行引受とは、引受人が債務者に対して、債務者の債務を履行することを約する、引受人・債務者間の契約をいう。

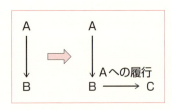

たとえば、Aに対するBの債務について、Bに代わってCが履行する旨のBC間の契約が、履行引受である。

この履行引受が行われても、その契約の当事者である債務者から引受人に対する債権が生じるだけであり、履行引受契約の当事者でない債権者は何らの権利も取得しない。

上の例でも、BからCに対して「Bに代わってBのAに対する債務を履行せよ」という内容の債権が生じるにとどまる。したがって、仮にCが契約どおりの履行をしなかったとしても、CはBに対して債務不履行責任を負うだけであり、Aに対しては債務不履行責任を負わない。

第11章 契約上の地位の移転

1. 意義　B

　債権譲渡とも免責的債務引受とも異なる財産権の移転行為として、契約上の地位の移転がある。
　契約上の地位の移転とは、契約によって、契約当事者としての地位を譲渡人から譲受人（引受人）に移転することをいう。契約引受や契約譲渡ともよばれる。

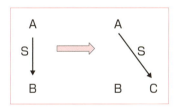

　たとえば、Aを売主、Bを買主とする売買契約がAB間で締結されたところ、ABC間の契約によって、Bの買主たる地位をCに移転する場合が、その例である。
　債権譲渡や免責的債務引受とは異なり、契約上の地位の移転は、契約当事者たる地位を包括的に引受人に移転するものである。したがって、契約当事者たる地位に由来する権利である取消権や解除権なども、引受人に移転することになる。

> 　債権譲渡や免責的債務引受は、個別の債権・債務を譲受人や引受人に移転する行為です。これに対し、契約上の地位の移転がなされると、契約当事者たる地位が丸ごと譲渡人から譲受人（引受人）に移転します。契約の当事者が入れ替わるというイメージです。そのため、契約上の地位の移転が行われた場合は、譲渡人が有している取消権や解除権なども含めて、その契約に関する権利義務のすべてが譲受人（引受人）に移転することになるのです。

2. 要件 改正

契約上の地位の移転は、①契約（たとえば売買契約）の両当事者と引受人という**3者間の合意**によって行うことができる。

また、②契約の**一方当事者と引受人との間の合意**によっても行うことができるが、その場合は、**契約の相手方の承諾**が必要である（539条の2）。

たとえば、Aを売主、Bを買主とする売買契約がAB間で締結されたところ、Bの買主たる地位をCに移転するためには、①ABC間の合意によるか、②AC間の合意およびBの承諾（またはBC間の合意およびAの承諾）によることが必要である。

なお、賃貸不動産が譲渡された場合の賃貸人の地位の移転に関しては特則があり、賃借人の承諾は不要とされている（605条の3）。この点は債権各論で詳しく学ぶ。

第12章 有価証券 C 改正

　民法は、有価証券について、いくつかの条項を定めている（520条の2から520条の20）。
　これらの条項を理解するためには、手形法・小切手法の理解が不可欠である。そのため、説明は手形法・小切手法のテキストに譲り、本書での説明は割愛する。

論証カード

論証 1　付随義務違反による損害賠償請求

➡ 39 ページ **2**

Ａが経営する工場で働くＢが、工場の機械に巻き込まれて重傷を負った。その原因は、Ａが機械の点検・整備を怠っていたことにあった。Ａに報酬支払債務の不履行はない。ＢはＡに対して債務不履行による損害賠償を請求することができるか。なお、労働契約法は考慮しないものとする。

A

　確かに、雇主たるＡには、雇用契約（623条）にもとづく本来的な債務である報酬支払債務の不履行（415条1項本文）はない。
　しかし、ある法律関係にもとづいて特別な社会的接触の関係に入った当事者間においては、当該法律関係の付随義務として、相手方の安全に配慮する信義則（1条2項）上の義務が発生すると解するべきである。
　これを本件でみるに、ABは雇用契約を締結している以上、その付随義務として、使用者たるＡは被用者たるＢの安全に配慮する信義則上の義務を負っているといえる。
　ところが、Ａは「機械の点検・整備」を怠っていたのであるから、Ａには、かかる安全配慮義務の不履行があったといえる。
　また、Ａに免責事由（415条1項ただし書）は認められない。
　よって、Ｂは、415条1項にもとづき、安全配慮義務の不履行によって生じた損害の賠償をＡに対して請求することができる。

備考：今日では、使用者の安全配慮義務は労働契約法5条で明文化されているが、明文のない法律関係では今なおこの論点を論ずる実益がある。

論証 2　416 条の内容

➡ 40 ページ **1**

AがBに相場よりもはるかに高額な代金で鉄を売ったところ、大規模な戦争が勃発し、契約から1か月後の履行期には鉄の市場価格が契約時の10倍に暴騰した。そのため、Aは鉄を仕入れることができず、Bへの引渡しが遅滞した結果、Bは10倍の値段で鉄を転売するチャンスを失い、損害（逸失利益）を被った事案。　**A**

　Bは、415条1項にもとづき、生じた損害の賠償をAに対して請求することができるか。
　まず、Aには鉄の引渡債務（555条）の履行遅滞があるから、「債務の本旨に従った履行をしないとき」（415条1項本文）にあたる。また、Bには「損害」が発生している。
　では、かかる履行遅滞と損害との間に因果関係が認められるか。416条の内容をいかに解するべきかと関連して問題となる。
　まず、416条1項は、債務不履行と相当因果関係を有する損害のみ賠償の対象となることを定め、同2項は、相当因果関係の有無を判断する際に基礎とすることのできる特別の事情の範囲を定めていると解する。
　そして、416条2項の「当事者」とは、債務者をいうと解する。
　本件でみるに、AB間の売買契約における鉄の代金は、相場よりもはるかに高額である。そうだとすれば、同契約は、その後の戦争の勃発というリスクも含めた契約だったとみるのが妥当である。したがって、「当事者」たる債務者Aは、戦争の勃発という特別の事情を「予見すべきであった」といえる。
　よって、戦争の勃発という特別の事情を基礎とすると（416条2項）、Aの履行遅滞によってBに本件の損害が発生するのは相当といえ（同1項）、因果関係が認められる。
　また、Aには免責事由（415条1項ただし書）が認められない。
　以上より、Bは本件の損害の賠償を請求することができる。

備考：416条は不法行為にも準用される（判例）。

論証 3　受領遅滞の法的性質──受領遅滞を理由とした損害賠償請求・契約の解除の可否

➡ 49 ページ 2.

　受領遅滞（413 条）を理由とした損害賠償請求ないし契約の解除は認められるか。受領遅滞の法的性質をいかに解するべきかと関連して問題となる。
　この点、債権者に受領義務を認め、受領遅滞の責任を債務不履行責任と解する見解がある。
　この見解からは、受領遅滞を理由とした損害賠償請求ないし契約の解除が認められうることとなろう（415 条、541 条・542 条）。
　しかし、債権者が権利を行使するかしないかは本来自由のはずである。そうであるにもかかわらず、常に債権者に受領義務を認めるのは妥当でない。
　そこで、受領遅滞の責任は、債務不履行責任ではなく、公平の観念から法が特に認めた法定責任であると解する。
　したがって、受領遅滞を理由とした損害賠償請求ないし契約の解除は認められないのが原則である。
　ただし、例外的に、債権者に信義則（1 条 2 項）または明示・黙示の特約による引取義務が認められる場合には、かかる引取義務の不履行を理由とした損害賠償請求（415 条 1 項）ないし契約の解除（541 条・542 条）をなしうると解する。

備考：信義則上の引取義務（または黙示の特約による引取義務）を肯定すべき場合としては、①目的物が長期の保存に耐えられない物である場合、②目的物の保管費用が過大な場合、③継続的契約において、債務者が継続的な給付をするために必要な人的物的投資をすでに行っており、債権者が継続的に履行を受領しなければ債務者が投資を回収できないという場合などがある。

論証 4　受領遅滞後の履行不能

➡ 54 ページ（イ）

Aが住居に使用していた甲建物について、AB間で売買契約が成立したため、AがBに甲建物について約定どおり履行の提供をしたが、Bが受領を拒絶した。その後、大地震が起きて甲建物が滅失した。AB間の法律関係を説明せよ。　　　　　　　　　　　　　　　　　A

1　本件で、甲建物の引渡債務は履行不能である。
　　したがって、BはAに甲建物の引渡しを請求することはできない（412条の2第1項）。
　　また、かかる履行不能は「大地震」というAの「責めに帰することができない事由」によるから、BはAに履行不能による損害賠償を請求することもできない（415条1項ただし書）。
　　さらに、本件では、Aによる適法な履行の提供に対し、Bが受領を拒絶していることから、Bに受領遅滞（413条1項）が成立している。
　　そして、かかる受領遅滞の後に、「大地震」という当事者双方の責めに帰することができない事由によってその債務の履行が不能となったであるから、本件の履行不能は債権者であるBの責めに帰すべき事由によるものとみなされる（413条の2第2項）。
　　したがって、Bは、本件の売買契約を解除することはできず（543条）、反対給付たる代金債務の履行を拒むこともできない（536条2項）。
2　では、AはBの受領遅滞を理由として損害賠償を請求（415条1項）しうるか。

〔論証3　受領遅滞の法的性質〕入る

　　本件では、Bに引取義務は認められないので、AはBの受領遅滞を理由として損害賠償を請求することはできない。

論証 5　債権者代位権の行使と事実上の優先弁済

➡ 65 ページ（ウ）

Bに対して 100 万円の債権を有する A が、B の唯一の財産である C に対する 100 万円の債権を債権者代位権にもとづいて代位行使した場合、A は C に対して具体的にいかなる請求をすることができるか。また、かかる請求に応じて C が A に対して 100 万円を支払った後の AB 間の法律関係はいかなるものとなるか。　　　　　　　　Ａ

1　本件の被代位権利は、100 万円の金銭債権である。
　したがって、A は C に対して、自己への 100 万円の支払を請求することができる（423 条の 3 前段）。
2　では、C が A に対して 100 万円を支払った場合、AB 間の法律関係はいかなるものとなるか。
　まず、A の 100 万円の利得は、C との関係では法律上の原因が認められるが、B との関係では法律上の原因が認められないと解される。
　したがって、A は B に対して、100 万円の不当利得返還債務を負う（704 条）。
　ただし、A は、かかる不当利得返還債務と、自らの B に対する 100 万円の債権とを相殺することができる（505 条 1 項本文）。
　かかる相殺の結果、A は被保全債権について事実上の優先弁済を受けることとなる。

備考：詐害行為取消請求によって金銭が債権者に支払われた場合も同様である（➡ 93 ページ（ア））。

論証6　特定物債権と詐害行為取消権

➡ 75ページ（イ）

甲土地がAからBとCに適正価格で二重譲渡されたところ、背信的悪意者でないCが所有権移転登記を備えた。Bは、AC間の譲渡について、いかなる請求をすることができるか。　A

1　Bは、AC間の譲渡について、詐害行為取消を請求すること（424条の2）ができるか。
 (1)　まず、移転登記請求権（560条）という特定物債権の債権者であるBは、「債権者」（424条の2）にあたるか。
　　ア　詐害行為取消は、債務者の責任財産の保全のための制度である。
　　　　よって、詐害行為取消請求における被保全債権は金銭債権でなければならないと解する。
　　　　ただし、特定物債権であっても、詐害行為取消請求の時点までにその内容が金銭債権たる損害賠償請求権（417条参照）になっているのであれば、被保全債権たりうると解する。
　　イ　本件でみるに、Bの移転登記請求権という特定物債権の内容は、履行不能による損害賠償請求権になっている（415条1項、2項1号）。
　　　　したがって、Bの債権は被保全債権たりえ、Bは「債権者」にあたる。
 (2)　よって、424条の2に所定の他の要件を備える限り、Bは詐害行為取消を請求することができる。
2　ただし、Bは、自己への移転登記手続を請求することはできず（424条の9対照）、C名義の登記の抹消手続を請求することができるにとどまる。
　　また、C名義の登記が抹消された後も、177条の趣旨に照らし、債務者Aに対して移転登記手続請求をすることはできないと解するべきである。

論証 7　508条の「消滅」の意義

➡ 136ページ（イ）

AからBへのα債権の消滅時効が2020年4月1日に完成し、BからAへのβ債権の弁済期は同年5月1日に到来した。同年6月1日に、Bがα債権の消滅時効を援用した。その後、Aはα債権とβ債権を相殺した。この相殺は認められるか。

B+

　Aが相殺の自働債権としたα債権は、すでに消滅時効が完成し、かつ援用されている。
　したがって、Aの相殺が認められるためには、α債権が「その消滅以前に相殺に適するようになっていた」ことが必要である（508条）。
　では、本件でかかる要件はみたされているか。「消滅」の意義をいかに解するべきかが問題となる。
　確かに、当事者の意思の尊重の見地から、消滅時効によって債権が消滅するには、消滅時効の完成（166条以下）に加えて、時効の援用（145条）が必要と解される。このことからすれば、援用があってはじめて「消滅」にあたるとも思える。
　しかし、508条が相殺を認めた趣旨は、相殺に対する期待を保護するという点にあるところ、消滅時効の完成の前に相殺適状にあった場合に限り、相殺に対する期待が生じるといえる。
　したがって、「消滅」とは、消滅時効の完成を意味するものと解する。
　本件では、α債権の消滅時効が完成した2020年4月1日の時点では、β債権の弁済期は到来しておらず、両債権は相殺適状になかった（505条1項本文参照）。
　したがって、508条の要件をみたさないから、Aの相殺は認められない。

備考：①2020年4月1日の時点で、β債権の期限の利益が債務者Aによって放棄されていたのであれば、自働債権の消滅時効の完成時に相殺適状にあったことになるから、Aは後に相殺することができる。
　　　②消滅時効にかかった債権の譲受人には、508条の趣旨が妥当しないため、かかる債権を自働債権とする相殺は認められない（➡ 137ページ(ウ)）。

論証 8　連帯債務者が事後の通知を怠った場合

➡ 160 ページ（イ）

BCがAに対して連帯債務を負っていたところ、BがAに弁済した（第1弁済）。ところが、Bは、Cの存在を知っているにもかかわらず、弁済後のCへの通知を怠っていた。その間に、Cが善意でAに弁済した（第2弁済）。ただし、Cは、Bの存在を知っているにもかかわらず、第2弁済の前にBへの通知をしていなかった。BはCに対して求償することができるか。

B+

　BがCに対して求償することができるためには、Bによる第1弁済が有効でなければならない（442条1項）。
　ところが、本件では、BがCの存在を知っているにもかかわらず弁済後のCへの通知を怠っている間に、Cが第2弁済をしている。
　したがって、Cは第2弁済を有効とみなし、もって第1弁済は無効であるとして、Bからの求償を拒むことができるとも思える（443条2項）。
　しかし、443条2項は1項の規定を前提とするものであり、1項が要求する事前の通知を怠った者まで保護する趣旨ではない。
　したがって、第2弁済をした者が443条1項の要求する事前の通知を怠っていた場合は、443条2項は適用されず、原則どおり第1弁済が有効と解する。
　本件では、第2弁済をしたCは、Bへの事前の通知を怠っている。よって、443条2項は適用されず、Bの第1弁済は有効である。
　したがって、BはCに対して求償することができる。

論証 9　契約の解除による原状回復義務と保証債務の効力　A

➡ 173 ページイ

　保証人の保証債務の効力は、主債務の発生原因たる契約が解除された場合に主債務者が負う原状回復義務（545条1項本文）にまで及ぶか。
　確かに、かかる原状回復義務は不当利得返還義務であり、契約によって生じた主債務とは別個独立の債務と解される。
　しかし、契約の一方当事者たる債務者のための保証は、当該債務者が契約当事者として負担するべき一切の債務を保証するという趣旨でなされるのが通常である。
　そこで、保証人の保証債務の効力は、特に反対の意思表示のないかぎり、原状回復義務にまで及ぶと解する。

備考：①主債務者が負う損害賠償債務については、保証人は当然に責任を負う（447条1項）。
　　　②合意解除による原状回復義務については、保証人に過大な責任を負わせるおそれがあるため、保証人は当然には責任を負わない。ただし、実質的に法定解除に近い事情がある場合は責任を負う（➡ 174 ページウ）。

論証 10　物上保証人の事前求償権　B+

➡ 181 ページエ

　委託を受けた保証人は、一定の要件のもと、主債務者に対する事前求償権を有する（460条）。
　では、委託を受けた物上保証人にも、被担保債権の債務者に対する事前求償権が認められるか。明文なく問題となる。
　まず、物上保証人は、責任は負うものの、債務は負わない。したがって、求償権の範囲はもちろん、その存在すら、配当等がなされる前にあらかじめ確定することはできない。
　また、委託を受けた保証人の事前求償権（460条）の法的性質は、委任事務の処理費用の前払請求権（649条）であるところ、物上保証人は債務を負わないのであるから、配当等による被担保債権の消滅や、物上保証人による被担保債権の弁済は、物上保証人による委任事務の処理と解することはできない。
　よって、460条を類推適用することはできず、事前求償権は認められないと解する。

論証 11　不動産賃貸借契約の更新と根保証債務の効力　B

➡ 192 ページ イ

　不動産賃貸借契約が更新された場合、賃借人の債務を主債務とする根保証債務の効力は、更新後の賃借人の債務に及ぶか。

　借地借家法が適用される賃貸借契約においては、賃貸人の意思にかかわらず賃貸借契約が更新されることが多い。そうであるにもかかわらず、更新によって根保証契約が終了すると解しては、賃貸人を不当に害する。

　そこで、借地借家法が適用される賃貸借契約においては、根保証債務の効力は更新後の賃借人の債務に及ぶと解するべきである。

論証 12　譲渡制限特約と債務者の事後承諾

➡ 200 ページ ウ

AのBに対する譲渡制限特約付きの売買代金債権を、Aが譲渡制限特約について悪意のCに譲渡した。その後、Bはかかる譲渡を承諾した。CがBに債務の履行を請求した場合、Bは履行を拒絶することができるか。　B+

　Cが請求した債権にはAB間の譲渡制限特約が付されているが、AC間の債権譲渡は有効である（466条2項）。

　しかし、Cはかかる特約について悪意の譲受人である。よって、BはCへの履行を拒絶することができるとも思える（466条3項前段）。

　もっとも、本件で、BはAC間の譲渡を承諾している。そこで、かかる承諾によって、466条3項は適用されなくなるのではないかが問題となる。

　466条3項の趣旨は、債務者の利益を保護する点にあるところ、債務者が債権譲渡を承諾した場合は、かかる利益を自ら放棄したものといえる。

　したがって、債務者が債権譲渡を承諾した場合は、466条3項は適用されないと解する。

　本件でも、466条3項は適用されず、BはCへの履行を拒絶することはできない。

備考：預貯金債権に譲渡制限特約が付されている場合は、悪意・重過失の譲受人との関係では譲渡は無効となる(466条の5第1項)。その譲渡を銀行が事後的に承諾した場合は、116条本文およびただし書の類推適用で処理する(➡ 202ページ 3)。

論証 13　債権の二重譲渡①　両者が第三者対抗要件を備えた場合

➡ 212ページイ

債権が二重に譲渡されたところ、弁済がなされる前に、いずれの譲受人も確定日付のある証書による通知を備えた。どちらの譲受人が優先するか。　**A**

　本件のように、債権が二重に譲渡され、いずれの譲受人も確定日付のある証書による通知を備えている場合、どちらの譲受人が優先するか。
　467条が債務者への通知または債務者の承諾を債権譲渡の対抗要件の基本とした趣旨は、債務者の認識ないし回答を通じて、債務者に公示機能を営ませようとした点にある。
　そして、通知が債務者に到達してはじめて、債務者はかかる公示機能を営むことが可能となる。
　そこで、いずれの譲受人も確定日付のある証書による通知を得ている場合の優劣は、通知の到達の先後を基準とするべきである。

備考：①承諾の場合は、確定日付のある証書による承諾の日時が基準となる。
　　　②譲受人の一方が確定日付のある証書による通知を備え、他方が動産債権譲渡特例法の登記を備えた場合は、通知が債務者に到達した時と登記がなされた時の先後で優劣が決まる。
　　　③債務者が劣後する譲受人に弁済した場合、その弁済は原則として無効だが、478条の要件をみたせば有効となる。
　　　④譲受人の一方が確定日付のある証書による通知を備え、他方が単なる通知を備えた場合、債務者は前者のみを債権者として扱わなければならない。

論証 14　債権の二重譲渡②　確定日付のある証書による通知の同時到達または先後不明の場合

➡ 214ページウ

債権が二重に譲渡され、それぞれの譲渡にかかる確定日付のある証書による通知が同時に債務者のもとに到達した（または到達の先後が不明である）場合の法律関係を論ぜよ。　**A**

　本件のように、確定日付のある証書による通知が同時に債務者のもとに到達した場合（または到達の先後が不明の場合）は、いかに処理するべきか。

　債務者に公示機能を営ませようとした467条の趣旨に照らし、ともに確定日付のある証書による通知を備えた債権の二重譲渡の優劣は、かかる通知の到達時の先後をもって決すべきと解する。

　ところが、通知の到達が同時の（または到達の先後が不明の）場合は、各譲受人の優劣を決することはできない。したがって、各譲受人は、債務者に対して全額の弁済を請求できると解するべきである。

　そして、その反面、債務者は譲受人のうちの1人に弁済すれば債務を免れると解するべきである。

　では、譲受人の1人が全額の弁済を受けた場合、他の譲受人は、弁済を受けた譲受人に対して分配請求をすることができるか。

　この点については、公平の理念から、他の譲受人は、債権額に応じて按分した額について分配請求できると解するべきである。

論証 15　466条の6第3項の「対抗要件」の意義

➡ 217ページウ

AのBに対する将来の売買代金債権があらかじめCに譲渡され、Cが単なる通知を備えた後に、AB間で譲渡制限特約が締結された。その後、売買代金債権が発生しその弁済期が到来したため、CがBに履行を請求した場合、Bは譲渡制限特約にもとづきCへの履行を拒絶することができるか。　　　　　　　　　　　　　　　　　　　　　　　Ｂ

　本件のような将来債権の譲渡の場合において、譲受人の「対抗要件」具備時よりも前に譲渡制限特約が締結された場合は、譲受人の譲渡制限特約についての悪意が擬制され（466条の6第3項前段）、かかる特約にもとづき債務者は履行を拒絶することができる（同後段、466条3項）。

　他方、譲受人の「対抗要件」具備時よりも後に譲渡制限特約が締結された場合は、特約はなかったものと擬制するべきである。

　本件では、Cが単なる通知（467条1項）を備えた後に、AB間で譲渡制限特約が締結されている。では、Cの備えた単なる通知は、466条の6第3項前段のいう「対抗要件」にあたるか。

　かかる「対抗要件」は、債務者と譲受人の利益のうち、どちらの利益を保護するかを決める基準である。

　そこで、「対抗要件」は、第三者に対する対抗要件（467条2項）ではなく、債務者に対する対抗要件（467条1項）と解するべきである。

　本件でも、Cの具備した単なる通知は「対抗要件」にあたる。

　よって、その後に締結された本件譲渡制限特約はなかったものと擬制されるから、BはCへの履行を拒絶することはできない。

論証 16　債権譲渡の通知後の債務不履行によって発生した解除権

➡ 219ページイ

AのBに対する未完成仕事部分に関する請負報酬債権がCに譲渡され、Cが通知を備えたところ、請負人Aによる債務不履行が生じたため、Bのもとに解除権が発生した。Bは債務の履行を拒むことができるか。

B+

　本件で、譲渡された請負報酬債権の債務者であるBは、反対債権の不履行を理由とした契約の解除を債権の譲受人であるCに対抗し、債務の履行を拒むことができるか。

　確かに、Aによる債務不履行や、Bの解除権の発生ないしBによる解除は、Cが対抗要件（467条1項）を具備した後の事由である。したがって、Bは解除を対抗することができないとも思える（468条1項）。

　しかし、本件のように、双務契約上の債権が譲渡された場合、譲受人の対抗要件具備時までに反対債務が未履行だったのであれば、その後に反対債務が債務不履行に至り、解除権が発生する可能性はあったものといえる。

　そこで、対抗要件具備時までに反対債務が未履行だった場合には、債務者は譲受人に対して解除を対抗できると解する。

　本件でみるに、Cが通知を具備した時点において、BからAへの仕事完成債権（譲渡された請負報酬債権の反対債務）が未履行だったのであるから、Bは解除をCに対抗することができ、債務の履行を拒むことができる。

論証 17　債権の譲受人と 545 条 1 項ただし書の「第三者」

➡ 221 ページイ

AB 間で売買契約が締結されたところ、売主 A の債務不履行により、買主 B のもとに解除権が発生した。ところが、A は代金債権を C に譲渡した。C からの代金債権の履行請求に対し、B は契約の解除を対抗することができるか。　　　　　　　　　　　　　　　　　　　　**B⁺**

　C が 545 条 1 項ただし書の「第三者」にあたるならば、B は契約の解除を C に対抗することができない。
　では、C のような債権の譲受人は、545 条 1 項ただし書の「第三者」にあたるか。
　545 条 1 項ただし書の「第三者」とは、解除された契約から生じた法律効果を基礎として、解除までに新たな権利を取得した者をいうところ、債権の譲受人は新たな権利を取得した者とはいえないため、「第三者」にあたらないと解する。
　本件でも、C は「第三者」にあたらず、B は C に契約の解除を対抗することができる。

備考：債権の譲受人は、93 条 2 項、94 条 2 項、95 条 4 項、96 条 3 項の「第三者」にはあたる。

事項索引

あ
- 相手方 …… 57
- 悪意（509条）…… 138
- 与える債務 …… 4
- 安全配慮義務 …… 39

い
- 異議なき承諾 …… 219
- 逸失利益 …… 29
- 違法性阻却事由 …… 30
- 隠匿等の処分 …… 83

う
- 受取証書の交付請求権 …… 113

か
- 確定判決 …… 21
- 確定日付のある証書 …… 209
- 貸金等債務 …… 189
- 過失相殺 …… 46
- 過大な代物弁済 …… 86
- カフェー丸玉事件 …… 19
- 間接強制 …… 23

き
- 危険の移転 …… 54
- 逆相殺 …… 225
- 求償権が発生する根拠 …… 117
- 給付保持力 …… 18
- 強制執行 …… 21
- 供託 …… 128
- 共同保証 …… 185
- 共同保証人間の求償 …… 187
- 金銭債権 …… 12
  - ——の特則 …… 12

け
- 契約譲渡 …… 233
- 契約上の地位の移転 …… 233
- 契約引受 …… 233
- 結果債務 …… 5
- 言語上の提供 …… 104

こ
- 検索の抗弁 …… 175
- 現実の提供 …… 103
- 原始的不能 …… 35
- 現状引渡し …… 7
- 限定種類債権 …… 11

こ
- 合意充当 …… 114
- 更改 …… 147
- 行使上の一身専属権 …… 62
- 口頭の提供 …… 104
- 後発的不能 …… 35
- 抗弁の承継 …… 218
- 個人貸金等根保証契約 …… 189
- 個人根保証契約 …… 189
- 個人保証人 …… 193
- 混同 …… 149
  - 債権の—— …… 149

さ
- 債権 …… 2
  - ——の混同 …… 149
  - ——の二重譲渡の処理 …… 211
- 債権者代位権 …… 57
  - ——の転用 …… 68
  - ——の要件 …… 58
- 債権証書の返還請求権 …… 113
- 債権譲渡 …… 196
  - ——と相殺 …… 222
  - ——の機能 …… 196
  - ——の対抗要件 …… 206
- 債権的効力 …… 202
- 催告の抗弁 …… 175
- 財産権を目的としない行為 …… 79
- 財産的損害 …… 28
- 債務 …… 2
  - ——なき責任 …… 20
  - ——の消滅に関する行為 …… 84
  - ——の履行に代わる損害賠償 …… 33, 37
- 債務者以外の第三者に対する対抗要件 …… 209
- 債務者に対する対抗要件 …… 207
- 債務引受 …… 227
- 債務不履行責任説 …… 50

債務不履行による損害賠償請求	24
債務不履行の分類	24
債務名義	21
詐害行為	73, 79
詐害行為取消権	73
特定物債権と――	75
詐害行為取消請求の一般的要件	74
詐害の意思	81
差額説	27
作為債務	4
差押禁止債権	140
差押えと相殺	140

し

事後求償権	179, 182
持参債務	5
事実上の優先弁済	65
事前求償権	180
自然債務	19
事前・事後の通知	182
執行証書	21
執行力	18
指定充当	115
自働債権	131
――の時効消滅後の相殺	135
支払	102
支払能力を欠く	84
支払不能	84
集中	9
重利	14
受益者	73
主債務	167
主債務者	167
――に生じた事由	177
受託保証人	179
主たる債務	167
主たる債務者	167
手段債務	5
受働債権	131
受領権者としての外観を有する者への弁済	110
受領遅滞	49
――後の履行不能	54
――の効果	51
――の法的性質	49
――の要件	51
種類物	6
種類物債権	6

消極的損害	29
譲渡制限特約	199
――と強制執行の関係	203
譲渡制限の意思表示	199
情報提供義務	176, 194
消滅における付従性	169
将来債権	215
人的担保	167

す

随伴性	170

せ

制限種類債権	11
正当化事由	30
正当な利益	107
成立における付従性	169
責任	19
――なき債務	20
責任財産	20
積極的損害	29
絶対性	3
説明義務	39
善管注意義務	6
選択債権	16

そ

相殺	130
――の機能	131
債権譲渡と――	222
差押えと――	140
自働債権の時効消滅後の――	135
相殺禁止	138
相殺契約	147
相殺適状	133
相対的な権利	4
相当因果関係説	40
相当価格処分行為	83
相当の対価を得てした財産の処分行為	83
訴求力	18
訴訟告知	63, 90
損益相殺	45
損害事実説	27
損害の意義	27
損害賠償による代位	47
存在効果	30

た

- 代位権者 …………………………………… 119
- 代位者 ……………………………………… 118
- 代位弁済 …………………………………… 116
- 対抗要件具備時までに生じた事由 ……… 219
- 対抗要件を具備させる行為 ………………… 80
- 第三債務者 ………………………………… 57
- 第三者（467条2項の）…………………… 210
  - ――による弁済 ………………………… 106
  - ――の弁済 ……………………………… 106
- 第三者弁済 ………………………………… 106
- 第三取得者 ………………………………… 119
- 代償請求 …………………………………… 44
- 代償請求権 ………………………………… 47
- 代替執行 …………………………………… 22
- 代物弁済 …………………………………… 126
  - 過大な―― ……………………………… 86
- 代物弁済契約 ……………………………… 127
- 建物買取請求権 …………………………… 72
- 他人の物による弁済 ……………………… 109

ち

- 遅延損害金 ………………………………… 14
- 遅延賠償 …………………………………… 33
- 遅延利息 …………………………………… 14
- 中間転得者 ………………………………… 88
- 中間利息の控除 …………………………… 45
- 中等品の引渡し …………………………… 8
- 調達義務 …………………………………… 8
- 直接強制 …………………………………… 22
- 直接性 ……………………………………… 2
- 直接の転得者 ……………………………… 88

つ

- 通常損害 …………………………………… 42

て

- デッド・ロック（閉塞）状態 …………… 201
- 転得者 ……………………………………… 73
- 転付命令 …………………………………… 198
- 塡補賠償 ……………………………… 33, 37

と

- 動産及び債権の譲渡の対抗要件に関する民法の特例等に関する法律 …………… 210
- 動産債権譲渡特例法 ………………… 210, 214
- 特定 ………………………………………… 9
  - ――の効果 ……………………………… 10
  - ――の債権者に対する既存の債務についての担保の供与 ………………………… 84
  - ――の要件 ……………………………… 9
- 特定債権 …………………………………… 71
- 特定された物 ……………………………… 55
- 特定物 ……………………………………… 6
- 特定物債権 ………………………………… 6
  - ――と詐害行為取消権 ………………… 75
- 特別損害 …………………………………… 42
- 特別法による第三者対抗要件 …………… 210
- 独立債務性 ………………………………… 168
- 取立債務 …………………………………… 5
  - ――において債権者が取立てに来ないまま履行期を経過した場合 ……………… 30

な

- 内容における付従性 ……………………… 169
- なす債務 …………………………………… 4

ね

- 根保証 ……………………………………… 188

は

- 賠償額の予定 ……………………………… 44
- 排他性 ……………………………………… 3

ひ

- 非義務行為 ………………………………… 85
- 非財産的損害 ……………………………… 28
- 被代位権利 ………………………………… 57
- 必要な行為を完了した …………………… 9
- 被保全債権 …………………………… 57, 73
- 被保全債権額上限ルール ……………… 64, 92

ふ

- 不可分債権 ………………………………… 163
  - ――の効力 ……………………………… 164
- 不可分債務 ………………………………… 163
  - ――の効力 ……………………………… 165
- 不完全履行 ………………………………… 38
  - ――による損害賠償請求権 …………… 38
- 不作為債務 ………………………………… 4
- 付従性 ……………………………………… 169
  - 消滅における―― ……………………… 169
  - 成立における―― ……………………… 169

内容における——	169
不真正連帯債務	162
付随義務	39
付随義務違反による損害賠償請求権	39
物権的効力	202
物的担保	167
不動産賃借人の賃料債務・損害賠償債務の保証	191
不特定物	6
不特定物債権	6
分割債権	151
分割債務	151
分別の利益	186

へ

閉塞（デッド・ロック）状態	201
併存的債務引受	227
変更権	10
弁護士費用	42
弁済	102
——による代位	116
——の充当	114
——の提供	102
——の提供の効果	51
——の場所	112
——の費用	113
受領権者としての外観を有する者への——	110
第三者による——	106
第三者の——	106
他人の物による——	109
預貯金口座に対する払込みによる——	110

ほ

法定充当	115
法定重利	15
法定責任説	50
法定利率	14
補充性	170
保証意思宣明公正証書	194
保証契約	170
保証債務	167
——の効力が及ぶ範囲	173
保証人	167
——と物上保証人の違い	168
——に生じた事由	178

——の求償	178
——の資格	172
——の有する抗弁	175
保証連帯	186
保存行為	59

み

身元保証	192

む

無委託保証人	182
無資力	60, 78

め

免除	149
免責的債務引受	229

や

約定重利	15
約定利率	14

ゆ

譲受人等	199

よ

預貯金口座に対する払込みによる弁済	110
預貯金債権の例外	202
467条2項の第三者	210

り

履行	102
履行遅滞中の不能	36
履行遅滞による損害賠償請求権	25
履行引受	232
履行不能による損害賠償請求権	34
履行補助者	31
利息	14
利息契約	14
利息債権	14
利息制限法	16

れ

連帯債権	152
連帯債務	155
連帯の免除	162
連帯保証	185

判例索引

明治
大判明38・3・11民録11-349 …………………………………………………… 104
大判明38・10・7民録11-1300 ………………………………………………… 209
大判明40・2・2民録13-36 ……………………………………………………… 44
大判明42・5・14民録15-490 …………………………………………………… 221

大正
大判大3・11・20民録20-963 …………………………………………………… 221
大判大4・2・8民録21-81 ……………………………………………………… 40
大判大4・3・27民録21-444 …………………………………………………… 210
大判大4・5・19民録21-725 …………………………………………………… 42
大判大6・3・26民録23-521 …………………………………………………… 209
大判大6・9・22民録23-1488 ………………………………………………… 198
大判大6・10・2民録23-1510 ………………………………………………… 208
大判大7・8・27民録24-1658 ………………………………………………… 41
大判大7・9・26民録24-1730 ………………………………………………… 93
大判大7・12・4民録24-2288 ………………………………………………… 104
大判大8・2・8民録25-75 ……………………………………………………… 61
大判大8・3・28民録25-441 …………………………………………………… 211
大判大8・6・26民録25-1178 ……………………………………………… 70, 72, 207
大判大9・12・18民録26-1947 ……………………………………………… 103
大判大10・3・23民録27-641 ………………………………………………… 104
大判大10・5・23民録27-957 ………………………………………………… 185
大判大11・7・26民集1-431 …………………………………………………… 44
大判大11・11・24民集1-670 ………………………………………………… 164
大判大12・7・10民集2-537 …………………………………………………… 78
大決大13・1・30民集3-53 …………………………………………………… 171
大判大14・12・3民集4-685 …………………………………………………… 104
大判大15・3・25民集5-219 …………………………………………………… 228
大連判大15・5・22民集5-386 ……………………………………………… 41, 43

昭和元〜9年
大判昭4・12・16民集8-944 …………………………………………………… 70
大決昭5・9・30民集9-926 …………………………………………………… 21
大判昭5・10・10民集9-948 ………………………………………………… 72, 207
大判昭6・6・4民集10-7-401 ………………………………………………… 178
大判昭7・6・3民集11-1163 …………………………………………………… 93
大判昭7・12・6民集11-2414 ………………………………………………… 215
大判昭8・5・30民集12-1381 ……………………………………………… 61, 134
大判昭9・1・30民集13-103 ………………………………………………… 192

昭和10〜19年
大判昭10・4・25新聞3835-5 ………………………………………………… 19

大判昭12・2・18民集16-120	79
大判昭12・7・7民集16-1120	10
大判昭16・9・30民集20-1233	61
大判昭17・2・4民集21-107	15
大判昭18・9・10民集22-948	193

昭和20〜29年

大判昭20・8・30民集24-60	93
最判昭28・5・29民集7-5-608	202, 208
最判昭28・12・14民集7-12-1386	61
最判昭28・12・18〔判例シリーズ42事件〕	44

昭和30〜39年

最判昭30・1・21民集9-1-22	44
最判昭30・10・11民集9-11-1626	92
最判昭32・3・8民集11-3-513	144
最大判昭32・6・5民集11-6-915	105
最判昭32・12・19民集11-13-2278	147
最判昭35・12・15民集14-14-3060	103
最判昭36・4・14民集15-4-765	137
最判昭36・7・19〔判例シリーズ46事件〕	76
最判昭37・9・4民集16-9-1834	26
最判昭37・11・16民集16-11-2280	43
最判昭38・4・23民集17-3-536	71
最判昭39・4・21民集18-4-565	107
最判昭39・11・26民集18-9-1984	128

昭和40〜49年

最大判昭40・6・30〔判例シリーズ52事件〕	174
最判昭40・10・12民集19-7-1777	60
最判昭40・12・3民集19-9-2090	51
最判昭42・10・27〔百選Ⅱ27事件〕	220
最判昭43・9・26民集22-9-2002	61
最判昭44・5・1民集23-6-935	105
最判昭45・4・10民集24-4-240	206
最大判昭45・6・24〔判例シリーズ65事件〕	132
最判昭46・12・16〔判例シリーズ43事件〕	51
最判昭47・3・23民集26-2-274	174
最判昭48・3・27民集27-2-376	146
最判昭48・6・7民集27-6-681	41
最判昭49・3・7〔判例シリーズ59事件〕	213
最判昭49・9・20民集28-6-1202	80

昭和50〜59年

最判昭50・2・25〔判例シリーズ38事件〕	40
最判昭50・3・6〔百選Ⅱ12事件〕	71
最判昭50・12・19金法779-24	81

判例索引

最判昭52・8・9民集31-4-742	147
最判昭53・10・5〔百選Ⅱ16事件〕	76
最判昭54・7・10民集33-5-533	226
最判昭55・1・24民集34-1-110	80
最判昭55・7・11民集34-4-628	59
最判昭57・12・17〔百選Ⅱ20事件〕	160
最判昭58・10・6民集37-8-1041	62
最判昭58・12・19民集37-10-1532	80
最判昭59・2・23〔百選Ⅱ34事件〕	146
最判昭59・5・29〔判例シリーズ64事件〕	117, 123, 179

昭和60〜63年

最判昭60・2・12民集39-1-89	181
最判昭61・4・11〔判例シリーズ63事件〕	213
最判昭61・11・27民集40-7-1205	124

平成元〜9年

最判平2・12・18〔判例シリーズ53事件〕	181
最判平5・3・30〔判例シリーズ60事件〕	214
最判平7・6・23〔百選Ⅱ37事件〕	126
最判平9・6・5〔判例シリーズ56事件〕	203
最判平9・11・13判時1633-81	192

平成10〜19年

最判平10・6・12〔百選Ⅱ17事件〕	80
最判平11・6・11〔判例シリーズ47事件〕	80
最判平11・10・21〔判例シリーズ14事件〕	62
最大判平11・11・24〔判例シリーズ29事件〕	70
最判平12・3・9〔百選Ⅲ19事件〕	80
最判平15・2・21〔百選Ⅱ73事件〕	147
最判平17・9・16判時1912-8	39

平成20年〜

最判平24・2・24判時2144-89	41, 43
最判平25・2・28〔百選Ⅱ38事件〕	137
最判平27・2・17民集69-1-1	181
最判平27・11・19判時2282-63	188
最大決平28・12・19〔百選Ⅲ66事件〕	152

呉　明植（ごう　あきお）

弁護士。伊藤塾首席講師（司法試験科）。慶應義塾大学文学部哲学科卒。2000年の司法試験合格直後から、慶應義塾大学法学部司法研究室および伊藤塾で受験指導を開始。「どんなに高度な理解があったとしても、現場で使えなければ意味がない」をモットーとした徹底的な現場至上主義の講義を行い、司法試験予備試験および司法試験において毎年多数の短期合格者を輩出。とりわけ、天王山である論文試験の指導にかけては他の追随を許さない圧倒的人気を博し、伊藤塾の看板講師として活躍を続けている。

公式ブログ：「伊藤塾講師　呉の語り得ること。」
　　　　　　（http://goakio.blog95.fc2.com/）

債権総論【伊藤塾呉明植基礎本シリーズ7】

2019（令和元）年12月30日　初版1刷発行
2024（令和6）年12月15日　同　8刷発行

著　者　呉　明植
発行者　鯉渕友南
発行所　株式会社　弘文堂　101-0062　東京都千代田区神田駿河台1の7
　　　　　　　　　　　　　TEL 03(3294)4801　　振替 00120-6-53909
　　　　　　　　　　　　　https://www.koubundou.co.jp

装　丁　笠井亞子
印　刷　三美印刷
製　本　井上製本所

© 2019 Akio Go. Printed in Japan

JCOPY 〈(社)出版者著作権管理機構　委託出版物〉
本書の無断複写は著作権法上での例外を除き禁じられています。複写を希望される場合は、そのつど事前に、(社)出版者著作権管理機構（電話 03-5244-5088、FAX 03-5244-5089、e-mail: info@jcopy.or.jp）の許諾を得てください。
また本書を代行業者等の第三者に依頼してスキャンやデジタル化することは、たとえ個人や家庭内の利用であっても一切認められておりません。

ISBN978-4-335-31433-9

伊藤真試験対策講座

論点ブロックカード・フローチャートなど司法試験受験界を一新する勉強法を次々と考案し、導入した伊藤真が、全国の受験生・法学部生・法科大学院生に贈る、初めての本格的な書き下ろしテキスト。伊藤メソッドによる「現代版基本書」！

- ●論点ブロックカードで、答案の書き方が学べる。
- ●フローチャートで、論理の流れがつかめる。
- ●図表・２色刷りによるビジュアル化。
- ●試験に必要な重要論点をすべて網羅。
- ●短期集中学習のための効率的な勉強法を満載。
- ●司法試験をはじめ公務員試験、公認会計士試験、司法書士試験に、そして、大学の期末試験対策にも最適。

憲法[第3版]	4200円
行政法[第5版]	3800円
刑法総論[第4版]	4000円
刑法各論[第5版]	4000円
スタートアップ民法・民法総則	3700円
物権法[第4版]	2800円
債権総論[第4版]	3400円
債権各論[第4版]	4400円
親族・相続[第4版]	3500円
商法〔総則・商行為〕・手形法小切手法[第3版]	4000円
会社法[第4版]	4200円
刑事訴訟法[第5版]	4200円
民事訴訟法[第4版]	4500円
労働法[第4版]	3800円
倒産法[第3版]	3800円

弘文堂

＊価格（税別）は2024年12月現在

伊藤塾試験対策問題集

●予備試験論文

伊藤塾が満を持して予備試験受験生に贈る予備試験対策問題集！
過去問と伊藤塾オリジナル問題を使って、合格への最短コースを示します。
合格者の「思考過程」、答案作成のノウハウ、復習用の「答案構成」や「論証」など工夫満載。出題必須論点を網羅し、この1冊で論文対策は完成。

1	刑事実務基礎[第2版]	3200円	6	民法[第2版]	2800円
2	民事実務基礎[第2版]	3200円	7	商法[第2版]	2800円
3	民事訴訟法[第2版]	2800円	8	行政法[第2版]	2900円
4	刑事訴訟法[第2版]	2800円	9	憲法[第2版]	2800円
5	刑法[第2版]	2800円			

●短答

短答式試験合格に必須の基本的知識がこの1冊で体系的に修得できる！
伊藤塾オリジナル問題から厳選した正答率の高い良問を繰り返し解き、完璧にマスターすれば、全範囲の正確で確実な知識が身につく短答問題集です。

1	憲法	2800円	4	商法	3000円
2	民法	3000円	5	民事訴訟法	3300円
3	刑法	2900円			

新 伊藤塾試験対策問題集

●論文

合格答案作成ビギナーにもわかりやすい記述試験対策問題集！
テキストや基本書で得た知識を、どのように答案に表現すればよいかを伝授します。
法的三段論法のテクニックが自然に身につく、最新の法改正に完全対応の新シリーズ。
「伊藤塾試験対策講座」の実践篇として、効率よく底力をつけるための論文問題集です。

1	民法[第2版]	3300円	5	刑事訴訟法	2800円
2	商法	2700円	6	憲法	3000円
3	民事訴訟法	2900円	7	刑法	3000円
4	行政法	2800円			

弘文堂　　＊価格（税別）は2024年12月現在

伊藤塾呉明植基礎本シリーズ

愛弟子の呉明植が「伊藤真試験対策講座」の姉妹シリーズを刊行した。切れ味鋭い講義と同様に、必要なことに絞った内容で分かりやすい。どんな試験でも通用する盤石な基礎を固めるには最適である。

　　　　　　　　　　　　　　　　　　　伊藤塾塾長　**伊藤　真**

- ▶どこへいっても通用する盤石な基礎を固める入門書
- ▶必要不可欠かつ必要十分な法的常識が身につく
- ▶各種資格試験対策として必要となる論点をすべて網羅
- ▶一貫して判例・通説の立場で解説
- ▶シンプルでわかりやすい記述
- ▶つまずきやすいポイントをライブ講義感覚でやさしく詳説
- ▶書き下ろし論証パターンを巻末に掲載
- ▶書くためのトレーニングもできる
- ▶論点・項目の重要度がわかるランク付け
- ▶初学者および学習上の壁にぶつかっている中級者に最適

憲法［第2版］	3000円
民法総則［第3版］	3000円
物権法・担保物権法［第2版］	2600円
債権総論	2200円
債権各論	2400円
家族法（親族・相続）	2300円
刑法総論［第4版］	2900円
刑法各論［第4版］	3300円
商法（総則・商行為）**・手形法小切手法**	
会社法	
民事訴訟法	
刑事訴訟法［第3版］	3900円

弘文堂

＊価格（税別）は2024年12月現在